Research on the Spillover of RMB and its Effects

人民币外溢及其效应研究

吴金鹏　栗金强　著

石油工業出版社

图书在版编目(CIP)数据

人民币外溢及其效应研究 / 吴金鹏,栗金强著.
北京:石油工业出版社,2013.6
ISBN 978-7-5021-9327-0

Ⅰ.①人…
Ⅱ.①吴…②栗…
Ⅲ.①人民币-研究
Ⅳ.①F822

中国版本图书馆 CIP 数据核字(2012)第 254081 号

出版发行:石油工业出版社
(北京安定门外安华里 2 区 1 号 100011)
网 址:www.petropub.com.cn
编辑部:(010)64523735 发行部:(010)64523620
经 销:全国新华书店
印 刷:北京中石油彩色印刷有限责任公司

2013 年 6 月第 1 版 2013 年 6 月第 1 次印刷
787×960 毫米 开本:1/16 印张:11.5
字数:200 千字

定价:45.00 元
(如出现印装质量问题,我社发行部负责调换)

前　　言

人民币国际化是我国金融开放的核心利益所在。2008 年始于美国的金融危机,进一步暴露了国际货币体系缺乏必要的协调机制以及作为国际储备货币的美元的发行缺乏约束等缺陷。G20 框架下也把改革国际货币体系作为治理全球失衡的一项重要内容。目前我国经济发展具有发展中、转轨以及大国经济特征,随着参与经济金融全球化程度的不断加深,过度依赖主要储备货币国家的金融、货币以及网络服务,将给本国经济发展带来更大的不确定性。加快推进人民币国际化符合我国经济发展、金融开放的根本利益。人民币国际化的战略意义在于战略布局,在于追求和推进人民币国际化地位的长期过程中,推动国内各项制度改革和金融市场开放、改善经济结构、提高经济效益,并推动创造稳定的国际货币环境。

汇率制度改革影响着人民币国际化进程。克鲁格曼结合 1997 年亚洲金融危机的实证结果,提出了“不可能三角”。即一个国家要实现货币政策的独立性,必须在保持汇率稳定和资本自由流动之间作出取舍。随后,弗兰科尔提出了“两极论”,认为大多数国家的汇率制度安排实际上处于“中间地带”,即保持汇率有限浮动和资本适度管制。人民币国际化的背景是人民币汇率已实现浮动但没有完全浮动,同时部分资本管制仍然存在。毋庸置疑,未来人民币汇率制度改革的方向,将融入到当今国际主导的浮动汇率体系。但在未来 10 年到 15 年,很可能还将继续“选择一篮子货币进行调节的有管理的浮动汇率制度”,而不是完全浮动汇率制度。当然,货币篮子中的权重分配将会有所调整,浮动区间、浮动频率更会趋于市场化。这更符合我国现阶段的经济特征。事实上,汇率制度调整具有较大的风险,这主要受制于国际货币体系中主要储备货币的影响。当然,目前我国稳妥推进汇率政策改革的基础已经存在,这一基础就是我国相对于世界经济的高速增长。对于汇率制度调整问题,主要取决于决策层的智力与勇气。

加强资本有效管理是推进人民币国际化的内在要求。在国内经济改革、汇率制度改革尚未到位的情况下,完全开放资本账户会带来灾难性风险。资本市场是资本账户开放的"前沿阵地"。过去几十年,我国资本市场走出了一条以引进外商直接投资为主的渐进性的开放路子。这一路径坚持了金融服务实体经济、发展加工贸易和"绿地投资",有效抵制了境外金融风险向境内的传递。但同时也造成了资本和金融市场发展不平衡、灰色经济和地下经济持续增长,降低了市场运行效率。目前,人民币资本项目可兑换程度已经很高。尽管我国具备了健康的财政状况、安全的银行体系、充足的外汇储备、稳定的宏观经济等资本项目全面开放的前提,但对所谓"完全自由可兑换"还应审慎对待、权衡利弊,还要在制度创新、产品创新和监管创新方面作出努力。强化资本管理,还要用好外汇储备,增加黄金、大宗商品以及有利于我国经济崛起的各类资源的储备。处理好外汇储备投资问题,关键在于认识,认识到位了,有助于提高操作的能力和效率;关键在于谁来用,谁来用都不影响央行资产负债表的平衡,但至少不能都由央行来用。

加快推进人民币成为区域货币为人民币国际化创造条件。人民币区域化在制度设计上要注重三点:一是让人民币先走出去;二是让人民币在境外"转"起来;三是让境外机构和自然人扩大人民币持有或交易规模,并通过我国政府的可兑换"通道",实现较高的回报,以增强持有人民币的积极性。关于"通道",目前已经打开,我国已在香港发行主权与准主权债券,境外三类金融机构所持人民币可以进入我国的货币市场,以后就是要在拓展"通道"上下功夫。2012 年6 月1 日,我国上海和日本东京两地外汇市场同时启动人民币对日元的直接交易。日元成为在我国银行间外汇市场挂牌交易的9 种外国货币当中,除美元、吉林特、卢布外与人民币直接交易的货币。人民币对日元直接交易,在推进人民币区域化方面意义重大。这有利于扩大人民币作为国际储备货币的规模和范围,可对欧元、英镑起到示范效应,进而增强人民币在国际金融市场的影响力,促进人民币跨境贸易和跨境投资结算的发展,推动人民币离岸市场的壮大,最终促进包括人民币债券在内的人民币资产的海外发行。

人民币国际化的逻辑起点是人民币外溢。从人民币外溢到人民币成为国际货币,是一个在国际范围内的从"商品具体"到"一般等价物"的演进过程。现阶段如何正确把握人民币外溢现象,并对其相关效应进行深入系统地研究,有助于货币当局实施趋利避害的政策措施,更好地促进人民币成为国际货币。本书共分五章,第一章,货币外溢及其相关理论;第二章,人民币外溢的内涵、机理及规模测度;第三章,人民币外溢的经济效应;

第四章，人民币外溢的货币竞争效应；第五章，人民币外溢的主要影响及对策性建议。通篇以人民币外溢为主线，从研究货币外溢下的微观货币需求机理和货币替代规律入手，结合我国转轨经济特征，以及人民币在周边国家和地区流通使用的基本事实，构架了一般性分析框架，对人民币外溢的内涵、机理以及其经济效应和货币竞争效应展开研究。

感谢南京大学商学院裴平教授和张涤新教授对本书研究的指导教诲。感谢石油工业出版社章卫兵主任以及马海峰、邵冰华、张贺编辑的大力支持。由于研究水平有限，书中难免有疏漏偏颇之处，请各位方家惠示指正。

作者

2013 年 4 月

目　录

概　述

一、研究主题与背景

随着经济全球化程度不断提高，货币一体化趋势逐步得到认同。部分学者提出了国家层面上的金融区域化概念，建议某一区域内的有关国家和地区可以在货币金融领域，以经济货币联盟的形式开展更高层次的协调与合作，为实现货币的统一创造条件（李扬、黄金老，1999）。按此概念，金融区域化的最高程度是统一的货币体系，金融区域化的发展和区域间的融合，必然推动全球金融一体化和货币一体化的形成。

从本质上讲，金融区域化趋势的加深往往伴随着区域内不同货币之间的竞争性替代。20世纪80年代末90年代初，作为世界本位货币的美元对人民币的替代逐步增强，曾一度成为国内外学者研究的热点问题。90年代中后期，这一现象发生了一定程度的变化。尤其是进入21世纪，随着中国经济发展水平的提升和对外开放步伐的加快，中国内地的本位货币——人民币，作为非国际货币[1]，尽管尚未实现完全可兑换[2]，却已进入许多周边国家和地区并开始发挥作用[3]。

由于人民币对周边货币的替代范围不断扩大，对我国经济的影响也随之加深，人民币作为非自由兑换货币溢出境外并在境外流通和使用的外溢现象及其产生的效应，已经成为理论界和实务部门必须面对的重要课题。中国人民银行研究局委托各大区行对人民币外溢情况进行调研；部分学者开始分析人民币外溢的成因，并测算外溢规模及可能产生的影响；同时，探讨人民币国际化问题的

---

[1] 国际货币是指某种货币作为国际公认的一般等价物，在国际上可自由兑换，并可用于进行国际结算和支付乃至交易的货币；非国际货币在国际上不能自由兑换，也不能在国际结算中充当一般等价物用于进行国际结算和支付，但也许可以进行货币交易。

[2] 广义地说，货币可兑换性可以划分为三个层次：(1)居民与非居民之间交易的对外可兑换（包括经常项目和资本项目的可兑换）；(2)居民与居民之间交易的内部可兑换（即国内可兑换，是指一国居民在同一税收和补贴条件下可以获得、交易并保留以外汇标价的国内资产）；(3)非居民与非居民之间交易的自由兑换（即外部可兑换，是指一国货币成为国际货币，在世界范围内自由兑换、交易、流通，并充当国际支付或转移的手段）。货币可兑换性的这三个层次是递进关系，体现一国货币国际化的程度。目前，人民币就其可兑换性而言，还没有达到第一层次的居民与非居民之间的对外可兑换性。

[3] 目前，人民币在越南、泰国、缅甸、朝鲜、蒙古、俄罗斯、巴基斯坦、尼泊尔等国家被作为支付货币和结算货币被普遍接受，孟加拉国、马来西亚、印度尼西亚、菲律宾、新加坡、韩国等国家和地区已经接受人民币存款和办理人民币其他业务。在一些发达国家，人民币也成为当地的可自由兑换货币，逐日公布与当地货币的比价。

文献也开始涌现。赵海宽(2002)认为人民币已有能力问鼎世界货币;凌星光(2002)则从购买力平价支撑的人民币升值压力断定人民币已经成为亚洲强势货币甚至准国际储备货币;钟伟(2002)从技术操作层面对人民币国际化提出了有价值的建议。

事实上,人民币外溢和人民币成为国际货币是人民币国际化进程的不同阶段,人民币外溢规模和数量的扩大并不意味着人民币已经具备成为国际货币的条件。从货币的产生及演变来看,作为旨在降低交易费用的一个内生变量,货币的产生是商品交换发展和扩大的必然产物,是一个"商品具体"到"一般等价物"的自然演进过程。初期阶段的货币流通不具有强制性质,它更多地依赖于货币本身的价值,它属于"自由货币"。随着国家经济、贸易的发展和政府对经济干预力度的加强,货币就越来越依赖于政府信用和政治权利的支撑。这样,"自由货币"就过渡到"国家货币"。同样,在一个经济区域内,随着各个主权国家之间合作和依赖程度的加强,将使某种货币(或产生一种新货币)突破一国国界而成为流通范围更广的"国际货币",国际货币(或共同货币)也因此产生(李华民,2003)。

从"自由货币"到"国家货币",再到"国际货币"的演变过程是政府信用对货币职能的支撑作用进一步得到强化的结果,这种作用取决于一国经济实力及相关制度安排。目前,人民币仅仅是溢出国境,在周边国家和地区发挥民间货币的职能,远谈不上世界范围的"一般等价物"。因而,推动人民币在扩大外溢的基础上,顺利实现国际化,还有很长的路要走。究其原因,主要有以下几点:

第一,货币发行国家经济贸易保持持续发展且具有强大的经济实力是一国货币成为国际货币的最基本条件。过去的数年中,中国经济贸易虽然取得了长足的发展,但由于受到经济政治体制深层次原因及经济增长的投资推动型特征的制约,增长的基础较为薄弱,同时典型的二元转轨经济特征与经济实力标准还有较大差距。

第二,货币币值稳定是国际化货币的基本特征。一国货币币值波幅较大可能直接导致其名义汇率较大的变动,并给经济发展带来较大的不确定性,从而削弱了其作为国际价值尺度和记账单位的作用。较高的国内通货膨胀率,会增加非居民持有该种货币的风险,致使该货币的持有愿望下降。相对而言,人民币的稳定过分依赖于政府的责任,这种依赖使市场对人民币的预期转为对政府稳定政策的预期。然而,市场的主观信心或预期具有双向强化作用,可能会放大货币币值波动的幅度。一旦持有者的预期发生逆转,就有可能加剧货币贬值,进而引发货币危机。

第三,一国货币胜任国际货币,要求该货币发行国必须有一个完善的金融体系。遗憾的是,作为金融体系的重要组成部分,我国银行系统当前还存在不少问题,远不能适应这一要求。从中央银行来说,其主要问题表现为对金融监管、国际经济及国际金融的研究能力还不够强，监管水平较低；对国际经济及金融的变化还不能准确地掌握。从商业银行和其他金融机构来说，其不足表现为管理水平和业务水平尚待提高；资产质量差，不良资产占比高；激励机制不完善，业务创新能力不强；国有商业银行的政企尚未完全分开，还需要更深入的体制改革；银行业的跨国经营水平也较低，不能提供国际化货币流通所需要的物理载体；金融全球一体化进程和离岸金融市场建设等也有待加快等。

第四，实现经常项目和资本项目的可自由兑换是一国货币成为国际货币的必要条件。我国人民币虽于1996年12月实现经常项目下可兑换，但资本项目下的可兑换还没有明确的时间安排，这也是影响人民币国际化进程的重要因素。

当然，货币国际化不仅需要一定的前提条件，而且还要求货币发行国家付出相应的政策成本[1]。人民币跨越国境流通并逐步提高国际化程度，会弱化我国货币政策的独立性，或者说，不可避免地出现“货币政策暴露”。从紧的货币政策有可能因趋利的货币资本回流而被部分“稀释”，宽松的货币政策也会因利差驱使导致货币资本流出而达不到充分激活本身经济的目的；而且国际外汇市场上对人民币的投机会加剧金融市场波动，直接影响中国宏观经济金融秩序的稳定。

总体而言，人民币外溢的实践与其成为国际货币还有很大的差距，而作为人民币国际化的自发和初始形态——人民币外溢，直接反映了我国综合实力的增强和经济地位的提高乃至全球经济一体化程度的不断深入，其关系到我国政府铸币税收入、财富水平及总需求的变化，对我国贸易增长、资本流动和金融安全等涉外经济产生深远的影响，同时直接影响到我国财政货币政策及汇率政策的实施效果，并将通过国际间的货币竞争推动国际货币格局的变化。然而，人民币外溢对宏观经济和区域内货币竞争的影响具有两面性，既有积极的一面，也有消极的一面。因此，现阶段如何正确认识人民币外溢的内涵及形成机理，并对其相关效应进行深入系统地研究，有助于货币当局实施趋利避害的政策措施，理应成为学界和货币当局重点研究的问题。

二、研究现状

近年来，人民币外溢问题已引起学术界和实物部门的广泛关注，现有国内文献已涉及人民币境外流通的规模测定、溢出及回流渠道，以及其对宏观经济的影响和人民币国际化问题等，这些文献为本书的研究提供了一定的借鉴。

---

[1] 这里的政策成本一般包括：首先，要解决国际货币运行中出现的“特里芬困境”。其次，根据克鲁格曼“三元悖论”，一国金融制度选择了汇率的稳定性和资本在国际间的自由流动，就必须放弃国内货币政策的独立性。

1. 人民币外溢的数量估计

由于人民币外溢方式的多样性和途径的隐蔽性，对人民币外溢规模的统计与测算十分困难，现在还没有权威的统计与测算方法，更无法得到普遍认可的统计与测算数据。不过，现有文献关于人民币外溢规模的估计为本文的研究提供了重要参考。

（1）总量估计。姜波克（1994）对1993—2003年10年间的人民币流出规模进行了预测，综合考虑各种因素，到2003年人民币累计流出总额将达到2000亿元[1]。2002年3月中国人民银行高层公布的信息表明，目前人民币在国外的年流通量可能超过230亿元。李婧、管涛、何帆（2004）依据环亚经济数据库公司（CEIC）2003年的数据估计，2002年因边境贸易和跨境旅游导致的人民币外部流通规模达到1200亿元，考虑到地下经济、边境贸易互市及统计误差，2002年实际的人民币跨境流通规模可能会更大一些，估计在1200亿～1400亿元。至于海外人民币的存量，他们的测算结果为50亿元人民币左右，加上地下渠道的人民币交易，估计海外人民币的存量介于50亿～120亿元之间[2]。裴平、张谊浩（2005）对人民币外溢进行了研究认为，即使是最保守的估计，近年来的人民币外溢规模每年平均都在200亿元人民币以上，而且在1998—2003年，每年的人民币外溢规模增长率都超过中央银行货币供应量增长率[3]。

（2）大陆流向香港的人民币规模估计。李华民（2002）根据香港旅游发展局所公布的每年约380万内地游客访港的数据估计，人民币现钞每年在港流通为400亿～600亿元，其中沉淀量每年达到40亿元[4]。巴曙松（2002）估计，如果平均每位内地游客在港消费6000元人民币，则2005年香港市场上的人民币将达到3130亿元的规模[5]。中国社会科学院金融研究中心的易宪荣估计，目前积存在香港的人民币在500亿～700亿元之间。而中国社科院金融研究所李扬则认为，在香港人民币的一年流量在700亿元，但存量不会超过20亿元；瑞银华宝的一项报告显示，目前香港的人民币存量大约在500亿～700亿元，流量为500亿元左右。

（3）广西、云南流向周边国家的人民币规模估计。根据外汇管理局的统计数据分析，对广西和云南两省的边境贸易、人员往来和人民币跨境流通的调研，1999年两省与越南、老挝、缅甸三国的边境贸易、边境旅游、边民往来及地下经济有关的人民币流量约为112亿元，人民币对上述三国的现钞净流出估计为30亿人民币；2001年云南省在对周边国家正常贸易中流动的人民币接近70亿元，估计有30

[1]姜波克，《人民币自由兑换》，立信会计出版社，1994年。
[2]李婧、管涛、何帆，《人民币跨境流通的现状及对中国经济的影响》，载于《管理世界》2004年第9期。
[3]裴平、张谊浩，《人民币外溢及其经济效应》，载于《国际金融研究》2005年第9期。
[4]李华民，《铸币税区域扩展与人民币国际化》，载于《南方金融》2002年第8期。
[5]巴曙松，《香港：人民币离岸金融中心》，载于《改革与理论》2002年第7期。

亿元沉淀在与云南接壤的周边国家。而根据广西和云南人民银行的调查估计，截至2003年末，在上述三国沉淀的人民币总量保守估计在50亿～200亿元。根据广西、海南人民银行综合调研的结果，由于越南外汇匮乏，中越边境贸易结算的90%都以人民币进行，2000年广西对越南边境贸易流动的人民币现金为50亿元，2001年的流动规模达到70多亿元，约有23亿元沉淀在越南；广西、海南因对越贸易和其他支付流向越南的人民币现金共约25亿元[1]。

(4)流向新疆接壤国家的人民币规模估计[2]。根据人民银行乌鲁木齐中心支行调统处1999年对与新疆8个地、州接壤的蒙古、俄罗斯、巴基斯坦、哈萨克斯坦、吉尔吉斯斯坦、塔吉克斯坦、阿富汗、印度、乌孜别克斯坦等9国的边境贸易和人民币流通的估算，2001年人民币在哈萨克斯坦的跨境流通量约4097万元，净流入哈国约165万元；1999—2001年人民币在吉尔吉斯斯坦的跨境流通量分别约为470万元、460万元和400万元，净流入吉国分别约230万元、240万元和200万元；人民币在巴基斯坦的跨境流通量分别约为580万元、590万元和490万元，净流入巴国分别约220万元、230万元和190万元。而人民币在蒙古的流通广泛，占其全国流通货币的60%以上，特别是在与新疆贸易往来的蒙古国西北五省人民币的占有率达90%以上。2000年我国与蒙古边境贸易逆差13.5亿美元，其中绝大部分使用人民币现钞结算，至少有近100亿元人民币流入蒙古。人民币在塔吉克斯坦、阿富汗、印度和乌孜别克斯坦等国的流通量不多。中俄边境贸易中的民间贸易多以人民币结算，而且边境旅游也是人民币流入俄罗斯的另一个重要途径。

2. 人民币外溢及其回流渠道

首先是人民币外溢的渠道。根据刘宗华、魏海港、徐芳[3](2003)的研究成果得知，人民币外溢的主要渠道包括：(1)边境贸易，主要是通过边境小额贸易和边民互市贸易流出；(2)出境旅游支付人民币，其中数量较大的有旅行社以人民币支付境外团费；(3)通过劳务输出、境内居民因私出境、境外投资等渠道流出；(4)非正常渠道流出也是人民币流向境外的重要渠道，主要包括走私、毒品交易、地摊银行等。而李婧、管涛、何帆[4](2004)对人民币外溢渠道的研究认为，人民币外溢是由实质经济交易和其他经济交易共同推动的。由实质经济交易推动的人民币流出主要包括边境贸易进口支付、境内居民出境旅游和探亲消费、以政府项目为基础

---

[1]唐东宁，《对人民币在周边国家和地区流通的建议》，载于《中国外汇管理》2002年第3期；李永和、朱建伟，《对云南省边贸地区人民币流出流入情况的调查》，载于《四川金融》1999年第7期。

[2]人民银行乌鲁木齐中心支行调统处，《对新疆边境贸易及人民币境外流通情况的调查》，载于《新疆金融》2002年第3期。

[3]刘宗华、魏海港、徐芳，《人民币境外流通问题研究》，载于《河南金融干部管理学院学报》2003年第3期。

[4]李婧、管涛、何帆，《人民币跨境流通的现状及对中国经济的影响》，载于《管理世界》2004年第9期。

的境外投资和私营企业境外直接投资带动的人民币资本流动。由其他经济交易引起的人民币外溢渠道包括香港开展人民币业务所带动的大量内地居民在港的消费，如找换店、“地摊银行”、地下汇兑、境内居民境外赌博、走私、购买毒品支付等。

其次是人民币外溢的回流途径。一般认为，由于人民币在境外无生息来源和投资用途，流到境外的人民币除极少部分作为周转头寸外，绝大部分将回流境内。回流的主要途径包括非居民携带人民币入境旅游、探亲消费支出，用人民币支付边境贸易及相关手续费用、中国边境贸易顺差带动的人民币支付，非居民用人民币到境内购买资产、直接投资、劳务支出。同时，也有部分人民币通过银行体系回流境内，主要有两种渠道：

(1)境外居民直接在中国口岸金融机构存入人民币[1]；(2)外方银行将吸收的人民币存款转存至中国境内银行。

3. 人民币外溢的影响

人民币外溢属于一种货币跨境溢出现象，在高度货币化的当代社会，这将导致各种要素和资源的跨境配置，进而对国民经济、区域经济，乃至世界经济产生积极或者消极的影响。不同学者对人民币外溢影响的研究视角不同。

李婧、管涛、何帆(2004)主要从人民币外溢性质的角度分析了人民币外溢的影响。他们认为，与实体经济有关的人民币外溢大都与物流和人流并行发生，在港澳地区也有部分人民币用于两地旅游消费。这种性质的跨境流动，对中国经济的正面影响主要包括：促进内地和双边的经贸发展；货币当局获得货币发行收益；对加强中国与周边国家和地区的经贸、金融合作，构架一个以人民币为主导货币之一的东亚经济圈的战略设想形成直接促进作用；人民币跨境流通是人民币逐步国际化的早期试验。其负面影响主要有：境外流通的人民币突然回流，可能会对边境省份经济金融稳定构成冲击；人民币用于支付从中国的进口，会减少国家出口创汇；人民币可以在境外实现购买力，会增加对境外商品的需求，对扩大内需不利。与实体经济无关的人民币跨境流通对中国经济的影响主要是人民币在港澳地区的流通。这种性质的人民币跨境流动，对内地相对封闭的金融体系会形成较大冲击。刘宗华、魏海港和徐芳(2003)研究认为，人民币外溢产生于边境贸易，边境贸易的扩大使人民币外溢的规模增加，反过来，人民币境外流通增加会更进一步加快边境贸易的发展，两者是相互促进的。同时，人民币外溢也对货币政策和资本管制产生影响。裴平、张谊浩(2005)主要从经济金融的层面研究了人民币外

[1]如内蒙古、云南等边境地区的银行可凭对方国家的边民证办理人民币，余额甚至占到当地储蓄余额的1/3以上。

溢的经济效应。主要包括货币发行收入效应[1]、货币政策效应[2]、国际金融效应[3]和国际贸易效应等。

4. 人民币外溢与人民币国际化

近年来,国内探讨人民币国际化进程的文献也不断增加,这些文献结合人民币外溢的现状,对人民币成为国际货币的可行性、人民币国际化的经济效应以及人民币成为国际货币的路径和制度安排等进行了研究,为本书的探讨提供了很好的借鉴。总体而言,具有代表性的观点主要有以下方面。

对人民币国际化的条件和可能性的研究。尽管有关学者的研究视角不同,但提出的观点和结论较为一致。如孙兆康(1998)以货币职能为出发点、吴念鲁(2000)从货币自由兑换的角度、姜凌(1999)以货币国际化衡量标准为切入点,提出了人民币实现国际化必须具备的主要条件,如人民币实现可自由兑换的程度、宏观经济的相对稳定性、经济发展规模和开放程度、充足的国际清偿手段、市场经济体系的建立与完善、合理的汇率和汇率体制等。他们并根据这些条件考察了我国的实际情况,认为我国已经基本具备了人民币国际化的能力(吴念鲁,2000;巴曙松,2000;凌星光,2003;周肇光,2003;赵海宽,2003)。

对人民币国际化的利弊分析。一种观点认为人民币国际化不仅可以提高我国在世界经济中的地位,而且还有利于减少外汇支出,降低持有外汇储备的机会成本,同时还可以使相关企业减少汇率风险等(唐东宁、孙翌,2003;李裕,2003)。另一种观点认为人民币在国际化的过程中,必然遭受现存国际货币的排挤,这决定了其处于国际货币竞争格局的劣势地位,可能存在很大的逆转风险。另外在人民币国际化过程中,货币当局能否承受人民币持有信心的“升值成本”和维持该信心的“承诺成本”,以及能否应付国际经济中不稳定因素造成的影响和危害,都是无法回避的问题(孙修修,2002)。

20 世纪 90 年代后期,随着人民币在境外流通的规模不断扩大,国内学者开始关注其中存在的有关问题,如银行结算渠道不畅,现行核销制度阻碍出口,以及金融监管不力等(陈星等,2003)。其中大多数学者认为以人民币结算的进出口业务

---

[1] 货币发行收入,即广义铸币税,是指发行者所发行的货币票面价值超过其发行成本的差额。狭义铸币税,即实际货币发行收入,是指扣除通货膨胀因素后的货币发行收入与成本之差。两者之间的关系为:广义铸币税(名义货币发行收入)=狭义铸币税(实际货币发行收入)+通货膨胀税。因此,对于货币发行者来说,获得货币发行利益的方式主要有两种:一种是取得货币发行利润,一种是获得货币发行税。其中货币发行利润,即狭义铸币税;货币发行税,即通货膨胀税。

[2] 裴平、张谊浩(2005)认为,人民币外溢的货币政策效应主要体现在两个方面:一是增加货币政策制定和实施的难度;二是强化货币政策的反制力。

[3] 尽管人民币外溢的范围和规模尚不足以将境内外金融市场有机衔接起来,但人民币外溢的国际金融效应却不容忽视。我国是处于转轨时期的发展中国家,人民币外溢最典型的国际金融效应是其对金融防火墙的瓦解作用,突出表现为货币竞争效应、外来冲击效应和货币防伪效应。

应当实现核销(唐东宁、孙翌,2003;李伦等,2003),并建议提高人民币出境限额,鼓励各商业银行跨境设点,经营人民币存贷业务(单建生等,2003)。也有的学者认为应该建立中国与周边国家和地区人民币自由汇兑圈,这将有利于促进中国对外贸易的发展,提高人民币在国际上的地位,为人民币走向世界奠定基础(陶士贵,2002)[1]。

针对人民币在香港大量流通现象,香港金融机构开始着手规划具体的人民币金融业务。2002年7月中央政府和香港共同签订的《经贸关系协定》(CEPA)进一步表示,如果条件具备将优先考虑在香港开放人民币离岸金融业务(曹海丽,2003)。对此,国内许多学者也具有相同的看法,他们认为这是人民币实现自由兑换与国际化的必然选择(巴曙松、黄少明,2003)。

关于人民币国际化的模式,国内学者从不同的角度,提出了多种发展思路。总体而言,对于分层次、分阶段推进人民币国际化进程,基本上不存在分歧。沈国兵、王元颖(2003)结合加入世贸组织后中国港澳台与大陆日益融为一个共同大市场的客观现实,根据"一个市场、一种货币"的理论范式,认为建立一国两制下"中元"共同货币区应成为中国货币制度的未来选择。徐滇庆(2002)、李捷(2003)的人民币由"中元"向"亚元"的过渡模式也支持上述观点。郑海青(2003)则提出了现阶段建立亚洲货币基金,中期目标是建立"华元圈"或"人民币——日元圈",长期目标是实现以人民币或日元为核心的单一货币方案。而程恩富、周肇光(2003)认为若能在与日本平等的基础上建立亚洲货币基金,或者在不排斥人民币存在的前提下实现"亚元"设想,才会有利于人民币的国际化。还有学者提出我国应该主动利用区域货币合作的环境提高人民币的国际地位,积极参与和推动亚洲货币金融合作,其近期目标可以协调推出"中华货币圈",以使人民币可以与日元及欧元相抗衡;长期目标则是在亚洲区域以人民币为支点货币区的建立,使人民币成为亚太地区的主导性货币(姜波克,2000;丁一兵、马剑凤,2003)。

三、主要内容与结构

现有文献为本书的分析提供了借鉴。但是,这些文献尚未对人民币外溢的本质做出深刻的分析,也没有对其性质做出准确的判断,即仍未涉及到人民币外溢的深层次问题。同时,有关学者虽然对人民币外溢问题提供了较深层次的分析,但由于考察因素过于单一,其预测结果过于绝对化;或者由于以国家信用拔高了人民币信用,对人民币外溢与人民币成为国际货币之间所存在的差距缺乏深入分析;或者因为基于全商品比较的购买力平价本身存在着"平价"扭曲,使其结论的

[1]陶士贵,《人民币区域化的初步构想》,载于《管理现代化》2002年第5期。

准确性大打折扣。

因而,本文试图在借鉴和吸收有关文献研究成果的基础上,对人民币外溢的有关问题作出较为深入和系统的研究。主要包括以下几个方面。

1. 货币外溢的内涵及相关理论

货币外溢是一国法定货币在非自由兑换的前提下向境外溢出现象,是货币国际化的自发的、初始的阶段,这一阶段伴随着货币职能由国内向国际范围的延伸。一国货币外溢到对象国家,在履行货币职能的同时,必然对对象国的货币形成部分的替代[1]。事实上,货币替代产生于货币竞争,世界货币体系的相对稳定建立在竞争与合作的基础上。本文构建了货币外溢的一般性分析框架,把货币需求理论、货币替代理论引入到货币外溢的分析当中,为下面全面研究人民币外溢的内涵、形成机理及其产生的效应奠定了理论基础。

2. 人民币外溢的内涵、机理及规模测度

人民币外溢的内涵及形成机理是本文研究的基础。本书首先对人民币外溢的概念及特征进行深刻的分析,并指出其与资本外逃、境外流通、货币替代等概念的联系与区别,进而从内在动机和外部条件两方面对人民币外溢的形成机理进行分析。在此基础上,对1994—2004年间我国人民币外溢的规模进行较为科学的测算,并依此建立预测模型,对人民币外溢的未来发展趋势分别进行定量和定性预测分析,为本书对人民币外溢的经济效应和货币竞争效应的研究提供依据。

3. 人民币外溢的效应分析

本书将人民币外溢的效应概括为经济效应和货币竞争效应。人民币外溢的经济效应包括其对我国财富水平和总需求、财政政策和货币政策及国际收支的影响;人民币外溢的货币竞争效应主要表现为其对东亚经济区域内货币竞争的影响。人民币外溢的经济效应和货币竞争效应是本书从不同侧面对人民币外溢效应的概括,这两方面相辅相成,构成本书研究的主要内容之一。

(1)经济效应。人民币外溢的经济效应包括四个部分的内容,即人民币外溢对我国财富水平和总需求的影响;人民币外溢对政府铸币税收入、财政支出乘数、财政政策乘数以及财政政策“挤出效应”的影响;人民币外溢对货币数量衡量、货币政策独立性、货币政策中介目标选择以及货币政策传导过程的影响;人民币外溢对国际收支变化以及由此产生的货币冲击效应的影响。

(2)货币竞争效应。人民币外溢的货币竞争效应主要表现在人民币跨境溢出过程中对周边国家和地区的国家货币和东亚区域内的主要货币所形成的货币竞

[1]有关文献对货币替代的界定因研究的侧重点不一而存在差别,本书将在第一章进行综述,并提出本书的见解。

争影响。事实上,人民币与周边国家和地区非国际货币之间的竞争是显然的,可用分散交易下的一般货币竞争模型来进行分析,人民币与周边国家货币之间的竞争结果表现为周边国家和地区居民对人民币需求的不断强化。而人民币与东亚经济区域内主要货币之间的竞争取决于不同货币之间的购买力比较,或者是货币所代表对商品和劳务的实际需求,因而本文对东亚经济区域内主要货币之间的竞争基础进行了分析。在此部分的分析中,本书还建立了一个区域内货币合作博弈模型,为本书分析区域内货币合作的理性选择和我国参与东亚区域货币合作的必要性提供理论支持。

4. 结论及对策

本书的主要结论是:(1)人民币外溢作为特定背景下的货币外溢现象,是人民币国际化的自发、初始形态,人民币外溢并不意味着人民币已具备了成为国际货币的条件,但只要支撑人民币外溢的经济因素、制度因素和市场因素等持续存在且不发生逆转,则人民币外溢的规模必将扩大,最终推动人民币成为国际货币。(2)人民币外溢的经济效应和货币竞争效应具有两面性,其正面效应体现在对增加并向境外转移了政府铸币税收入、提高总需求水平、扩大国际贸易和国际投资、强化和推进货币合作等方面具有积极影响;其负面效应体现在一定程度上弱化了我国财政政策和货币政策的实施效果,境外人民币的回流加大了货币冲击效应以及人民币外溢引起的货币竞争可能会导致周边国家或地区的不满。(3)我国正处于转轨经济时期,完善、推进和规范人民币外溢这一货币现象需要政府从制度安排上提供趋利避害的制度供给。基于此结论,本文最后从发挥人民币外溢的正面影响、降低人民币外溢的负面影响和稳步推进人民币国际化进程等方面提出对策性建议。

基于以上内容,本书研究的意义主要体现在:一是通过对人民币外溢的相关理论、内涵、形成机理及经济效应和货币竞争效应所作的较为系统而且深刻的研究,为学界和货币当局全面认识非自由兑换下的人民币外溢现象,准确分析当前形势下人民币存在的升值压力,完善、改革人民币汇率形成机制和外汇管理体制提供理论上的借鉴;二是由于人民币外溢的性质和特征决定了人民币外溢这种货币现象的相关效应体现为两面性,如果措施不当,可能造成货币当局铸币税收入减少,国内总需求和就业水平下降,财政货币政策效果弱化,直接影响到我国参与国际分工的利益分割和国际地位的提升,以及人民币作为我国本位货币参与国际货币合作的进程。因此,本书对如何发挥人民币外溢的正面影响和降低其负面影响提出了科学而又客观的对策,为决策层制定政策提供理论支撑和实证支持。

本书的结构安排是紧紧围绕人民币外溢这个中心,以人民币外溢的理论基础——内涵机理——规模测度——效应分析——结论对策为主线进行研究,其逻辑关系见图1。

四、研究的思路与方法

本书以货币外溢这种一般现象作为逻辑分析的起点，把货币需求理论、货币替代理论引入到货币外溢及其相关理论的分析框架中，通过对货币外溢内涵及其相关理论的分析，为进一步研究人民币外溢的形成机理和人民币外溢的经济效应和货币竞争效应奠定理论基础。人民币外溢的形成机理是人民币外溢效应研究的实践基础，这里将人民币外溢的效应概括为经济效应和货币竞争效应，对人民币外溢效应的研究是重点。这为全面深刻地认识人民币作为非自由兑换货币的外溢现象，具体分析这一现象的正面影响和负面影响提供了理论分析和实证检验。在此基础上，从加强对发挥人民币外溢的正面影响、降低人民币外溢的负面影响、稳步推进人民币国际化进程等三个层面上提出了对策性建议。

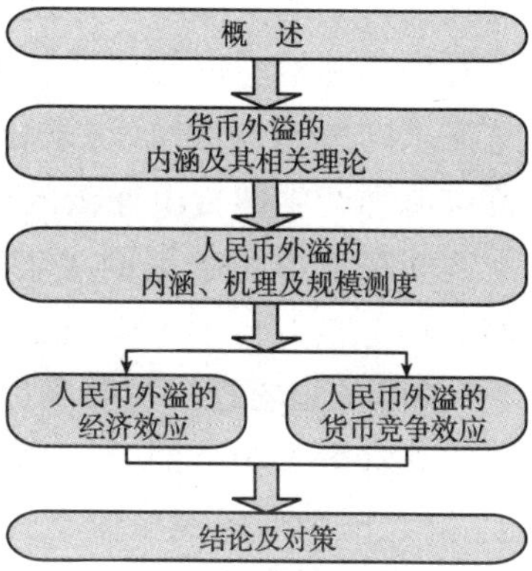

图1　本书研究的逻辑框架图

在研究方法上，试图从两个层次上综合运用经济学和金融学研究方法，以便尽可能接近乃至达到所要研究的目标。在第一个层次上，注重“理论分析和实证检验”相结合，在求证人民币外溢对货币政策传导机制的影响时，采用“从现象到本质”、“从理论到实证”的研究思路，综合运用回归分析和因子分析等计量经济学知识，以期获得一个具有说服力和有价值的研究结论；在研究人民币外溢对政府铸币税收入、财政政策和货币政策的影响时，重点采用宏观经济学的一般理论分析方法；在分析区域内货币竞争效应时，构建一个分散交易下的货币竞争模型和货币竞争参与各方的博弈模型，并在分析理论模型经济含义的基础上，重点采用数据、图表说明的实证方法对区域内主要货币的竞争力优势进行分析。当然，本研究立足于我国转轨经济时期的现实基础，无论研究方法还是模型构建，都充分尊重这一转轨经济特征。同时，由于本书要提出规范、引导人民币外溢的政策性建议，因此书中对相关国家进行比较制度分析，这又恰恰为解决规范和引导问题提供了政策依据，从而为在对策上的规范分析奠定了基础。在第二层次上，遵从“可检验性与可积累性”原则，力争运用可检验的数学模型和公开的数据资料来进行研究。同时，在使用“数学”时，并没有去刻意追求数学公式的精巧和复杂，而只是将其看成是一种内在经济思想的外在符号表述，其目的是为了更好地论证和说明本研究所要表达的观点。

五、可能的创新和不足

本研究试图以货币需求理论和货币替代理论对货币外溢的解释为基础，从我国转轨时期的实践出发，分析人民币外溢这一货币现象的形成机理，并对人民币外溢的相关效应进行理论上和实证上的分析，主要包括人民币外溢对财富水平和总需求的影响、对财政政策和货币政策实施效果的影响、对国际收支变化和国际资本流动产生的货币冲击的影响及由人民币外溢推动的人民币与区域内主要货币之间在货币竞争层面上的影响等，进而提出结论和对策性建议。可能的创新如下。

(1)从边境进口贸易和出境旅游消费中人民币的跨境溢出及以人民币形式的资本外逃等三个方面，对1994—2004年间人民币外溢的规模进行测定，在此基础上，对人民币外溢规模的发展趋势进行了定量和定性预测分析。

(2)系统研究了人民币外溢的经济效应和货币竞争效应，提出并分析了人民币外溢引起的货币冲击效应；人民币外溢对财政政策乘数、财政支出乘数及财政政策"挤出效应"的影响；验证了人民币外溢条件下区域内货币竞争均衡的存在。

(3)对人民币外溢的正面和负面影响的内涵进行了界定和分析，据此提出了相关对策和建议。

本研究的不足之处主要有：鉴于人民币外溢的影响非常复杂，由于本人研究能力所限，文中仅对人民币外溢的经济效应和货币竞争效应进行了研究，而人民币外溢的效应绝不限于上述两种，这将是本人进一步研究的内容之一；由于统计数据的匮乏，这里主要从理论上证明了人民币外溢效应的存在性，相关的实证分析不够全面，有待进一步的改进和完善。

第一章　货币外溢及其相关理论

尽管货币发行和流通的国家主权特征使得经济体在选择别国货币时遇到一定的障碍，但当一国货币能够比周边国家和地区的其他货币更稳定地体现商品价值时，这种货币就可能通过各种渠道跨越国境成为周边国家和地区经济活动中商品交换的媒介，这时，便出现了货币外溢现象。目前，国内外对货币外溢现象进行系统且深入研究的文献，尚不多见。为对人民币外溢问题进行系统的研究，这里构建一个货币外溢及其相关理论的分析框架，包括货币外溢的概念和从不同角度对货币外溢内涵的解析及货币外溢下的微观需求机理和货币替代规律，以期为下面的研究奠定理论基础。

第一节　货币外溢的内涵及解析

货币外溢的内涵较为丰富，就其概念而言，强调了货币非自由兑换条件及货币外溢与货币国际化的联系和区别，下面将从货币职能、货币需求和货币替代角度对货币外溢的内涵进行深刻的解析。

一、货币外溢的内涵

货币外溢是指一国法定货币，在非自由兑换的前提下，通过正式渠道或非正式渠道，甚至非法渠道流入境外国家或地区充当民间货币职能的货币现象。一国货币溢出到境外国家或地区，其履行货币职能在空间上由一国国内向境外国家或地区发生了延伸，是该货币国际化自发的、初始的阶段。从货币需求的角度讲，货币外溢产生于一国居民和非居民基于交易动机、支付便利动机和其他动机所推动的非国际货币向境外国家或地区的溢出；从货币替代的角度讲，货币外溢必然伴随着非自由兑换货币对境外国家或地区法定货币的部分替代，甚至对区域内国际经济交往中经常使用的国际货币进行部分替代。从货币竞争的角度讲，货币外溢必然产生货币竞争；战后美元国际货币地位的确立及日元的崛起，都是在其本币自发外溢的基础上由履行部分国际货币职能发展起来的。

对货币外溢内涵的理解，首先需要强调货币的非自由兑换条件。货币可否自由兑换的含义随着国际货币制度的演变而有所不同。(1)在国际金本位制下，货币可自由兑换是指一国货币发行机构对其所发行的代替金属货币在市场上流通的纸币，保证持有者能够随时按照固定的价格自由兑换成金币。这种货币自由兑换的承诺是由实行金本位制的国家自行做出的，它侧重于国内货币的自由兑换，并延伸到国际间的货币自由兑换。当货币发行机构违背其自由兑换的承诺，或者通过法律免于自由兑换时，该国货币都变为不可兑换货币。(2)在实行国际金汇兑本位制时期，尤其是在第二次世界大战后建立起的布雷顿森林体系下，货币自由兑换是相对于外汇管制而言的一个概念，实行货币自由兑换的国家，一般都放宽和取消了外汇管制，保证该国货币自由地、无限制地兑换成其他国家的货币，这时货币相对于黄金的可兑换性，则仅仅局限于各国官方持有美元向美国政府兑换黄金。(3)在完全不兑现的国际信用货币制度下，货币可自由兑换的含义已经发生了根本性变化，即转变为居民和非居民用本币兑换外币，并在实际交易和金融交易中使用外币的能力。这意味着不对国际交易的支付及为此目的用本币兑换外币实施限制。然而，由于各国政府对货币实施限制的程度不同，货币可自由兑换的概念可以分为完全可自由兑换和不完全可自由兑换。

中外学者对货币自由兑换的理解并无实质性差别。国际货币基金组织(IMF)经济学家乔舒亚·E·格林和彼得·伊萨得(2001)将货币完全自由兑换定义为“当任何一个货币持有者可以按照市场汇率，无论固定汇率还是浮动汇率，自由地把货币兑换成一种主要国际储备货币，他所持有的这种货币就被认为是完全自由兑换的”。在我国，一些学者(王晓春，2000；郭可达，2001)认为，如果一国货币不仅能在国内，而且在国外和国际外汇市场上也能够自由地转换成为其他货币，同时不论持有者是否是来自于国内，不论经常项目或资本项目都可以进行兑换，就是完全自由兑换货币。

就其上述对货币自由兑换的理解而言，货币外溢的非自由兑换条件是指货币的不完全自由兑换，即一国货币无论在对内可自由兑换或对外可自由兑换[1]、经常

[1] 货币对内可自由兑换是指只有国内居民能够在本国内不受限制地用本国货币从金融机构购买外汇，即“居民可以在国内自由持有外币资产(如银行存款)，并可自由地在国内把本国货币兑换成外币资产”。值得注意的是，这种在国内持有和兑换外汇的自由，并不等于居民可以自由地对外支付和自由地将所持有的外币资产存放于国外，同时，也不一定就意味着允许居民可以持有除外汇以外的任何非居民债权的金融资产。货币的对外可自由兑换，包括两个方面的内容：一是对由于对外经济活动尤其是经常性国际交易的支付和转移所引起的货币兑换不实行限制；二是对其他国家由于国际交往活动而持有的本国货币，本国对其实行自由兑换。

项目可兑换或资本项目可兑换[1]中任何的一项受到了限制,就称之为非完全自由兑换条件。需要指出的是,也正是货币的非完全自由兑换条件,赋予了货币外溢这种货币现象更丰富的内涵。在非自由兑换的条件下,一国货币在境外国家或地区全面发挥货币职能受到限制,这些国家和地区的政府很难将该货币作为官方储备、干预货币或国际交易货币,溢出到境外的货币只能作为民间货币履行职能;而一国居民持有并使用非自由兑换的外币作为流通手段和支付工具及部分的价值贮藏手段,应该说,这种外币能够更为稳定的体现商品价值,因而货币外溢的形成具有特定的内在动机和外部条件。这里把货币外溢界定为非自由兑换货币的境外溢出现象,排除了自由兑换货币的境外流通现象,增强了本研究的针对性,为研究人民币外溢问题提供了理论上的铺垫。

其次,对货币外溢内涵的把握,还应分析货币外溢和货币国际化的联系和区别。根据货币国际化的历史,国际货币基金组织曾在 1946 年作过解释[2],认为货币国际化是指某国货币越过该国国界,在世界范围内自由兑换、交易和流通,最终成为国际货币的过程。该货币能够在世界范围内发挥类似金属货币所具备的一般国际价值尺度职能,具有国际清算货币的作用,可为各国政府或中央银行所持有,作为外汇平准基金干预外汇市场。如果说非国际货币和国际货币是一国货币国际化进程的两个阶段形态,那么货币外溢阶段是处于非国际货币和国际货币之间的一种形态,是货币国际化进程的起始阶段。从经济活动的实践看,一些货币虽然不是国际货币,但却可以在境外一定范围内流通和使用,甚至作为储备货币。基于不同货币境外流通的范围、规模及作为储备货币的比重差异,少数非国际货币确实部分地履行了国际货币的职能,即步入国际化进程。货币外溢下的境外货币仅仅履行了民间货币职能,但已经在境外国家或地区发挥了国际货币的部分职能,应该视为其国际化的初始阶段。分析货币外溢和货币国际化的联系,对于参照一国货币成为国际货币的标准提出货币外溢阶段的对策性建议提供了逻辑思路。

---

[1] 经常项目可自由兑换,是一种有限度的可自由兑换,这是国际货币基金组织对其成员国提出的要求,是国际货币基金组织成员国所承担的一种义务。国际货币基金组织协定的第八条款第二、三、四节对基金成员国货币可兑换性方面所承担的义务作了规定,一般来说,成员国符合第八条规定后,该国货币即实现了经常项目可兑换。国际货币基金组织所指的经常项目可兑换是指不对"经常性国际交易"(即所有的经常项目交易和一些资本交易)的支付和转移进行任何限制。这些规定的基本目的在于取消对经常国际交易支付和转移的限制(经常项目可兑换),并确保对资本转移的任何限制不会限制对经常交易的支付或不适当地拖延清偿债资金的转移。对经常国际交易支付和转移的限制可以是多种形式的。资本项目可自由兑换,则是指对由资本账户交易引起的货币兑换不进行任何限制。资本项目可兑换并非基金组织协定的规定,但一些与经常项目密切相关,如贷款分期偿还或直接投资折旧等特殊交易除外。因此,除了那些特定情况之外,基金组织成员可以对资本的流入和流出进行限制,而不需得到基金组织的批准。货币实现了资本项目的可自由兑换,就意味着该种货币在国际投资和国际金融领域内的自由化,从而有利于加强该种货币的国际货币地位。

[2] IMF,"Economic Developed",Journal of Economic Theory,2000(1):1－34.

二、基于不同角度对货币外溢的解析

为准确把握货币外溢的内涵，可从货币职能、货币需求和货币替代角度对货币外溢的内涵进行深入的解析。

1. 从货币职能角度的分析

货币的职能是货币本质的具体体现，是货币作为"一般等价物"所发挥的作用和功能。各种货币理论对于货币职能的认识是相对统一的。早在古希腊时代，伟大的思想家亚里士多德就已把货币的职能概括为三项，即价值尺度、流通手段和贮藏手段[1]。西方资产阶级经济学家对货币职能的认识也基本相同。马歇尔在《货币、信用与商业》中认为"货币的主要职能应分为两类，货币首先是市场买卖的交换媒介；其次是充当价值标准或延期支付标准，也就是用来表明一般购买力的数量"[2]。金德尔伯格认为货币具有支付手段、记账单位、交换媒介和价值贮存等四种职能[3]。米什金[4]、乔治·考夫曼[5]及斯蒂格利茨[6]也都认为货币具有交易媒介、计算单位和价值贮藏等三种职能。

在马克思的货币理论中，对货币的职能也做了详尽的论述。货币是能够充当一般等价物的商品，它具有五大职能即价值尺度、流通手段、支付手段、贮藏手段和国际货币[7]，其中国际货币的职能可以看作是前四大职能在范围上的延伸。当一国货币在一定范围内行使流通手段、支付手段、贮藏手段时，它只能称为国家货币或者区域货币，而当一国货币在全球范围内行使货币职能的时候，它就成为了国际货币。在金、银本位制的时代，由于金银本身是商品，具有一定的价值，能够在全球进行流通和自由兑换，并且具有自发调节流通中货币量的功能，因此在金本位制和银本位制的时代，金和银就是国际货币。当金本位制崩溃、黄金非货币化后，人类进入了信用货币时代。在信用纸币充当人们交易媒介的时候，国际货币的内涵又发生了许多变化。从货币理论的角度来看，国家货币要成为国际货

[1]曾康霖，《货币银行学》，中国金融出版社，1986 年。

[2]马歇尔，《货币、信用与商业》（中文版），商务印书馆，1986 年。

[3]金德尔伯格，《西欧金融史》（中文版），中国金融出版社，1991 年。

[4]米什金，《货币金融学》（中文版），中国人民大学出版社，1998 年。

[5]乔治·考夫曼，《现代金融体系》（中文版），经济科学出版社，2001 年。

[6]斯蒂格利茨，《经济学·下卷》（中文版），中国人民大学出版社，1997 年。

[7]需要指出的是，"国际货币"不能作为与价值尺度等职能并列的一项职能。其一，划分根据不同。根据货币在商品经济中的作用，我们可以把货币的职能划分为价值尺度、交换媒介、清偿工具、贮藏手段、转移手段、记账单位等职能；根据货币的适用范围我们可以把货币划分为"地区货币"、"国别货币"和"世界货币"。因而"世界货币"与价值尺度等职能的划分根据是不同的，把它并列起来就是在同一次划分中使用了两个不同的标准。其二，内容相容。因为在世界范围内，货币执行的职能仍然是价值尺度、流通手段、贮藏手段和支付手段，并没有增添什么新的职能。当然，与在世界范围发挥作用相比较，货币在世界范围执行职能是有特殊性的，例如，"世界货币"要以金银的自然形态出现，可以有双重的价值尺度，支付手段是其主要的职能等。

币,其货币职能必须国际化,作为流通手段,它能够被微观经济主体用于对外贸易和国际资本交易,或者被官方机构用于干预外汇市场或为国际收支逆差融资;作为支付手段及其派生出的记账单位,它可以直接用于国际间债务清偿、商品贸易报价及金融工具标价;作为贮藏手段,它可以作为企业或居民保存财富的手段,或者作为官方的储备资产。

货币外溢没有改变货币的本质,但使货币的职能发生了变化,这种变化主要体现货币职能在空间上由作为本国国内的"一般等价物"向境外国家或地区发生了延伸。分析货币外溢的内涵有必要从货币基本功能的角度进一步分析。

首先是价值尺度职能在空间上的延伸。货币作为价值尺度,必须代表一定的价值量,这在金币中其价值为内在的含金量,而信用货币本身没有价值,其价值主要反映为货币的购买力,发挥价值尺度职能的实质不过是把商品的价值转化为价格,货币在其中发挥了媒介作用,即价值——商品——价格。这里作为非自由兑换货币一旦在境外国家或地区发挥价值尺度的职能,意味着货币的职能范围已发生了延伸,不再局限于法定的范围(如本国国境)之内。当然,货币币值稳定是非自由兑换货币在境外流通和使用的必要条件之一。根据购买力平价理论,不同的信用货币在执行价值尺度职能的时候具有内在的一致性,否则就会引起汇率的波动,增加境外居民持有该种货币的风险,抑制货币外溢规模的进一步扩大。

其次是流通手段在空间上的延伸。按照马克思的货币理论,货币的流通职能就是实现商品的价格,把观念上的货币转化为现实的货币,借此实现商品的流通和交易的顺畅进行。在现实生活中,货币要发挥流通职能的首要条件是应具有与一切商品直接交换的能力。在信用货币制度下,一国法定货币在本国的流通是在国家的法令下强制进行的,而该国货币在非自由兑换的前提下溢出到境外其他国家和地区就要求其具有较强的购买力,在中断流通或者退出流通领域,处于闲置状态时,能成为保值的储备货币。当然,非自由兑换货币在境外充当流通手段,其实现商品交易的范围进一步扩大,在把观念上的货币转化为现实货币的同时,实现了国际间商品交换和交易的顺利进行。

第三是支付手段在空间上的延伸。马克思的货币理论认为,货币发挥支付手段的职能是利用货币来偿付债务;而西方经济学理论认为,货币发挥支付手段的职能包括一切延期的支付。事实上,货币的支付手段职能是经济行为的发生与货币支付在时间上的分离所引起货币单方面的运动,它包括商品性支付和非商品性支付两种情况。在国际贸易和国际资本市场迅速发展的今天,用于结算国际贸易和支付国际债务的币种主要是美元、欧元和日元等国际货币。而其他非国际货币,一般具有非完全自由兑换性质,不能作为国际支付手段。货币外溢仅仅是在特定的条件下,国家货币在境外的流通和使用的一种货币现象,这里外溢的货币虽然在发挥支付手段上得到了延伸,但可能大部分限于周边国家或地区。随着货币外溢规模的扩大，只要这种趋势不发生逆转，那么货币外溢必然推动货币的国际化进程，最终使得这种货币发挥支付手段职能的范围进一步扩大。

第四是贮藏手段在空间上的延伸。在金属货币流通的时代，人们可以把货币当作财富的形式保存，货币发挥贮藏手段的职能。在信用货币进入流通领域后，货币贮藏的只是货币的购买力或者是一定的币值，而购买力的大小取决于商品的价值和货币的发行量，币值的大小还要受其他国家货币币值变化的影响。货币的贮藏手段在一国国内表现为贮藏一定的购买力，而在国际间则转化为货币的储备，这种储备更多的作为居民的价值保存和国家的外汇储备。货币外溢作为货币国际化的初始阶段，这里的货币尚未具有完全自由兑换货币性质，因而该货币虽然跨越国境在境外国家或地区充当价值尺度、支付手段和流通手段职能，但很少部分能够作为官方正式的储备货币、干预货币或联系货币。当然，随着货币外溢规模逐步扩大，政府间的货币合作逐步深入，非国际货币在境外发挥价值贮藏职能的余地将大为拓展。

从货币职能的角度来讲，货币外溢是货币职能向境外国家和地区延伸的过程。在此范围内，货币的职能在表现形式也略有不同。根据货币竞争的一般理论，国内货币竞争的结果一般是货币的各种职能集中由某一种货币（例如本国的法定货币）来承担。然而，这与国际间货币竞争的结果存在一定的差异。在国际市场上，货币的交换媒介和贮藏手段职能发生着分化。出于节约成本的考虑，交换媒介的职能由越来越少的货币来执行；出于分散风险的考虑，执行贮藏手段职能的货币却越来越趋于多样化。溢出到境外国家或地区的货币，其所执行的货币职能也在不断发展扩大。如果政府的制度安排有利于货币外溢的逐步扩大，则溢出的货币将会由最初的民间货币，执行部分非官方货币职能，发展成为地区货币，执行官方储备职能（表1－1）。

表1－1　国际货币职能细化

职　能	民间职能	政府职能
交换手段	结算货币・媒介货币	政府结算货币・干预货币
计算单位	记账货币（经常和资本项目）	联系货币・国家基准货币
保值手段	金融交易货币・投资货币	国家储备货币

注：根据有关文献整理。

2. 从货币需求角度的分析

货币外溢作为一种非自由兑换货币向境外溢出现象，主要源于居民或非居民对某种货币境外流通的需求，这种需求是通过边境贸易和旅游消费中该种货币的使用及以该种货币形式的资本转移来实现的。当然，这里存在一种极端的现象，如一国居民或非居民出于洗钱或转移非法收入的目的向境外转移或匿藏该种货币,这种行为虽然没有建立在居民和非居民对该货币境外流通的需求之上,但也形成了货币外溢现象。即在此情况下,即使居民或非居民对此货币没有需求或需求很弱,也可能形成货币的外溢。这里承认这种情况的存在,但认为此种形式的货币外溢的比重较小,因此,在货币外溢的理论分析中没有进行重点研究。事实上,一国货币在非自由兑换的情况下能够溢出境外并发挥货币职能,必须具有一定的制度基础和经济基础,同时也必须要求居民和非居民对此货币具有较强的需求。相反,一种货币如果没有境外居民的需求或者没有较强的国内经济支撑,并且其发行国家通胀率居高不下、经济状况持续恶化等,那么即使出于洗钱动机的货币外溢也很难实现。

货币外溢现象与货币发行国家的经济增长和经济体制变革有着密切的关系,其决定因素主要包括制度性因素、经济规模因素、收益率因素、汇率因素和风险因素等。其中制度性因素包括该货币的可兑换程度、外汇市场的交易成本及金融市场的完善程度;经济规模因素包括该国国民收入水平、财富水平和贸易规模等;收益率因素取决于货币的名义收益率和国内通胀率;汇率因素指市场对该货币的预期及影响这种预期发生变化的条件;风险因素既包括政治风险也包括经济风险。一般地,一国货币向境外溢出意味着境外居民或非居民对这种货币需求的增加,将会影响到该国货币政策的自主权,特别是在货币外溢处于自发的初始阶段,这种货币现象并未被货币当局所调控且实施有效监管。

当然,一国居民或非居民对本国货币境外流通需求的动机随着货币外溢规模的变化不断发生变化。货币外溢的初期,主要表现为交易动机和支付便利动机及以本币形式的资本抽逃动机形成的货币外溢;随着外溢规模的扩大,或本国经济持续高速增长、本币币值稳定或升值压力的持续存在,当居民或非居民发现持有该种货币可能会使购买力风险下降或收益增加时,对该货币更大的需求倾向能够使货币外溢的规模进一步扩大,这便出现了由于投机动机产生的货币外溢。与此同时,担心因本国政治和经济环境变化导致本币币值下降的资本外逃数量下降,最终会推动本国货币国际化进程的加快。

以人民币境外流通为例来说明,20 世纪 80 年代以来,中国国民经济持续、快速、稳定增长和人民币对外价值的稳定提升了中国在国际上尤其是在区域经济金融事务中的地位和影响,为人民币外溢提供了良好的经济支撑和信誉基础,正是这一坚实的基础促成了周边国家和地区对人民币的需求不断增强。而随着人民币可兑换程度的逐步提高,本国经济规模的逐步增强及表示货币对外价值的人民币升值预期的持续存在,周边国家和地区居民对使用和持有人民币的信心不断增强,人民币成为受欢迎的流通手段和资产形式,进而也增加了人民币作为价值贮藏手段的需求。这同时意味着人民币溢出到境外国家和地区主要是由市场力量推动的结果,是市场自然选择的结果,并非源于政府的制度安排,周边国家和地区对人民币需求的不断增加成为人民币外溢的内在动力。当然,初期的人民币外溢动机仅仅是交易动机和支付便利及其他资本抽逃动机,随着人民币外溢规模的不断扩大,人民币外溢的动机必然复杂化,由起初的动机发展为投机动机和价值贮藏动机,这将最终推动人民币成为国际间的“一般等价物”,并使其发挥更多的国际货币职能。当然,目前人民币在周边国家和地区仅仅发挥“民间货币”的职能。从“民间货币”持有动机来看,人民币外溢主要源于边境贸易货物流和人员流动中的交易动机和支付动机,但投机获利因素近年来有所增加。在边境贸易中,由于人民币币值稳定,在周边地区基本处于准硬通货地位,持有人民币的动机主要是规避本币贬值风险和交易支付的需要。作为交易媒介的人民币境外跨境流动与贸易物流和出境人员流动同步发生,资金流动方向与物流方向相反,与人员流动方向相同。

3. 从货币替代角度的分析

如果把货币替代定义为是在开放经济条件下一国居民出于对货币的资产流动性服务需求而产生的对外币需求,从而使得外币在交易媒介、支付手段和计价标准等货币职能方面全部地或部分地替代本币的货币现象,那么对货币替代的理解还应该着重强调几个方面:一是货币替代的本质是货币需求,形式上表现为外币在交易媒介职能上替代本币。货币替代的本质不是货币兑换而是货币需求,更加具体地说,是交易动机的货币需求。凯恩斯关于交易动机的货币需求的分析是以货币的交易媒介职能为基础的,而货币替代强调的是外币发挥交易媒介职能,即满足人们购买商品和劳务的支付需要,因此,货币替代也是一种交易性的货币需求,这样就可以把货币替代纳入到开放条件下的货币需求理论的分析框架中来研究。二是货币替代的前提是开放经济条件。与开放经济相对的是封闭型经济,在封闭经济条件下,外币自然也不可能替代本币在国内执行货币的全部职能;而在开放经济条件下,外币一旦进入国内经济单位,实际上就开始行使其所固有的职能。货币替代没有必然要求国内经济主体持有的外国货币余额必须随汇率、利率和通货膨胀率等重要的经济变量的变化而变化,因为货币替代仅与国内外通货膨胀率的差异有关,资产替代才与利率的差异关系非常显著。三是货币替代的具体表现是外币能够在一国之内行使货币本身所具有的部分或全部职能。在货币替代中,货币所提供的服务是满足居民对货币流动性服务的需要,具体表现为外币可以行使计价单位、交易媒介与支付手段的职能。四是政府、外汇储备与货币替代的关系。政府也有对外币的需求,具体表现为国际储备中的外汇储备,因此,在研究货币替代时,政府所持有的外汇储备是否应该计入货币替代的范畴,也是应该认真考虑的。在以往的文献中,一般没有将政府所持的外汇储备计入货币替代的,其主要考虑应该是:政府是个特殊的居民,它一般不会主动地放弃使用本币,因此从政府的角度来讲,政府是无货币替代动机的，但不排除有资产替代的动机。所以政府虽然持有外汇储备，但是外汇储备的主要目的仍然是用于国际之间的使用，而不是用于国内的流通。但是，既然政府也是一国居民，他也就有发生货币替代的可能。因此，如果一国政府的外汇储备使用于国外，而不是应用于国内，那么政府所持有的外汇储备就不应该计入货币替代的范畴；反之，如果一国政府的外汇储备用于国内，这部分外汇储备就构成对国内货币的替代，那么用于国内的这部分外汇储备就应该计入货币替代的范畴❶。

货币外溢的形成是在市场自发因素的驱动下，通过各种渠道溢出到境外国家或地区充当民间货币职能的货币现象，其主要动力也是货币需求。与货币替代不同的是，货币外溢表现为外国居民出于货币的流动性服务而对本国货币产生的需求，而非本国居民对外币的需求。这种需求产生于本国与周边国家和地区之间的边境贸易交易、旅游消费支出以及以本币形式的资本转移等，这种需求与本国经济实力的增强、国际地位以及政府信誉的提高，特别是本国政府维护和推动地区经济发展中所处的地位息息相关。当然，如果外国居民对本币存在着升值预期，或者外国经济发展中存在着可能出现通货膨胀、货币资产收益率下降等不稳定因素，或者有利于提高本国货币在流动性服务方面的因素出现，则有利于本国货币外溢规模的进一步扩大。

对货币外溢的研究同样要求开放经济的前提条件。在开放经济条件下，建立在实物交易或者非实物交易之上的国际经济交往成为可能，从而货币才能通过各种渠道跨出国境。但货币外溢并不要求本国货币必须是自由兑换货币❷。正是由于货币的非自由兑换性质，才产生货币外溢现象，而且赋予了货币外溢更为丰富的内涵，在某种程度上，本国货币的非自由兑换性质成为政府机制作用下的非制度诱导因素之一。此外，货币替代中的“外国货币”能够在一国内部行使货币本身所具有的部分职能；而货币外溢中溢出的“本国货币”，或者所谓的“本国货币境外流通”中“本国货币”，其在经济交往中履行的货币职能仅仅是“民间货币”职能（非官方储备货币职能），尤其是在境外流通的本国货币回流机制不健全或者货币当局尚未对本国货币回流作出正式的制度安排的特定情况下。

初始阶段的货币外溢现象，也受预算约束和交易成本的影响，正如 Alberto

---

❶中国国家外汇管理局在 2003 年 12 月 31 日前，已经完成了对试点银行的注资，共 450 亿美元的外汇储备资金已经成为了中国银行、中国建设银行的资本金，这 450 亿美元就应该计入货币替代的范畴。中央政府于 2005 年 4 月注资 150 亿美元用于中国工商银行的股份制改造，这 150 亿美元也应该计入货币替代的范畴。中国农业银行的股份制改造得到我国政府 150 亿美元外汇储备的注资，那么这部分注资也应该计入货币替代。这四方面的注资有 750 亿美元的外汇储备应当计入我国货币替代的范畴。

❷这也是货币外溢区别于货币替代的前提条件之一。因为国内学者对货币替代的研究认为，外国货币对本国货币的替代，要求外国货币具有自由兑换性质。

Giovannini 和 Bart Turtelboom 在《Currency Substitution》一文中分析的,影响本国货币和外国货币的可替代性因素取决于经济主体的预算约束,两种商品能够容易替代,那么两种货币的可替代程度就高。同样的,如果两个国家商品市场的同质性较强,若不考虑货币流动的限制因素,则两个国家中货币相互溢出的可能性就较大,但货币需求的预算约束理论(预付现金模型)没有考虑到货币的价值贮藏职能。如果考虑货币可作为"价值贮藏手段"职能,则用货币的交易成本理论进行解释,即本国货币外溢源于非居民对本币的流动性服务需求的满足程度,一种货币如果能够跨过国境为非居民提供更有利的流动性服务,则该货币在国外充当价值贮藏手段的可能性就较大。事实上,作为国际化初始阶段的货币外溢现象,是受"市场自发因素驱动"的影响,这种货币现象在初期主要受到预付现金条件的限制,即居民和非居民在边境贸易或者旅游消费中大多使用本币进行支付。随着货币外溢规模的扩大,非居民将从外币较强的流动性中获取收益,这种较强的流动性可以使经济主体在经济行为中受益或使交易更为便捷,那么此外币可能成为非居民的主要价值贮藏手段。初始阶段的货币外溢尚未涉及到经济主体在资产组合下的货币余额搭配,或是出于货币余额组合考虑的消费者边际效用最大化以及经济主体按照资产收益和风险方差来决定的本外币最佳持有数量的结果。但可以预见,随着货币外溢规模的逐步扩大,出于资产组合要求及规避不确定经济因素考虑的货币需求,可能逐步成为货币外溢的内在需求。

因此,如果说货币需求是货币外溢的原因,那么货币替代则是货币外溢的结果,这里的货币替代是指本国货币对外国货币的替代,且这种替代也开始于部分的、小范围替代。如果做进一步的讨论,只要有有利于本国货币替代外国货币的经济因素及政治因素存在,那么本国货币外溢就会不断发展下去,进而最终推动本国货币成为国际货币。

第二节　货币需求动因论与货币外溢的需求机理

货币外溢产生于本国居民和非居民对本币向境外溢出的需求,这里主要从货币需求动因的视角,分析货币外溢的微观需求机理。下面,首先简要评述货币需求动因理论及其发展,然后从货币需求引发货币外溢和货币弹性引发货币外溢两个角度分析货币外溢的微观需求机理。

一、货币需求动因论的发展

货币需求动因论完善于凯恩斯主义的货币需求理论。凯恩斯主义货币需求理论是建立在对人们货币需求动机的深刻剖析基础上的,即人们之所以愿意持有货币，主要是出于三种动机：交易动机、预防动机和投机动机。凯恩斯对交易动机的研究与剑桥学派[1]没有多大区别，他也认为交易动机的货币需求与人们的收入水平成正比。关于预防动机，凯恩斯认为，人们持有货币除了满足交易需求外，还要预防将来发生某些不可预测的事情，这种货币需求也与人们的收入水平成正比。所以，将货币的交易需求和预防需求结合起来，统一表达为名义国民收入的函数。凯恩斯对传统货币需求理论的真正突破在于他提出了人们持有货币的第三个动机——投机动机。凯恩斯认为，人们除了对货币具有交易和预防需求外，还有把货币当成一种财富储藏手段从而产生的需求，而且利率是人们持有多少价值贮藏货币的关键性因素。人们在进行财富储藏时，通常会在货币和债券间做出选择，而利率的变动或对利率变动的预测会影响人们的这种选择。

凯恩斯在1936年发表《通论》以来，西方众多经济学家一直致力于货币需求动因理论的进一步的研究。Baumol 和 Tobin 研究了交易性货币需求，推出了著名的平方根公式，即库存模型[2]。该模型后经过 Tobin 的详细描述，并同时考虑了一些可能根本没有持有生息资产的情况；Fried、Karni 和 Barro 等人则研究了佣金的时间价值情况；Feige 和 Parkin 将实物商品作为资产选择集合的元素之一，从而引入了通货膨胀预期；Akerlof 和 Milbourne 提出了目标门限模型，该模型认为人们只有在超过一定的范围时才会去调整货币量；Whalen 进一步分析了预防性货币需求并得到立方根公式[3]；Mille 和 Orr 探讨了随机收入支出流下的预防性货币需求；Sprenkle 和 Miller 探讨了通过自动透支账户或出售流动性资产的方式来获得非预期现金流的预防性货币需求；Tobin 用期望方差模型研究投机性货币需求，他得出了货币需求与利率成反向关系的结论。

然而上述研究是根据个别表象来分析局部货币需求的，这种分割货币需求动机的研究方法遭到了许多经济学家的猛烈抨击。后来的许多经济学家也正是在吸收和批判前人研究方法和研究结论的基础上把货币需求动因理论推向深入。例如，Sprenkle 大胆地指出 Baumol – Tobin 模型是无用的，其理由是 Baumol – Tobin 模型仅适用于集中管理现金账户的企业，可是大多数企业都是分权制模式[4]。因而，Sprenkle 对 Baumol – Tobin 模型进行了修正，并指出“库存模型可能仅适用于个人，但不适用于(大的)企业。”不少经济学家也对 Miller – Orr 模型提出了质疑，他们认为该模型的两种资产框架缺乏现实性，不仅忽视大多数企业拥有分散账户

[1] 以马歇尔和庇古为代表的剑桥学派，在研究货币需求问题时，重视微观主体的行为，该学派认为，在其他条件不变的情况下，对个人来说，名义货币需求与名义收入水平之间总是保持着一个较为稳定的比例关系。

[2] 黄先开，《金融数学模型—多维动态货币供求建模研究》，北京世纪图书出版公司，2000年。

[3] 刘斌、邓述慧、王雪坤，《货币供求的分析方法与实证研究》，科学出版社，1999年。

[4] 杜巨澜，《中国货币需求的微观基础研究》，复旦大学出版社，1998年。

的现实,而且现金收支的随机状态发生机制与企业的许多交易时间和规模处于管理层的监督和控制下的现实相矛盾。此外,Barro 和 Fischer 也对 Tobin 的方法提出疑问,他们认为,如果按 Tobin 的方法,货币的投机需求是不可能出现的[1],因为经济中可能存在收益率高于货币的无风险资产。在研究方法上,Ando、Modigliani 和 Shell 认为如果交易需求不确定,而且投资回报服从于非独立分布,那么分割式研究方法是错误的[2],即此方法会导致马歇尔预见的"拼合谬误"。

后来的部分经济学家为了回避该问题,从另外的思路出发进行研究,即将此三种动机联合起来。Ando 和 Shell 将货币纳入交易费用方程,居民通过选择消费和三种资产的组合来优化两期预期效用;Mccallum 和 Goodfriend 提出了一个确定性的 Shopping - time 模型,将货币纳入交易时间方程;Svensson 用 cash - in - advance 模型研究货币需求以及资产定价;Grinols 和 Turnovsky 使用 Cash - in - utility 模型研究随机增长型经济中的最优财政货币政策,可以在此基础上推出货币需求函数。另一方面,新剑桥学派扩展了货币需求的动机。英国经济学家 S. Weintrarub 提出了货币需求七种动机说,把货币需求的动机扩展为七种,即产出流量动机;货币——工资动机;金融流量动机;预防和投机动机;还款和资本化融资动机;弥补通货膨胀损失的动机和政府需求扩张动机。

二、货币外溢的微观需求机理

本研究对货币外溢的微观需求机理的分析是以凯恩斯关于"货币本质"的论述为基础的。凯恩斯在《通论》中认为,货币是用于债务支付和商品交换的一种符号,这种符号是由计算货币派生出来的。而计算货币是指一种观念上的货币,是货币的基本要领,它表现为一种计算单位。此计算单位是用符号或称号来表示的,货币本体即有形的货币,其作用是方便交换,如用于履行债务,在商品买卖中作为支付手段,或作为一般购买力存在的形式。但这一切首先须通过计算货币才得以实现,没有计算货币,也就无所谓货币本体,或即使存在也失去其本身的价值意义,因而货币本体是依赖于计算货币才称其为货币的。计算货币本身即为一种符号或称号,由它派生出的货币本体只能是相应于符号之物,既然如此,货币就不可能具有实质价值。应当指出,凯恩斯所描述的货币贮藏财富职能是不同于马克

[1]姜波克、陈华,《证券市场与货币需求:一个新货币需求函数的探讨》,载于《世界经济文汇》,2003 年。

[2]对于分割式的研究方法,陈观烈认为:"不能否认货币有这样或那样的特点,因而不妨构建一些局部性货币需求模型来解释假定的部分货币持有量。但事实上从任何一个经济主体在任何瞬间所持有的货币总量中很难指明哪个部分是属于这个用途,哪个部分是属于那个用途。但即便每个模型都是正确的,其所求得的各部分的总和也不会正好等于实际货币需求总量。这就不免让人对局部货币需求模型的实用价值产生了怀疑。"

思的货币贮藏职能。马克思所论述的货币贮藏职能是指具有实质价值的货币,根据流通中的货币状况自动进入或退出流通,而凯恩斯提出的“贮藏财富”职能是出于人们本能的防范和理性的选择。

(一)货币需求引发货币外溢的机理

将凯恩斯有关货币本质的观点引入货币外溢分析范畴,一国货币之所以能跨越国界,从微观动因上可以解释为,该国货币能满足微观经济主体的某些需求,这些需求可以概括为交易性需求、投机性需求和预防性需求。

1. 交易需求的货币外溢

在世界经济一体化加速的背景下,商品和劳务在境外国家和地区之间的流动愈发频繁,对某些经济体来说,购买和消费更多的进口产品能带来更大的效用,因而也就产生了对能够用来购买这些产品的货币的交易性需求。如果本国的货币尽管是非自由兑换货币,也可以在一定范围内用来购买其他国家的产品或者作为支付手段在出境消费中流通和使用,那么该国货币将随着这种交易行为流入其他国家,从而产生该国货币外溢现象;如果本国货币不能满足这种需求,则经济体会转向其他可以满足这种需求的货币,其偏好产生倾向性转移,假如存在多种货币可供选择,那么被经济体选中的货币,则会跨越该货币发行国的国界形成货币外溢,如果这种选择偏好具有“集体的一致性”特征,那么该种货币外溢的规模会得到加强。

2. 投机需求的货币外溢

在一国货币具有强大的经济支撑或者其币值稳定,相对于境外国家和地区而言,该货币购买力风险较低,就可能使这些国家和地区的经济主体的投资对象不再局限于其本国货币,或以其本国货币计价的有价证券,而是包括了多种货币计价的资产。一国资产价格的波动就可能引起其他国家资产收益率的变化,理性的投机者将会及时调整其资产组合,增加某种购买力风险较低的货币资产比例以获取最大化的投机利润,那么就导致该种货币跨国界流动现象,并表现出货币外溢的特征。需要指出的是,非自由兑换货币的投机需求动机存在一个发展过程,因为货币的非自由兑换性质可能给持有者带来一定的风险,但随着货币外溢规模的扩大,投机需求也会因外溢货币流通范围的扩大而逐步成为主要的需求动机之一。

3. 预防需求的货币外溢

除了交易行为和投机活动对外币的需求外,经济生活中的一些不确定性因素也要求人们持有一定量的多种货币作为预防风险的手段。这包括未来支出的不确定性、交易成本的变动、汇率制度的改变及政府经济政策的非连续性等。这一类持有多种货币的动机就会促成预防需求的货币外溢。

（二）货币弹性引发货币外溢的机理

凯恩斯货币理论认为货币和其他商品相比，具有三种特征❶，即货币的生产弹性几乎等于零、货币的替代弹性几乎等于零、货币具有周转灵活性且贮藏费用低的特点。这些特征使货币不仅具有交换媒介职能，还具有贮藏财富的职能。正因为如此，货币才能作为履行债务、契约的手段或代表一定的购买力被人所接受。按照这一思路进行推论可以认为，正是因为货币是名目上的计算单位，本身并无实质价值，故各种类型的货币均由国家的法令规定才得以计价流通。这里将此观点引入到货币外溢的讨论中，首先可以推断出处于封闭状态的国家，因其货币不能作为其他国家商品的计价货币，所以也就不可能实现货币外溢，这也从另外一个侧面反映了开放经济是货币外溢的必要条件之一。其次，凯恩斯按照上述的观点，对三种弹性所作的进一步解释更加充分地说明了货币外溢微观动因机理的形成。

第一，因货币的供给弹性极小，几乎等于零，故当货币需求上升时，无法用扩大其他生产要素的办法来增加对货币的供应（短期内）。当然，直接引入这种观点似乎很难解释货币外溢现象，但是如果考虑一个开放条件下多个政府和多种货币的经济环境，则会产生新的意义。在开放经济的条件下，国内无法满足经济体的货币需求，可能转向对境外货币的需求，或者说，当一国外汇资源极其贫乏的情况下，这部分需求将转向对经济区域内其他币值稳定货币的需求，从而诱使一国货币向境外国家和地区溢出，产生货币外溢的现象。

第二，因货币替代弹性几乎等于零，即使其他商品很低廉，也无法取代货币，无法减少货币需求。但是在开放的前提下，即使存在上述假定的条件，货币的替代弹性并不等于零，而是大于零小于1。主要原因在于经济体拥有多种可供选择的货币（包括非自由兑换货币），如果不同国家的货币存在交换价值的差异和交易

❶三种特征是指：(1)货币的生产弹性几乎等于零。凯恩斯将货币的生产弹性定义为生产货币的人数变化率除以购买货币的人数变化率。凯恩斯认为在金属货币条件下，因货币生产受资源稀缺性的制约，不是增加劳动力就能扩大生产的。在不兑现纸币流通或实行管理通货的国家，此条件就更为绝对，私人企业绝对无生产纸币之权力。纸币的生产或发行都由国家严密控制，对私人企业而言，货币的生产弹性只能等于零。故排除政府（金融当局）行为来考察，货币供给弹性几乎等于零。(2)货币的替换弹性几乎等于零。货币的替换弹性是指当货币交换价值上涨时，人们抛弃货币而用其他因素来替代货币的比率，凯恩斯认为货币的这种替换弹性等于零，这是因为货币本身并无效用，其效用来自于交换价值。作为一般购买力的代表，它可换回任何其他商品，但其他商品中却无一种商品具备这种效用。故人们不愿用其他商品来替代货币。货币的交换价值越高，人们越不愿用其他商品来替换货币，从而对货币需求就越大。(3)货币具有周转灵活性且保藏费用低的特征。凯恩斯认为货币与其他商品相比，具有周转灵活的特点。因货币较其他商品有更大的流动性，周转便利，既可直接用于支付，又可贮藏以防日后不测之需，还可灵活运用于各种资产的投机；同时，因未来的不确定性，而货币工资又常是相当稳定，故人们对货币未来价值的估计也是乐观的。持有货币可自动升值，与现值相比，产生未来收益，故货币有“高额灵活升值”的特征。正因货币能满足人们的灵活性偏好或流动性偏好，人们愿持有货币为存货之用。既作为存货，就须考虑保藏费用。货币因其材料的属性，使货币具有保藏费用很低，甚至微不足道的特征。可见货币具有贮藏之职能，并非因其自身有价值，而因货币之特征。

成本的差异,经济体则会偏向于交换价值较低和交易成本较低的那种货币。具体可以解释为,经济规模强大、劳动生产率较高、经济影响范围广泛及拥有开放的市场经济国家的货币,其交换价值及所引发的交易成本要低于经济规模小、开放程度低的国家,其货币被广泛选择使用的可能性也远远大于后者。那么,经济体的货币选择使用倾向会有明显的不同,由此导致交换价值和交易成本较低的货币在不同国家之间的流通,从而引发这些国家的货币外溢现象。

第三,因货币具有周转灵活性、保藏费用低等特征,使其能满足人们的流动性偏好,故人们对于资产的需求,可能绝大部分都集中于对货币的需求。根据这一观点,在边境贸易、出境消费支出或者其他经济行为中,如果存在两种或者多种可供选择的货币,而这些具有主权地位的国家货币,其"流动性"也存在差异(事实上也是如此),经济体当然偏向于选择流动性更强的货币。只是这种"流动性"不仅仅局限于凯恩斯所赋予的涵义,而是具有更广泛的内容,如货币发行国信誉、金融机构的发达程度、一国经济金融开放程度等。经济体依据国家货币"流动性"的要求,依次选择相应的适合自身需要的货币,那么被经济体所选择使用的货币则会跨越国界满足经济体的这种需求,因而也就产生了该种货币的外溢现象。

根据以上的分析,还可以进一步的推断出,在其他条件一定的情况下,如果存在多种货币可供选择,经济体的选择倾向是一个有序的排列。首先是货币的流动性,即满足经济体货币使用的便利条件;其次是货币的交换价值,即满足经济体的低成本条件;第三是货币的信用稳定性,即满足经济体货币通胀约束条件。所以,只有那些流动性好、交换价值低廉、信用稳定的货币,其外溢的可能性更大。

第三节　货币替代理论与货币外溢下的货币替代规律

一国法定货币在非自由兑换的前提下,溢出到境外国家和地区,部分替代当地货币充当交换媒介,必然存在货币替代现象。本文将货币替代理论模型和"格雷欣"法则引入到对货币外溢的替代分析中,以期研究货币外溢条件下货币替代的约束条件和替代规律。

一、货币替代的基础理论模型

西方文献对货币替代的研究较为丰富。美国的马可·迈尔斯(Marca·Miles)于1978年提出了"货币服务的生产函数理论[1]"。马可·迈尔斯的货币服务的生

[1] Marc A. Miles. Currency Substitution, Flexible Exchange Rates and Monetary Independence[J]. American Economic Review, 1978. (6).

产函数理论,虽然强调了货币的综合性功能,但其所提出的货币服务的生产函数过于笼统,且货币需求函数的设计上也未考虑除本外币借款利率之外的其他经济因素。因此,西方许多经济学者对马可·迈尔斯的理论提出了批评,其中最具代表性的人物是迈克·波尔多(Michael D. Bordo)和伊萨·乔瑞(Ehsan U. houdhri),他们对马可·迈尔斯的理论进行了种种修正,提出了"货币替代的边际效用理论❶"。即一国居民对本外币的相对需求取决于一国的国民收入、国内外的利率水平等因素。该理论特别将两国的利率水平之差,即预期的汇率变动因素作为衡量本外币间替代弹性的一个重要变量,这是货币替代理论研究的一大进步。

但是,迈克·波尔多和伊萨·乔瑞等人的"边际效用理论"强调的仅是货币的交易媒介职能,并在推导货币需求函数时所假设的消费者效用函数形式太抽象,缺乏应用性,特别是当实际经济生活中存在着除货币以外的多种金融资产形式时,人们可通过购买其他金融资产的方式来分散持有单一货币余额所带来的风险,而不仅仅是进行本外币之间的兑换。于是,李·托马斯(Lee R. Thomas)等提出了"货币替代的资产组合理论❷"。他们将货币作为投资者手中的一种资产形式,并进一步考虑了债券等其他资产形式和价格随机波动的情况,引入不确定性分析,运用求解随机变量的方法,得到最优的本币资产和外币资产比例。

在一国具有较发达的金融市场和较丰富的金融工具时,李·托马斯等人的资产组合理论更能说明货币替代的成因和机制,但该理论中的预期政策扩张这一变量,难以具体度量,而政策变动的方差也会因实际的制度性限制变得难以衡量,若加入随机变量,则又增大了实证的取值难度。因此,加拿大学者史提芬·波罗兹在以往货币替代理论的基础上,考虑到当经济主体面临支出的不确定性和流动性成本时,如何调整资产组合形式,提出了"货币替代的预防需求理论❸",当本币债券的收益率上升时,对本币和外币需求会减少,而对本币债券的需求会增加,这时的债券成为本币和外币余额的替代品;当本币的贬值预期上升,对本币和本币债券的需求会减少,对外币的需求会增加。这时,外币余额成为替代本币的资产选择。这种始于预防动机的货币替代理论在说明货币替代的机制方面有独到之处。但该理论中的货币需求概率密度函数难以确定,实际中更难以利用如此精确的纯数学模型进行计量检验,因此在实际中缺乏实用性。

西方货币替代理论的发展过程是一个不断完善、充满矛盾的过程,各种理论

---

❶Micheal D. Bordo & Ehsan U. Choudhri. Currency substitution and demand for money[J]. Journal of Money, Credit and Banking, 1982, (2).

❷Lee R. Thomas. Portfolio Theory and Currency Substitution[J]. Journal of Money. Credit and Banking. 1985, 17(8).

❸Stephen S. Poloz. Currency Substitution and the Precautionary Demand for Money. Journal of Money and Finance, 1986, Vol. 5.

假说也存在着共同的特点,即通过各种前提假设和要素组合,提出了各自的本外币需求函数,通过本外币需求函数来阐明货币替代的发生机制。但由于不同学者对货币替代的前提、成因、决定因素有不同的看法,因而提出不同的本外币需求函数,从而形成了不同的理论派别。各种理论之间既有关联性也有矛盾性,同时都有其局限性。

在 Alberto Giovannini 和 Bart Turtelboom(1992)对货币替代问题的讨论中,他们认为货币替代的首要问题是"替代"这个术语的使用。韦伯斯特在《7th New Collegiate Dictionary》中把"替代"定义为替代的名词形式,注释为:"(1)提出代替另外一个,即交换;(2)替换。"从这个术语看,关于它是指货币的特性(在这种情况下更应该是"可替代性")或者是指均衡收入(在这种情况下应该是"替代")并不十分清楚,这两种选择导致两种相反的研究方向。研究货币可替代性将探索它的潜在的在本国和国际利益变化方面对经济学家和政策制定者的影响;而研究替代将探索一种货币替代另一种货币的尺度和潜在原因,从中得出对货币需求结构的更好理解❶。因而,关于货币替代理论研究的重点在于不同货币之间的"可替代性"研究,即对不同货币需求的决定因素,以及不同货币在替代中如何发挥价值贮藏职能。Alberto Giovannini 和 Bart Turtelboom 将货币需求模型可分成三种类型:预付现金模型(cash - in - advance models)、交易成本模型(transactions - costs models)、优先处理模型(ad - hoc models)(即模型中不同的货币需求和货币可替代性的性质被特殊化处理)❷。这里为分析需要对前两种模型进行重点讨论。首先运用预付现金模型将讨论"两种货币之间替代的决定因素",此问题进一步能够用交易成本模式来证明,也更适合于对货币流动性功能的解释;对此理论模型的讨论有助于进一步理解货币的可替代性内涵,因为货币的可替代性影响货币总量的稳定性、汇率的动态变化及政府在通货膨胀中的收益,以便分析货币外溢的替代

---

❶本文利用货币替代理论对货币外溢现象进行研究,重点在于货币的可替代性和替代现象,而非潜在替代的尺度和原因。这种区分很有意义,因为没有任何理由相信可替代性意味着替代,反之亦然。这里考虑货币可替代性的决定因素。为此,重点区分货币的三种传统功能(价值尺度、流通手段、价值贮藏手段)。除了使用不同度量单位计算相对价格总是非常麻烦之外,对关于货币的价值尺度功能知之甚少。货币替代的惯性在时间和空间的尺度上都是决定计量单位可替换性的一个重要原因。越多的人习惯于在不同货币之间解决交易问题,这些货币计量单位将越具有可替代性。同样的,人们习惯于在不同货币之间运转解决交易问题时间越久,这些货币计量单位将越具有可替代性。贮藏价值的可替换性也是一个关键理论观点。众所周知,作为贮藏手段,货币总是受利率稳定的名义资产或实际资产支配。然而利率不稳定的货币总是为价值贮藏的目的,收购有意义的资产股份(货币沉没现象)。为了解释这种现象,我们需要仔细讨论流动性问题。然而,从国家到国家实现流动可能很困难,并且要依赖于每个国家目前的金融和资本市场的自由开放程度,而且贮藏价值可替代性的概念通常与国际资本流动的概念相连。交换中介的可替代性是经济学家讨论货币替代时经常涉及的,因为以前的研究如果有什么区别的话,那么货币总是受制于其他资产作为价值贮藏手段。在讨论货币的流通手段时,外在性经常被提及。一种货币当更多个体使用它作为解决私人交换的手段时,这种货币就更具有可接受性。事实上,在国际货币市场上货币流通的理论依赖于货币流通手段功能的可替代性的概念来解释一种国际通用货币的建立。

❷Alberto Giovannini, Bart Turtelboom. Currency Substitution[J], NBER Working Papers. No. 4232. 1992.

机理。

1. 预付现金模型

简单的预付现金模型能够被用来回答一些最基本的货币替代问题。经济主体效用最大化服从一个预算约束，即预付现金约束。假设存在两个封闭经济的预付现金约束：

$$\frac{M}{P} \geqslant C \tag{1-1}$$

$$\frac{M^*}{P^*} \geqslant C^* \tag{1-2}$$

其中，M/P、M^*/P^* 分别表示本外国实际货币需求，C、C^* 分别表示本外国消费总量。这种假设不允许为获得商品篮子中的两种商品而在两种货币之间进行任何的替代。在此模型中，预付现金约束总是受到限制（代理人不情愿利用所有资源去积累一种资产或者货币，这些资产或货币由其他所有资产所决定），因而国内外价格水平由数量方程所决定，此方程通过把不等式(1－1)和不等式(1－2)换成等号获得。

两种商品的相对价格由市场均衡所决定。这里简单假定存在两种商品的供给是外生的，并且存在一个目标经济主体。在这些假设之下，边际替代率为一个外生变量，并且随着两种商品产量的变化而变化，因而他们的相对价格为：

$$\frac{eP^*}{P} = \frac{U_1(C,C^*)}{U_2(C,C^*)} \tag{1-3}$$

这里，下标 1 和 2 分别表示效用函数 U 的第一次选择和第二次选择的偏导数。虽然两种预付现金的约束不允许货币之间的任何替代，但两种商品进入目标经济主体的效用函数将会间接影响两种货币之间的替代性。如果效用函数是货币替代的不变弹性，且弹性参数为 σ。则两种商品的相对价格为：

$$\frac{eP^*}{P} = (\frac{Y^*}{Y})^{\frac{1}{\sigma}} \tag{1-4}$$

对上述方程进行整理，可将名义汇率表示为：

$$e\left(\frac{\gamma^*}{\gamma}\right)^{(\frac{1}{\sigma}-1)}\frac{M}{M^*} \tag{1-5}$$

本国产出 γ 的增加，会引起本国货币需求的增长，推动本国名义货币增值，即 e 下降。然而，与此同时，国内商品的相对价格以 $1/\sigma$ 的比例下降。两种商品的替代弹性越大，与其供给相适应的商品之间相对价格变化越小。特别是，如果 σ 大于 1，那么货币需求对名义汇率的影响则更大，国内产出的增长会引起汇率的更大幅度的增值。

如上所述，此模型中对预付现金约束的描述较为特殊，并且很难证明经济主体不能用任意货币去购买两种商品中任何一种的原因。毕竟，国际货币市场的交易成本是商品交易成本的一部分。在此模式中，以往研究的预付现金约束的套利很好地适应其自身预付现金约束的套利。不过，这一点对于回答下文中两种货币之间替代的决定因素是非常有用的。

这里，货币之间的替代性决定于两个方面：一是效用函数的参数；二是预付现金约束的种类。首先考虑效用函数，如果两种商品能够更容易替代，那么两种货币的可替代程度提高，因为在目标经济主体看来，他们购买的商品没有差别。两种商品具有更高的替代程度意味着：对于一个既定的外生冲击的协方差矩阵，方程(1－5)意味着一个更大的 σ 值，当 σ 值大于1时，名义汇率的波动将会增加。这主要因为当两种商品具有更高程度的可替代性时，它们的供给变化会通过货币需求效应对汇率产生压力，然而相对价格并不敏感，因而不会产生上述影响。

当预付现金约束的种类发生改变时，如果考虑一个极端的情况，任何一种货币能够被用来购买任何一种商品，同样如同前述的货币总是用于商品需求，那么预付现金约束变为：

$$\frac{M}{P}+\frac{eP^*}{P}\frac{M^*}{P^*}\geqslant Y+\frac{eP^*}{P}y^* \qquad (1-6)$$

为进一步说明问题，预付现金模型用图1－1来分析均衡的决定。

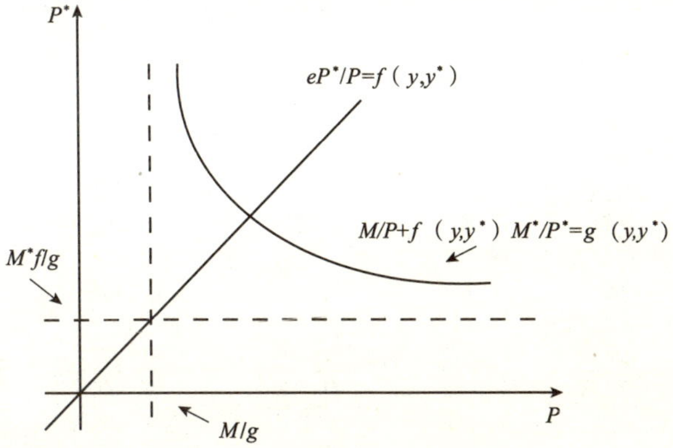

图1－1　多重汇率均衡问题图示

图1－1描述了此种情况下均衡的决定。此图中的两个函数 f 和 g，分别表示外国商品的相对价格和以本币表示的本外国产出的价格。亦即，总的购买力的价值(公式(1－6)的右边部分)。两者正好是本国和外国产出的函数，这里假定产出是外生的。图中向下倾斜曲线上的点表示每一个均衡，每一个点表示一个确定的 (P,P^*,e) 组合。(P,P^*,e) 组合是由经过原点的直线和曲线的交叉点所决定，经

过原点的直线的斜率等于已知函数 f 除以汇率 e。因而每一个均衡的 (P,P^*,e) 表示名义汇率的不同价值。进一步分析可以看出，经济主体总是选择汇率对自身有利的货币，而这种货币如果是非自由兑换条件下的外国货币，那么就意味着该货币倾向于向境外国家和地区溢出，即出现该货币的外溢现象。此模型还可以得出，汇率的多重性均衡是由于其中一国的货币外溢引起的，而使得其他国家潜在的经济不稳定性问题显得更加突出。

2. 交易费用模型

前述对货币替代的预付现金模型的讨论，有助于理解一系列有关不同货币之间可替代性概念问题，但没有解释不同货币在替代中如何发挥价值贮藏职能。在预付现金模型中，经济主体假定可以立即无成本地获得他们购买所需的现金，因而没有考虑在投资组合中持有“闲散”的现金余额。他们在任何支付时，都可以立即通过改变投资组合中的债券和资产来获得现金。可以发现，预付现金模型实际上假定现金是没有储存价值职能的。然而，一些经验主义者认为，不同国家的货币在不同程度上作为重要的价值贮藏手段。货币的这种职能产生的根源在于由其他资产即时转换成商品或货币过程中存在的交易成本，这些交易成本使货币较其他资产更具有“流动性”。

为了阐明货币的储藏价值，这里引用一个交易费用模型：货币便于购买商品，每一阶段经济主体需要获得他们用于下一阶段购买所需的现金头寸。经济主体没有能力立即获得他们购买所需的现金，以至于货币较其他资产更具“流动性”。这里需要考虑目标经济主体。目标经济主体的效用最大化函数表示为：

$$\max \sum_{t=0}^{\infty} \beta_t U(C^t, C_t^t) \qquad (1-7)$$

其服从于：

$$\frac{B_{t+1}}{P_t} + \frac{e_t B_t^* + 1}{P_t} + \frac{M_t + 1}{P_t} + \frac{e_t M_t^* + 1}{P_t} = y_t + \frac{e_t P_t^* y_t^*}{P_t} -$$

$$C_t - \frac{e_t P_t^* C_t^*}{P_t} - \Phi(C_t, C_t^*, \frac{M_t}{P_t}, \frac{M_t^*}{P_t^*}) + \frac{B_t(1+i_{t+1})}{P_t} + \qquad (1-8)$$

$$\frac{e_t B_t^*(1+i_{t-1}^*)}{P_t} + \frac{M_t}{P_t} + \frac{e_t M_t^*}{P_t} + \frac{Z_t}{P_t} + \frac{e_t Z_t^*}{P_t}$$

这里的 y 和 y^* 表示两种商品的禀赋，B 和 B^* 表示国内和国外债券，而 Φ 表示交易费用。Φ 是货币 C 和 C^* 以及实际货币存量 M/P 和 M^*/P^* 的函数。这里，不对函数 Φ 进行其他约束，需要指出的是货币替代的性质严格依赖于 Φ 函数的形式。Z 和 Z^* 表示国内和国外现金头寸的外生性转移支付。在每一个 t 时期，代理

人选择不同的在 $t+1$ 时期到期的债券数量 B_{t+1} 和 B_{t+1}^* 以及他们愿意持有的货币数量 M_{t+1} 和 M_{t+1}^*，已知国内 $t+1$ 时期到期债券的利率为 i，让 λ_t 表示预算约束的拉格朗日乘子，则 C 和 C^* 的一阶条件服从于：

$$U_c(C_t, C^* C_t) = \lambda_t[1 + \Phi_t, C] \qquad (1-9)$$

$$U_c(C_t, C^* C_t) = \frac{e_t P_t^*}{P_t}\lambda_t\left[1 + \frac{P_t}{e_t P_t^*}\Phi_{t,c^*}\right] \qquad (1-10)$$

Φ_t 的下标表示函数 Φ 在 t 期对于下标中变量的偏导数。方程式(1-9)和式(1-10)表明了此模型的主要特征。流动性成本的存在导致在两种商品的边际替代率和用来表示他们相对价格(实际汇率)的边际转换率之间植入了一个隐性的“楔子”，此“楔子”依赖于流动性成本的大小而存在。如果两个偏导数相等，它将等于零，这种情况在 C 和 C^* 完全可以替代时成立。

对关于两种货币和国内债券的求导数，可得：

$$\frac{\lambda_t}{P^*} = \beta E_t\left[\frac{\lambda_t}{P_{t+1}}(1 - \Phi_{t+1}, M/P)\right] \qquad (1-11)$$

$$\frac{e_t\lambda_t}{P_t} = \beta E_t\left[\frac{e_{t+1}\lambda_t}{P_{t+1}}(1 - \frac{P_{t+1}}{P_{t+1}^*}\Phi_{t+1}, M^*/P^*)\right] \qquad (1-12)$$

$$\frac{\lambda_t}{P_t} = \beta E_t\left[\frac{\lambda_{t+1}}{P_{t+1}}(1 + i_t)\right] \qquad (1-13)$$

方程式(1-11)，式(1-12)和式(1-13)是资产价格模型的传统的一阶条件。此模型中，基准资产组合完全有条件地相关于预算约束因子 λ。考虑国内债券的一阶条件，可得：

$$1 = (1 + i_t)\beta E_t\left(\frac{\lambda_{t+1}}{\lambda_t}\frac{P_t}{P_{t+1}}\right) \qquad (1-14)$$

由于名义利率在第一期债券收益是已知的，随机变量乘积的期望值与他们期望值的乘积之间的联系，意味着国内债券的回报率取决于通货紧缩率和财富的边际增长率之间的协方差。

在存在本国货币和外国货币的情况下，支付使用的货币取决于货币所提供的流动性服务，此种流动性服务由流动性功能关于实际货币冲击的偏导数表示(偏导数的符号和其前面的负号相互抵消)。

对函数 Φ 增加一个特殊功能的形式之后，就可以解释方程式(1-11)、式(1-12)和式(1-13)，并可以获得与国内外货币相对应的需求。当然，最终的结果完全取决于假定的函数形式。相应的，也可以通过找到与目标代理人财富相对应的 λ 函数形式来获得类似资产组合平衡的方程式（与债券和货币需求，本国和国外，以及期望收益和财富相关）。此结论在两期的假设下是显而易见的，并且服从静态的 CAPM 和传统的资产需求方程式。

总之，在这部分讨论的流动性模型说明了对国内和国外货币的需求是由预期流动性功能决定的，而且代理人权衡使用资产组合中的货币或其他资产是通过比较他们的预期收益和他们的协方差矩阵。然而，虽然这些流动性功能与债券的收益率没有直接关系，但可取决于消费者购买的数量和消费者可利用的实际头寸数量来决定。总之，交易费用模型表明，甲、乙两国货币的需求是由经济主体所预期的货币服务来决定的。通过比较预期收益和协方差矩阵，经济主体在其资产组合中进行货币和其他资产的置换。这里流动性功能和债券的回报率没有直接关系，不过，在我们所使用的模型中，它们是由消费者的购买量和所能得到的真实货币余额共同决定的。货币需求的流动性模型，解释了对用于价值贮藏目的的不同货币需求的决定因素，对于那些货币的流动性功能显得非常重要的国家来说这一点很关键。如果在一个货币流动性功能相当发达的国家，其金融市场发达，经济体的金融资产交易便捷，这对于经济体的选择偏好起着关键性的作用，这将引导经济主体持有该国的货币以及以该国货币标价的金融资产，而放弃其他国家的货币以及相应的金融资产，从而在现实中形成货币跨国界流通或存在的事实。

二、不同货币制度下的“格雷欣”法则

“格雷欣”法则产生的根本原因在于货币的贬值。当时盛行的“泰勒”或加勒比海“八片”[1]的例证给予了很好的证明，许多人包括统治者都通过各种方式重复着“格雷欣”法则的实践活动，即“劣币驱逐良币”现象。货币外溢也并不是新生事物，其历史可追溯到金本位制度时代，也就是“劣币驱逐良币”的格雷欣法则产生的时代。可以认为现代意义上的货币外溢现象是一种“良币”驱逐替代另外一种“劣币”的行为，本文根据“劣币驱逐良币”法则，运用相应的数理分析对现代货币外溢进行研究。

（一）金属货币制度下的“格雷欣”法则

在一定时期内，一个国家和地区实行金属货币流通的条件下，只能有一种货

[1] 之所以称为“八片”，是因为它们被有意划分为八片饼状薄片（雷阿尔），这就是美国俚语里用“two bits”表示四分之一美元的起源。据说那时“谁能把一美元拆成九片并能不被发现，谁就可以赚大钱，这样做尽管不光彩，却也是没的说的”。更通俗地说，任何人只要能将一块硬币投入流通，并声称其金属含量高于面值（而且假定硬币继续按其面值被人接受），就能私占这个差额。公共部门和私人企业都有可能做到这一点。

币流通。如果存在两种货币同时流通，即在货币复本位制下❶，因两种货币的法定名义价值比例与其实际价值的比例不一致，使得名义价值高于实际价值的“劣币”，将实际价值高于名义价值的“良币”驱逐出流通领域，比如，金币的实际价值与银币相比是1∶15，但是法定金银币兑换率是1∶20，金币的实际价值低于名义价值是“劣币”，银币的实际价值高于名义价值是“良币”。在流通中，投机者会进行这样的操作：将持有的一个金币换成20个银币并扣除5个银币作为贮藏退出流通，将其余的15个银币融化成银块后，按照实际价值兑换成一个单位的金块，铸成一个金币投入流通，这样金块将越来越多地铸成金币进入流通，而银币将越来越多地融成银块退出流通，从而出现“劣币驱逐良币”的现象，此即金属货币制度下的“格雷欣”法则。

同样的规律也适用于分别实行单一金本位和单一银本位的两个国家。当金银块的交换比例是1∶15时，实行单一金币国家与单一银币国家的汇率却规定为1∶20，将金币的名义价值高估成为“劣币”。这时金币即大量运到银币国家，每一个金币兑换成20个银币，扣除5个银币的利润之后融化成银块，按照1∶15的比例兑换成一单位金块，再运回金本位国家铸造成一个金币。这样，银币将大量退出流通而被贮藏起来。银币国家货币因此而升值，从而恢复正常的比例关系。与一国之内复本位货币制度不同，“格雷欣”法则在国家之间作用的结果，最终将会恢复正常的市场汇率，金银自由进出口是上述规律的制度前提，而其界限是运送黄金的费用，即“黄金输送点”❷。

根据“格雷欣”法则，金属本位制下如果两种货币并行流通❸，人们总是尽可能选择持有实际价值高的货币，将实际价值低的货币以最快的频率用于流通，改变了两种货币原来在经济主体集合、商品集合和空间分布上的对称性，最后实际价值高的“良币”占据的市场流通的份额越来越小，被人们强行“退出”市场流通，专司贮藏手段职能，实际价值低的“劣币”占据的市场流通份额越来越大，以致“劣币”充斥市场。

---

❶格雷欣法则的制度前提是，在法定的金银复本位下，作为货币材料的金银可以自由铸造成货币，而“劣币”驱逐“良币”的界限，是金银铸造成货币的成本。

❷黄金输送点是指当两国货币的比价差额大于金属货币的运输费用时，仍然会进行金银的进出口活动，直到金属货币的运输费用与两国金属货币的比价差额相等的情况下，才会停止金银的进出口，这时的金银货币的比例达到“均衡”，黄金输送点形成，即等于两国金银比价差额加上金银货币的运送费用。

❸这种现象产生于复本位制，至少从13世纪起，欧洲大多数国家就已经同时流通金币和银币了。在这一时期的大部分时间里，政府一直试图使两者之间保持简单的关系。例如，包含法定含金量的沙弗林金币正好就等于20先令的银币，而每先令银币的含银量也是法定的。不幸的是，这两种金属之间的相对价值并不是固定不变的，而且在不同的国家也不一定相同。当国家之间存在不同的金银价值比率时，套利交易活动变得更加有组织，到最后金银比率就只有一个结果，即金银之间的替代关系的形成。

(二)纸币信用制度下的“格雷欣”法则

“格雷欣”法则的一个重要的前提是在金本位制度下,货币本身是有价值的,金属货币在效用上具有实际价值,人们持有它的边际效用递减速度颇为缓慢。而在现代纸币流通的情形下,纸币本身没有实际价值,只是一种价值符号,其价值贮藏职能的有效性远不如金属货币,随着纸币持有量的增加所造成的边际效用递减速度要比金属货币快得多,加之双纸币流通由市场调节兑换比价,货币购买力容易变动,从而产生双纸币流通时“良币驱逐劣币”和“劣币驱逐良币”交替现象的出现。设 A、B 是具有良、劣之分的两种货币,即实际价值高于名义价值的货币 A 为“良币”,B 则为“劣币”。两种货币满足同域性、可对换性。

$$M(T) = \int_0^T [M_A(t) + M_B(t)] d_t \qquad (1-15)$$

式(1-15)表示历经时间长度 T 后的实际流通货币的净增加量,则时点 T 上货币流通总量可表示为:

$$M(T) = M_A(T) + M_B(T) - M_A(O) + M_B(O) \qquad (1-16)$$

或者

$$M(T) + M_A(O) + M_B(O) = M_A(T) + M_B(T) \qquad (1-17)$$

其中:$M_A(O)$为基期 A 货币流通量;$M_B(O)$为基期 B 货币流通量;$M_A(T)$为 T 时后 A 货币流通量,$M_B(T)$为 T 时后 B 货币流通量,$M_A(T)$为 A 货币的净增速度,即单位时间内 A 货币的净增加量;$M_B(T)M_2(T)$为 B 货币的净增速度,即单位时间内 B 货币的净增加量。

记 $M_A(0)/M_B(0) = P_1$ 为基期两种货币的比例结构,经过时期 T 后,其结构比值变化为:$M_A(T)/M_B(T) = P_1$,则当 $P_2 > P_1$ 时,A 驱逐 B;当 $P_2 < P_1$ 时,B 驱逐 A。

从根本意义上讲,两种货币的驱逐行为取决于持币者持币行为的特性(贮藏、投放、滞留或流动)所导致的 $M'_A(T)$ 与 $M'_B(T)$ 的大小顺序。从静态角度考察 T 时后的最终结果,总体上如果 $M'_A(T) > M'_B(T)$,则 A 驱逐 B 实现,如果 $M'_A(T) < M'_B(T)$,则 B 驱逐 A 实现。而从动态分析时,需要考虑货币的良化率,即实际价值与名义价值的比例变动调整的快慢。如果 A 的良化速率与 $M'_A(T)$ 均呈正向变动,即良化率加快,$M'_A(T)$ 增大,出现 A 驱逐 B,即“良币驱逐劣币”;A 的良化率与 $M'_A(T)$ 呈逆向变动,出现 B 驱逐 A,也即“劣币驱逐良币”。同样,对 B 货币的良化率进行分析,也将得到与此相应的结论。因此,在双纸币币值变化快慢交替的动态过程中,也会发生交替驱逐的现象,即“良币驱逐劣币”和“劣币驱逐良币”。

对于良、劣互相驱逐的实际情况,可以考察一国范围因为通货膨胀不一样时,出现的同一种货币由高通货膨胀率地区流向低通货膨胀率地区的现象。我们仍然可以得出良、劣互相驱逐的结论，因为货币由通货膨胀率高的地区流向通货膨胀率低的地区，既是高通货膨胀率地区的“劣币”变“良币”的过程，同时又是低通货膨胀率地区的“良币”变“劣币”的过程。

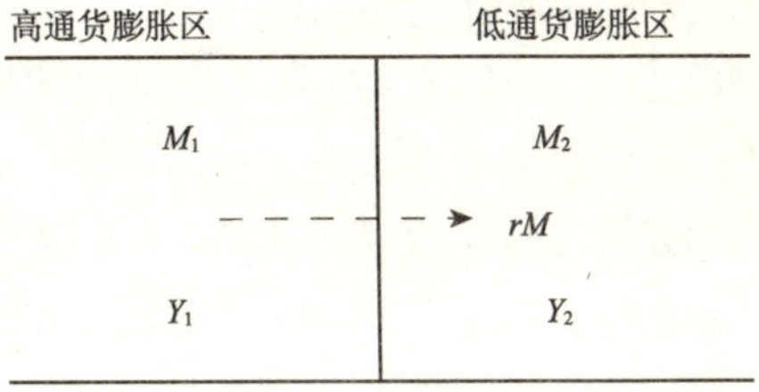

图 1－2　不同货币在不同通胀地区的流动

图 1－2 中，(M_1, Y_1)、(M_2, Y_2) 分别代表高通货膨胀地区、低通货膨胀地区的基期货币量和商品价值量。由于单位纸币在这两个地区所能代表的商品价值量不一样，因此，高通货膨胀地区的货币就会自然地向低通货膨胀地区流动，假设流通量为 M，如果忽略短期内两个地区的商品价值总量的变化，那么，在货币当局不增加发行货币或不改变货币价值量的条件下，两个地区的货币流通量变为 $(M_1 - rM)$ 和 $(M_2 + rM)$，它大于基期的 Y_1/M_1，因此，货币流动过程开始后，高通货膨胀地区单位货币对应的商品价值量为 $Y_1/(M_1 - rM)$，它大于基期的 Y_1/M_1，货币实际上由“劣币”向“良币”转化，即相当于“劣币”逐步退出流通，“良币”逐步占据流通，这是“良币驱逐劣币”的特殊表现形式；低通货膨胀地区单位货币对应的商品价值量为 $Y_2/(M_2 + rM)$，它小于基期的 Y_2/M_2，货币实际上由“良币”转化为“劣币”，相当于“良币”逐步退出流通，“劣币”充斥流通，这是“劣币驱逐良币”的特殊形式。

货币流动的总效应，经加权求和，结果如下：

$$[V_1(M_1 - rM)/(M_1 + M_2) + tV_2(M_2 + rM)/(M_1 + M_2)]$$
$$= [rM/(M_1 + M_2)](Y_2/M_2 - Y_1/M_1) \qquad (1-18)$$

根据前面分析，低通货膨胀地区的单位货币对应的商品价值量（或购买力）Y_2/M_2 大于高通货膨胀地区对应的 Y_1/M_1，同时，货币自然流动 $rM > 0$，因此，在不考虑商品流动和资本性流动（比如说到高通胀地区投资引起的货币流动）的前提下，货币自然地由高通胀低购买力地区向低通胀高购买力地区流动，尽管同时存在“劣币驱逐良币”和“良币驱逐劣币”的过程，但最后使两地货币总体上由“劣币”变为“良币”，单位货币对应的商品价值量或者购买力提高了，这也印证了美元化国家在放弃本国“劣币”的情况下，持有美元使其购买力提高的基本事实，“良币驱逐劣币”总是处于优势地位，“劣币驱逐良币”总是处于劣势地位。

三、货币外溢下的货币替代规律

外溢货币依赖于本国经济的持续发展和本币币值的长期稳定，相对于境外国家和地区的法定货币而言，无疑具有较强的购买力。外溢货币在境外国家和地区流通中实现货币购买力的同时，部分替代了溢出国家和地区的法定货币。按照传统理论的分析，如果将“劣币驱逐良币”现象称为“格雷欣”法则，那么货币外溢条件下的货币代替方向为逆“格雷欣”法则，即“良币驱逐劣币”现象。

首先从“格雷欣”法则的角度分析。为考察一般情形，研究货币区际流动带来的货币良、劣变动，这里放松一些假设条件，仍用 rM 表示两地区的货币流动，$rM>0$ 表示由高通货膨胀地区流向低通货膨胀地区的货币多于其反向的货币，即 $M_1>M_2$，反之，$rM<0$ 时，表示由低通货膨胀地区流入高通货膨胀地区的货币多于其反向流动的货币，即 $M_1<M_2$。同时，我们考虑两地区的商品流动，mY 表示商品在两个地区间的净流动，$mY>0$ 表示由高通货膨胀地区流入低通货膨胀地区的商品价值量大于其反向流动的价值量，反过来，$mY<0$ 表示由低通货膨胀地区流入高通货膨胀地区的商品价值量大于其反向流动的商品价值量。这就是说，同一种货币在任何两个通货膨胀率不同地区间流动，总是同时包含着“劣币驱逐良币”和“良币驱逐劣币”两种过程，货币总体上既可能是“劣币”变“良币”或“良币驱逐劣币”，又可能是“良币”变“劣币”或“劣币驱逐良币”，这要视货币流动的数量及方向等具体情况而定。

就本文对不同货币制度下的“格雷欣”法则分析而言，货币外溢条件下的货币替代规律，可解释为 $rM<0$ 的情况，表示由低通货膨胀地区流入高通货膨胀地区的货币多于其反向流动的货币。然而，货币流动和商品、劳务流动的方向相反，即货币流出的方向相反于商品、劳务流动的方向，就商品和劳务市场而言，一国货币向境外溢出，伴随着境外国家和地区的商品和劳务对本国市场的流入；货币流动和旅游消费人员流动的方向相同，出境旅游人员的消费支出，也带动本国货币向境外的溢出。

在不兑现纸币流通的货币制度下，货币外溢的结果在境外国家和地区表现为双纸币流通现象。根据“格雷欣”法则的分析，双纸币流通时，“良币驱逐劣币”和“劣币驱逐良币”可能同时存在又可能交替出现，其表现形式的决定因素是两种纸币的初始购买力的大小，两种纸币的相对流量及两地短期商品价值总量变动大小。在货币外溢条件下，一国货币对境外国家和地区溢出，是该货币币值稳定和商品价值总量强大的反映，“良币驱逐劣币”是市场选择的结果。事实上，双纸币流通对某些商品交换来说的确可以节约交易成本，但对整个经济运行不会产生大的危害，尽管这样会增大宏观经济运行的信息成本和调控度。局部地区的非正规双纸币流通，只要管理得当，确保本位币的法律地位和记账货币地位，也不会危及货币的正常流通及其秩序。

其次从货币替代的一般理论模型角度的分析。根据货币替代的预付现金理论模型，货币外溢条件下本国货币和外国货币的可替代性因素取决于经济主体的预算约束，两种商品能够容易替代，那么两种货币的可替代程度就高。同样的，如果两个国家商品市场的同质性较强，若不考虑货币流动的限制因素，则两个国家中货币相互溢出的可能性就较大。而且，经济主体在选择交易币种时，倾向于汇率风险较低的货币，那么货币币值稳定就成为经济主体首选的交易币种，从而推动币值不稳、汇率贬值的货币（“劣币”）退出市场。从逻辑上讲，在双币流通及其必然产生的“一种商品两种标价”中，看到了与货币产生相反的过程。货币的最初形态是个别价值形态，即以一种商品的使用价值表示另一种商品的价值；再发展到扩大价值形态，是以一系列商品的使用价值表示一种商品的价值；后发展到一般价值形态，是以一种商品的使用价值表示一系列商品的价值；发展到货币形态，是以金银的价值表示所有商品的价值，以金银的价值量表示所有商品的价值量，然后出现了价值符号——纸币。当国家货币向境外溢出时，汇率就是以外币数量表示的本币的价值或价格。一般分析而言，货币币值稳定是该货币向境外溢出的必要条件，币值稳定的货币在外溢过程中替代其他货币作为交换媒介，是经济主体在预算约束下理性选择的结果。

当然，货币替代需求的预算约束理论（预付现金模型）没有考虑到货币的价值贮藏职能，如果考虑货币可作为“价值贮藏手段”职能，则用货币的交易成本理论模型进行解释，即本国货币外溢源于非居民对本币的流动性功能需求的满足程度。一种货币如果能够跨过国境为非居民提供更有利的流动性服务，则该货币在国外充当价值贮藏手段的可能性就较大。事实上，“良币”在货币的流动性功能上比“劣币”更具优势，但“良币”在外溢过程中，充当价值贮藏职能并不意味着“良币”退出流通领域。从内在价值看，货币外溢过程中人们更喜欢使用“良币”，即实际价值高的货币将优先被用于购买商品，从而将实际价值低的货币，即“劣币”退出流通领域。从外部流通看，经济主体愿意贮藏“良币”而抛出相应的“劣币”和在出售商品劳务时拒收“劣币”，实际上这反映经济主体对“良币”的信任和贮藏偏好。货币外溢过程中“良币”驱逐替代“劣币”的现象，很好地解释了纸币流通条件下出现的“相反现象”。

第二章　人民币外溢的内涵、机理及规模测度

上章将货币需求理论和货币替代理论引入到货币外溢的内涵及形成机理分析当中,构建了货币外溢的一般分析框架,为研究人民币外溢现象奠定了理论基础。人民币外溢作为货币外溢的特例之一,其形成具有特定的内在动机和外部条件。对人民币外溢内涵、机理及规模测度的研究,是分析人民币外溢经济效应和货币竞争效应的基础,这为货币当局建立监管、预警体系,并有效推动本国货币国际化进程提供理论上和政策上的借鉴。

第一节　人民币外溢的概念及特征

布雷顿森林体系解体以后,美元成为最重要的世界货币。美国依靠美元的特殊地位,向世界输出金融资本,推行美元金融霸权扩张,并从中牟取了丰厚的铸币税和其他各种收益。与此同时,世界经济格局也发生了深刻的变化,欧盟、日本经济的迅速膨胀,特别是欧元的诞生,使得那种单纯以美元作为世界货币的金融资本全球化趋势受到了严重挑战。根据国际清算银行2002年年报资料,美元在全球贸易中的重要性正在降低,欧元、日元正在和美元一道成为国际货币体系中的支点货币[1]。

20世纪的后20年,中国因改革开放取得了快速发展,从而在国际经济和国际事务中扮演着越来越重要的角色。作为中国的法定货币——人民币,其外溢问题也同中国资本开放及人民币升值问题一样越来越受到世人的瞩目。人民币外溢的产生和发展是市场自发作用的结果,这种市场自发的货币现象主要源于周边国家和地区对人民币的需求,必然表现为人民币向境外周边国家或地区溢出并发挥价值尺度、流通手段、支付手段和部分的价值贮藏职能。人民币外溢具有丰富的内涵,理解人民币外溢的内涵需对其概念和特征进行分析。

[1]唐任伍在《人民币成为支点货币的条件及收益》(载于《中国特色社会主义研究》2000年第5期)一文中提出支点货币的概念。美元在美洲、澳新紧密经济体、亚洲甚至部分东欧国家被普遍作为支点货币使用;欧元则在欧盟、部分东欧国家、非洲和中东国家成为支点货币,具有全球金融资本的特性;日元则在一些新兴市场国家具有较大的影响力。

一、人民币外溢的界定

人民币外溢是指作为限于中国大陆境内流通的法定货币[1]——人民币，在非自由兑换的情况下，通过货币当局认可的正式渠道，或者货币当局虽不认可但默许的非正式渠道甚至是非法渠道外溢到境外国家或地区（特别是周边国家和地区），并被作为“民间货币”广泛接受和使用的货币现象。

事实上，在中国与周边国家和地区的边境贸易中，已经较早地使用人民币作为结算货币和支付货币，特别是在20世纪90年代以来，人民币的国际信誉得到迅速提升，在周边国家或地区流通地更加频繁。人民币在部分周边国家和地区已“自由流通”，如在越南，由人民币结算的边境贸易总额已达90%以上；在蒙古，流通中的人民币现金占总现金流量的60%以上；在巴基斯坦，已允许在对中国出口中使用人民币元进行结算。同时，在俄罗斯、缅甸、老挝、哈萨克斯坦、吉尔吉斯斯坦、塔吉克斯坦、阿富汗、印度、尼泊尔、泰国、孟加拉国、马来西亚、印度尼西亚、菲律宾、新加坡、朝鲜、韩国和中国台湾地区，人民币也被作为支付货币和结算货币。另外，部分国家和地区还持有人民币的储备或资产。香港、澳门回归以后，与祖国大陆之间的经贸、技术等方面的交流得到了进一步发展，人民币在港澳地区的可接受程度、流通领域也得到了极大的拓展，流出流入量也越来越大。因此，人民币在周边国家和地区的流通越来越广泛。

从货币职能演化的角度讲，人民币外溢是人民币国际化进程中的自发的、初始的阶段。其主要推动力是我国居民和非居民对人民币境外流通的需求，即由我国居民或非居民对人民币境外流通需求强化所诱发的人民币供给的一种外部性渗漏，它造成了部分人民币的体外循环。由于人民币非自由兑换条件的存在，在一定程度上抑制了其作为国家储备货币或干预货币及联系货币等官方职能的发挥。人民币职能的演化伴随着货币外溢产生的人民币对溢出对象国家的货币及其他在国际交往中充当一般等价物的国际货币的部分替代，这种在支付、结算和价值贮藏等方面替代其他国家和地区货币的现象，形成了现代意义上的国际货币竞争，即“逆格雷欣法则”。

从货币传导的角度讲，人民币外溢是一种存在于现实经济中的货币对外溢出现象，这种货币溢出是我国综合实力增强、经济地位提高乃至全球经济一体化不断深入的表现，其关系到我国货币当局铸币税收入和社会福利的增长，对我国贸易增长、资本流动和金融安全等涉外经济产生深远的影响，也影响到我国财政货币政策的实施效果。同时，由于人民币外溢过程中往往伴随着货币替代和货币竞

[1]《中华人民共和国中国人民银行法》（2003年12月27）第三章第十六条规定：“中华人民共和国的法定货币是人民币。以人民币支付中华人民共和国境内的一切公共的和私人的债务，任何单位和个人不得拒收。”

争现象，因而会引起周边国家和地区不满，甚至会引起这些国家和地区的报复，进而使地缘政治与经济关系复杂化，也将以此推动国际货币格局的变化。人民币外溢对宏观经济和货币竞争的影响具有两面性，既有积极的一面，也有消极的一面。因此，现阶段如何正确认识人民币外溢的内涵及形成机理，并对其相关效应进行深入系统地研究，将有助于货币当局实施趋利避害的政策措施。中国人民银行研究局委托各大区行对人民币外溢情况进行调研；部分学者开始分析人民币外溢的成因，并测算外溢规模及可能产生的影响；同时，探讨人民币国际化问题的文献也开始大量涌现。当然，全面把握人民币外溢的内涵，还要把握人民币外溢与人民币境外流通、货币替代的区别和联系。

首先是人民币外溢与人民币境外流通的区别。人民币境外流通是指人民币在境外国家或地区作为“一般等价物”充当交易媒介、价值尺度、记账单位和价值贮藏等职能的货币现象。在人民币非自由兑换的前提下，尽管周边国家或地区对人民币境外流通采取默许的态度，但相对于我国货币管理当局而言，仍然属“非合法”流通性质。本书在分析中，未使用境外流通的概念，还由于境外流通的概念是指一种货币在A国国境以外的B国（这里泛指除A国以外的其他国家）流通，其内涵远不及由于市场自发的、非强制性需求因素[1]推动的货币从A国流向B国并在B国流通的人民币外溢的内涵。从概念上讲，人民币外溢强调了这一货币现象的深刻内涵，而货币境外流通仅仅是货币溢出境外的必然结果，人民币外溢实际上也包含着人民币境外流通现象的涵义。当然，人民币外溢是本书分析的重点。

其次是人民币外溢与货币替代的区别。人民币外溢作为本国的法定货币溢出到境外国家和地区充当民间货币职能的货币现象，其主要动力源于本国居民和非居民对人民币境外流通的需求。而货币替代表现为一国居民出于对流动性功能的需求而产生的对外币的需求，从而使得外币在交易媒介、支付手段和计价标准等货币职能方面全部地或部分地替代本币的货币现象。人民币外溢条件下的货币需求产生于本国与周边国家和地区之间的边境贸易交易、旅游消费支出及以本币形式的非合法的资本抽逃[2]等，虽然不要求国外经济主体持有的本国货币余额必须随汇率、利率和通货膨胀率等重要经济指标的变化而变化，但这种需求与本国经济实力的增强、国际地位及政府信誉的提高，特别是本国政府维护和推动

[1] 林毅夫，《诱致性制度变迁与强制性制度变迁》，2003年。此文载于《现代制度经济学》（盛洪主编）。本书将在人民币外溢内涵部分用制度经济学的观点解释人民币外溢现象，此处不再赘述。

[2] 这里忽略非货币需求原因推动的资本外逃现象。事实上，非货币需求原因推动的资本外逃是人民币外溢的极端情况，例如非法收入的匿藏和转移等，即使境外不存在对此货币的需求，也可能存在此种货币的非法转移现象，但此现象在人民币外溢的规模中处于次要地位。因而本书认为，人民币外溢的主要动力是居民和非居民对人民币境外流通的需求。

地区经济发展中所处的地位息息相关。当然,如果外国居民对本币存在着升值预期,或者外国经济发展中存在着较高的通货膨胀和预期货币资产收益率下降等不稳定因素,或者有助于提高本国货币的流动性功能,则有利于本国货币外溢规模的进一步扩大。

总之,货币替代产生于本国居民对外币的需求,而人民币外溢产生于周边国家和地区对人民币的需求。如果以周边国家和地区为视角,人民币外溢也是这些国家或地区居民对外币的需求。当然,货币替代中的“外币”一般能够在一国之内行使货币本身所具有的部分或全部职能;而人民币或者所谓“本国货币境外流通”中的“本国货币”,在经济交往中履行的货币职能仅仅是民间货币职能,包括非官方的支付手段、流通手段和部分的价值贮藏职能,尤其是在境外流通的本国货币回流机制不健全或者货币当局尚未对本国货币回流作出正式的制度安排的特定情况下。如果说货币需求是人民币外溢的原因,那么人民币对周边国家货币或其他国际货币的部分替代则是人民币外溢的结果。进一步讨论可知,只要有利于本国货币替代周边国家和地区货币的经济因素及政治因素存在,那么本国货币外溢就会不断发展下去,且外溢规模会进一步扩大。

二、人民币外溢的特征

人民币作为中国法定货币在市场因素的驱动下,通过不同渠道溢出到境外周边国家和地区,这种货币外溢现象在特定的经济环境下,表现出一定的自身特征,具体包括非正式制度安排特征、区域性特征、“民间货币”特征。

1. 人民币外溢具有非正式制度安排的特征

人民币外溢现象是市场力量自发作用的结果,而非货币当局主动规划和引导的结果,具有非正式制度安排特征。人民币外溢是在特定的经济环境下[1],境内外居民和非居民基于对实物资本和金融资本的需求从而自发产生的对人民币的需求,这种需求满足于正式的或非正式渠道提供的供给,但绝大部分的供给处于民间或地下状态,是市场自发作用驱动的结果。因为按我国货币当局对人民币管理的规定,是不允许大量携带人民币出境的,而人民币通过各种渠道溢出到周边国家和地区并在境外流通和使用可以直接使经济主体的交易行为更为便捷,且减少汇率风险,这也是中国经济持续增长和人民币汇率稳定的直接反映。特别是在东南亚金融危机中,面对周边国家货币大幅贬值的压力,我国政府做出了人民币不贬值的承诺,使人民币在国际上树立了良好的形象,赢得币值稳定的良好声誉。根据货币替代理论,一个国家的制度因素、汇率因素和风险因素等会直接导致外

[1] 包括金融全球化和世界货币非单一化趋势的形成,中国经济的快速发展,人民币币值稳定及国际信誉得到提高等。

国货币对本国货币的替代。上述周边国家和地区，大都是因为内部经济的不稳定造成本国货币波动幅度过大或贬值过多，国内政治和经济的风险使公众对政府的信心降低，从而使这些国家和地区的居民产生对外国坚挺货币的需求。由于美元的短缺和日本经济的衰退，人民币自然成了这些国家居民的最佳选择[1]。

人民币在境外周边国家和地区流通的现状也能说明其非正式制度安排特征。以香港为例，非正式制度安排下的人民币找换业务量占当地人民币兑换业务总量的97%左右（CEIC，2004），"找换店"通过在两地分设的港币和人民币账户，办理两地间地下汇款业务，甚至部分银行还要通过"找换店"轧平持有的人民币头寸。许多零售商店还接受客户用境内发行的人民币信用卡签单消费，然后将这些账单送到内地，形成人民币信用卡收单业务。在境外的人民币回流也缺乏正式的制度供给，尽管我国允许个人携带小额人民币入境，但对境外收兑的人民币如何回流缺乏明确的规定，因此，地下钱庄、企业货币互换、超限额携带（或货币走私）成为人民币回流的主要途径，这些途径都带有非制度安排特征。

2. 人民币外溢具有区域性特征

人民币外溢主要分布在与我国边境贸易发展迅速的周边国家和与内地经济联系日益紧密的港澳台地区，因而具有明显的区域性特征。改革开放以来，我国利用与10多国家接壤的天然优势，提出"积极发展同内陆周边国家的经济贸易关系"、"选择一些内陆边境城市和地区，作为对外开放的窗口，促进这些地区对外贸易和经济技术交流合作的发展"的战略方针，使得边境贸易取得长足的发展，业已形成了西南、西北和东北三大边境贸易区。边境贸易的发展，在促进边疆地区产业结构调整、升级，提高边疆地区对内和对外市场的双向开放度，增强该地区对境内、境外市场的吸引力和辐射力的同时，也强化了我国与周边国家和地区经济的不断融合，推动了人民币外溢规模的不断扩大，在边境贸易中采用人民币进行结算和支付也成为边境贸易市场的自然选择，因而与我国边境贸易交往频繁的周边国家和地区也是人民币外溢的主要区域之一。港澳回归以来，与祖国大陆之间的经贸、技术等交流得到进一步发展，人民币在港澳地区的可接受度、流动领域也得到了极大的拓展，人民币溢出到该地区的数量和规模也不断扩大。总体而言，中国大陆与境外周边国家和地区经济的日益融合，促成了人民币外溢规模的不断扩大，人民币外溢具有明显的区域性特征。

目前在境外流通的货币基本上是国际货币，如美元、欧元、日元、英镑、瑞士法郎等。这些货币是可自由兑换货币，被世界各国广泛接受，而人民币目前虽然实现了经常项目项下的可自由兑换，但资本项目项下的自由兑换仍然受到限制，这决定了人民币外溢的区域仅限于周边国家和地区，具有明显的区域特色和有限的

---

[1] 李裕，《论人民币在我国周边地区流通的影响和国际化前景》，载于《经济纵横》2003年第2期。

流通范围，因而境外人民币的可兑换性与流动范围与国际货币存在着较大的差异。

3. 人民币在周边国家和地区主要充当“民间货币”职能

按照Krugman(1992)的解析，国际货币的职能可以分解为民间货币职能和政府货币职能，其中民间货币职能包括结算货币、媒介货币(交换手段)，记账货币(计算单位)，金融交易货币、投资货币(保值手段)等；而政府货币职能包括政府结算货币、干预货币(交换手段)，联系货币、国家基准货币(计算手段)和国家储备货币(保值手段)等。显然，由于人民币非自由兑换条件和非制度供给原因的存在，决定了人民币在境外很难发挥上述政府货币职能，目前溢出到周边国家和地区的人民币只能作为民间货币使用。目前，虽然部分国家和地区支持本国居民在边境贸易中可使用人民币进行结算，但中国尚未就人民币外溢问题同周边国家和地区达成全面的、正式的协议，这些国家和地区也因为人民币属非自由兑换货币从而不可能大量地将人民币作为国家储备货币、基准货币或干预货币等，因而溢出境外的人民币主要充当“民间货币”职能。

另外，从“民间货币”持有动机来看，边境贸易货物流动和人员流动中的交易动机是人民币外溢的主导因素(何帆等,2004)，但投机获利因素近年来有所增加。在边境贸易中，由于人民币币值稳定，在周边国家和地区基本处于准硬通货地位，持有人民币的动机主要是规避本币贬值风险和交易支付的需要。作为交易媒介的人民币境外流通与贸易物流和出境人员流动同步发生，资金流动方向与物流方向相反，与人员流动方向相同。近年来，由于中国经济持续增长，市场上一直存在着较强的人民币升值预期，在周边地区尤其是香港地区，对通过持有人民币获得升值收益的需求不断增加，投机因素已成为人民币境外流通的动力之一。显然，持有人民币的交易动机和投机动机不断强化了人民币作为境外国家或地区的“民间货币”职能，随着人民币外溢规模的扩大，部分溢出的人民币职能将得到不断延伸。

第二节　人民币外溢的内在动机和外部条件

人民币外溢作为一种货币现象，有其自身的形成机理，这里将其形成机理概括为内在动机和外部条件两个方面。对人民币外溢形成机理的分析，将为科学地估算人民币外溢规模提供理论基础。

一、人民币外溢的内在动机

人民币外溢是市场自发力量作用的结果，这种市场自发力量基于市场微观主体的经济行为。自20世纪90年代以来，由于人民币在交易支付、出境旅游消费等实体经济交易和金融经济交易中的良好表现。使得人民币在周边国家和地区的使用范围不断扩大,使用频率逐步提高,从而促进经济主体使用和持有人民币的交易动机、支付便利动机的逐步形成,成为人民币外溢的主要动机。当然,在中国资本项目尚未开放的背景下,由于政治体制和经济体制的原因,用非法的手段或假借合法的形式将资本转移出境的现象也大量存在,以人民币形成的抽逃资本也构成了人民币外溢的动机之一。

1. 交易动机

交易动机是经济主体使用或持有货币的原始动机之一,在边境贸易、出境消费支出中选择使用人民币作为交易币种是人民币外溢的主要动机之一(何帆等,2004),特别是随着我国与周边国家和地区经济融合程度的不断提高,边境贸易规模不断扩大,境内居民出境旅游、探亲消费稳步上升,境外投资、项目承包不断增加,为人民币外溢打开了通道。以中俄边境贸易为例,俄罗斯与我国有三四千公里长的边境线,中俄边境贸易十分活跃,俄罗斯主要向我国出口原材料商品(钢材、水泥、木材等)和某些工业制成品(发动机、轿车、电冰箱、摩托车等),而从我国进口大量的粮油食品、纺织品和轻工产品,这些造成了俄罗斯市场上本国生产的与进口中国的同种商品的价格差异。这些差异是中俄边境贸易获得发展的物质利益所在,即双边基于交易成本利益的存在,使得这种交易得到长足发展。20 世纪 90 年代初在中俄边境贸易市场上,中国商人可用一双旅游鞋与俄国商人交换一块军表。对于俄国商人而言,旅游鞋在俄罗斯的价格为 1000 卢布,而军表的进货成本为 400 卢布;对于中国商人来说,军表在中国市场的价格为 300 元人民币,而旅游鞋的进货成本为 20 元人民币。可见,交易双方都有增值。如图 2-1 所示。

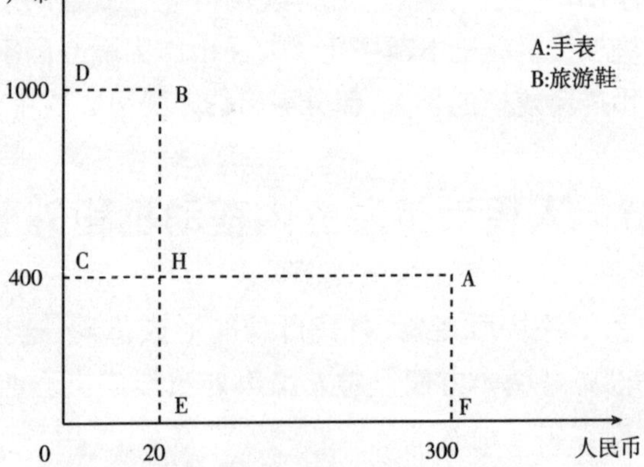

图 2-1　边境贸易的比较成本收益

在图 2-1 中,横轴标是军表价格,纵轴表示旅游鞋价格。从中可见,A、B 两种商品在中国的相对价格与俄罗斯的相对价格并不成比例。军表在俄罗斯的价格 OC(400 卢布),在中国则是 OF(300 元),旅游鞋在俄罗斯的价格是 OD(1000 卢布),而在中国却是 OE(20 元)。由于双方对商品价值衡量标准不同,军表与旅游鞋交换,俄方可增值 CD,即 600 卢布,而中方可增值 EF,即 280 元人民币。

比较成本收益是双边贸易发展的原动力,成为中国与周边国家和地区边境贸易快速发展的主要因素之一。在周边贸易发展中,随着人民币国际地位的逐步提高和市场升值压力的持续存在,市场主体更多地选择人民币作为主要的交易币种,有力地推动了人民币外溢规模的不断扩大。

2. 支付便利动机

本文把货币的支付便利作为周边国家和地区居民持有人民币的动机之一,主要是考虑到人民币在特定的非自由兑换货币的条件下,周边国家和地区对人民币的可接受程度也是影响人民币外溢的主要因素。一般地,非自由兑换货币很难被其他国家和地区的货币当局作为官方的联系货币或干预货币,非官方经济主体在经济交往中也因缺乏兑换渠道或直接的定价机制而不可能被广泛接受和使用。目前人民币虽然属于非自由兑换货币,但它具备介于国际货币和非国际货币两种极端货币形态之间的货币国际化特征(裴平、张谊浩,2005),人民币在周边国家和地区被广泛接受,这些周边国家和地区政府对人民币在境内使用持默许态度,把人民币作为一种普通外币,不加特别管制。境外非居民持有和使用人民币作为交易币种,直接反映出人民币在经济交往中的可接受程度,也是人民币作为货币的支付便利特性的表现。因而,人民币在周边国家和地区的支付便利也成为持有和使用人民币的动机之一。

3. 抽逃资本动机

资本抽逃是指经济主体出于自身的经济和其他利益的目的[1],违反国家外汇

---

[1]这里经济利益是资本外逃的主要动机,包括规避风险、减少损失和寻求资本收益的最大化两个方面,其他利益包括一些非正常来源的资本的保密性。应当注意的是,在我国企业的对外投资中,一些企业编制虚假投资项目,尽管通过了国家有关部门的审批,但是到境外从事非经营范围内的投机行为,如炒卖房地产、股票、期货和其他金融衍生品的交易,或者在国内申报有计划的对外投资,这部分投资虽然反映在我国的国际收支平衡表的对外投资项目中,但其数据不完全是正常的资本外流,可能夹杂着一部分此种类型资本外逃。中国资本外逃的类型大致有:按照资金来源的合法与否,资本外逃可以分为灰色资本外逃和黑色资本外逃。前者是指资本外逃的资金来源是合法所得,包括劳动报酬、资本经营收入、接受继承收入及其他纳税后的合法所得。黑色资本外逃是指资本外逃的资金是非法所得,包括政府官员和国有企业管理者的贪污、受贿、挪用、侵吞国家资产,以及盗窃、抢劫、走私贩毒等犯罪所得。按照资本外逃是否流回国内可分为一般性资本外逃和过度性资本外逃。一般性资本外逃是为了摆脱国内的环境,逃往国外后除非短期内国内的投资环境会有较大的改善,否则不会考虑流回国内。而过渡性资本外逃则不同,其外逃的动机就是以外籍的身份向国内投资,因此外逃后一般会很快流回国内。按照资本外逃的渠道和方式可以分为三种:通过非法渠道进行的资本外逃,通过经常性项目进行的资本外逃和通过资本项目进行的资本外逃。需要说明的是这种分类的方式并不意味着第一种方式是非法的,而后两种资本外逃的方式是合法的、允许的,只是后两种资本外逃的方式在表面上、在形式上是合法的,或者借助于合法的方式进行的,而第一种资本外逃的方式本身就是政府所不允许的,如通过走私、地下钱庄等方式。

管理和资本管制的相关规定，用非法的手段或假借合法的形式将资本转移出境的一种特殊的资本外流，其境外收益未向本国政府申报并缴纳税收。资本外逃按照币种形式可以分为以外币形式的资本外逃和以本币形式的资本外逃及以贵金属、价高易兑现的物品形式[1]的资本外逃。由于人民币目前还是不可自由兑换货币，因此大多数资本外逃是以外币（主要是自由兑换货币）的形式进行的，占90%以上（牛晓健等，2005）。但是由于中国实行较为严格的外汇管制，在不易获取外汇的情况下，确实有一部分资本外逃是以人民币的形式进行的，这些资本外逃一般都以中国大陆周边的国家和地区为目的地，如香港、澳门、越南、蒙古等，由于中国同这些国家的贸易较多，在这些地区可以很方便地将人民币兑换为自由兑换货币。因而，全面分析人民币外溢的形成机理，也不能忽视以人民币形式的资本外逃。事实上，在人民币被周边国家和地区广泛接受，而人民币外溢的规模又不被货币当局有效监管的情况下，选择人民币作为币种达到抽逃资本的目的又成为可能，特别是货币当局对外汇实行较为严格的管制，因而采用人民币形式转移非法资本也是特殊历史背景下人民币外溢的动机之一。

以上从三个方面分析了人民币外溢的内在动机。当然，人民币外溢的动机不是一成不变的，随着人民币外溢规模的不断扩大，其动机也将更为复杂。货币外溢的初期，其动机主要表现为交易动机、支付便利动机及以本币形式的资本抽逃动机；随着外溢规模的扩大，本国经济持续高速增长、本币币值稳定或升值压力的持续存在，当居民或非居民发现持有该种货币可能减小风险或获取收益时，对该货币的更大需求推动了货币外溢规模的进一步扩大，强化了人民币外溢的投机动机。与此同时，担心因本国政治和经济环境变化导致本币币值下降的资本外逃规模下降，支付动机、价值贮藏动机或投机动机推动的人民币外溢规模上升，这将最终推动本国货币国际化进程的加快。

二、人民币外溢的外部条件

上述从支付动机、交易便利动机和资本抽逃动机等方面分析了人民币外溢形成的内在动机。就人民币外溢形成机理而言，如果说上述内在动机构成了人民币外溢的需求因素，那么其外部条件则成为人民币外溢的供给因素，下面将从经济支撑、制度背景和渠道因素等方面对人民币外溢的外部条件进行分析。

---

[1]一些资本外逃是以贵金属、价高易兑现的物品的形式进行，如黄金、名人字画、古董等物品，这些资本外逃具有较高隐蔽性，到了境外可以很快出手，获得不菲的货款，以达到资本外逃的目的，但这一部分规模不大。

1. 人民币外溢的经济支撑

(1)中国经济的快速发展为人民币外溢提供了强大的经济支撑[1]。20多年来,中国始终坚持改革开放战略,特别是"九五"以来,国民经济持续、快速、稳定增长,中国实际经济规模和综合国力名列世界前列,在国际上尤其是在区域经济金融事务中的地位和影响得到了极大的提升。中国国际地位的提高,加速了中国与世界经济特别是区域经济的融合,国内商品市场和金融市场的进一步开放,为区域间实物资产和金融资产的流通拓展了空间,这也为人民币外溢规模的扩大奠定了坚实的物质基础。

(2)人民币币值稳定和国际信誉的提高强化了周边国家和地区对人民币的需求。自1994年汇率并轨以来,特别是亚洲金融危机以来,人民币汇率保持稳中有升,成为新兴的世界强势货币之一。与1994年初相比,世界绝大多数国家的货币相对于人民币均有不同程度的贬值。即便与1993年底人民币汇率并轨前夕的水平相比,世界上有相当多国家的货币特别是亚洲和拉美新兴市场国家的货币也出现了贬值现象。人民币汇率的相对稳定,人民币相对周边国家和地区货币的不断升值,增强了非居民使用和持有人民币的信心,人民币成为受欢迎的支付手段和资产形式,对人民币的需求也大量增加(李婧、管涛、何帆,2004)。根据胡祖六(2003)对中国GDP增长率、名义汇率、贸易条件和经济开放度,以及对资本项目的限制条件等指标所作出的预测,人民币在中长期内仍然有条件保持稳定,而且中国政府也一直把保持人民币币值稳定作为内外经济均衡发展的主要目标之一。人民币汇率的稳定,决定着中国在融入全球金融资本一体化过程中,必然谋求其作为区域金融板块核心国家的地位。

(3)双边经贸合作不断深化和人员往来的不断增多是人民币跨境溢出的主要推动力。从国际上看,在边境地区"双币流通"是较为普遍的经济现象。货币作为价值尺度和交换媒介,始终伴随着物流和人员流的扩展而不断发挥其货币职能。中国与周边国家和地区的双边贸易、投资、人员的往来,为人民币向周边国家和地区提供了经济载体[2]。

---

[1] 李婧、管涛、何帆,《人民币跨境流通的现状及对中国经济的影响》,载于《管理世界》2004年第9期。

[2] "九五"以来,中国与周边国家的边境贸易(包括边境小额贸易、边民互市贸易和边境技术合作)快速增长,出口年均增长45.3%,进口年均增长88.8%,远高于同期的全国进出口增长速度,由于人民币币值稳定、使用方便快捷,人民币在边贸结算中的比重不断扩大,有的地区甚至超过90%。甚至在马来西亚和韩国的外汇储备中都持有一定规模的人民币资产。此外,早期人民币流通主要集中在口岸和边贸互市点,现在人民币的流通范围已不再局限于周边地区,除了在越南、缅甸、老挝、朝鲜、蒙古、俄罗斯、巴基斯坦、尼泊尔等周边国家作为支付和结算货币被普遍接受外,港澳地区、孟加拉国、马来西亚、印尼、新加坡、菲律宾、韩国等国家和地区已经接受人民币存款和办理其他人民币业务。同时,随着中国居民收入水平的不断提高,旅游消费支付能力显著提高,出境旅游消费需求持续扩大,出境旅游、出国留学人数迅速增加,1994—2002年累计出境旅游人数达8000多万人次。境外旅游带动了境外消费,也推动了人民币境外流通。目前中国游客已成为东南亚国家的重要客源。2002年内地居民到东盟7国(除文莱、老挝和缅甸)的旅游观光人数达到675万人次。其中,据泰国旅游机构统计,1987年,出境至泰国的中国游客(不含港澳台地区)为2.1万人次,1999年增至77.5万人次,2002年达80万人次,2003年尽管受到"非典"和伊拉克战争影响,仍达80万人次。目前中国是新加坡的第二大客源国,2002年到新加坡观光旅游的中国人达67万人次。

2. 人民币外溢的制度背景

(1)金融全球化和国际货币非单一化为人民币外溢提供良好的国际经济环境。金融全球化需要市场规则和运作方式的全球化和交易币种的非单一化。在未来全球化的发展过程中,区域金融板块组合的发展趋势已经非常明显,世界经济多极化已成为不可阻挡的趋势。尽管美国凭借其20世纪90年代"新经济"带来的发展势头,巩固了美元在世界经济发展中暂时处于强势货币地位。但是,随着欧盟、日本、中国等一些国家和地区经济实体的快速发展,美元的霸权地位也面临着巨大的冲击。世界银行(2003)预测,到2020年,美国在全球总产出中所占的比例将从目前的20%以上下降到10% ~15%左右,而欧盟、中国和日本等经济实体的GDP可能接近或超过美国,美元在世界经济中的这种绝对地位将会被削弱,这就意味着其他非美元货币在未来的世界货币格局中提高地位并扩大影响存在较大的空间。

(2)周边国家和地区的默许态度为人民币外溢扫除了政策障碍。为促进边境贸易和旅游发展,周边国家和地区对人民币在境内流通和使用持默许态度,一般把人民币作为一种普通外币,没有特别管制。只有缅甸、老挝政府规定,人民币不能进入边境20千米以外地区,但在边境20千米以内地区依然可以自由使用和流通。由于人民币不是可自由兑换货币,不能在周边国家和地区银行系统内流通、存储,因此人民币基本上流通和沉淀于民间。近年来,随着双边贸易的不断扩大,用人民币进行结算和支付的比重不断上升,中国与一些周边国家协商进行人民币结算与合作,允许双边互设兑换点和商业银行代理国家银行进行结算,使人民币与周边国家货币的双边兑换合法化(李婧、管涛、何帆,2004)。

(3)我国的金融对外开放和外汇管理体制改革为人民币境外流通创造了相对宽松的制度环境。1993年以前,我国中央银行对人民币出入境一直实行低限额管理,随着我国对外开放的不断深化,双边贸易与人员往来不断增加,1993年人民币出入境限额提高到6000元❶。2005年元月,中国人民银行根据我国经济发展和对外往来的实际需要,决定调整国家货币出入境限额,将中国公民出入境、外国人入出境每人每次携带的人民币限额由原来的6000元调整为2万元❷。1996年12月人民币实现了经常项目的可兑换,同时,资本项目可兑换在稳步推进,这些金融开放措施和外汇管理体制的变革都为人民币境外流通创造了制度条件。

(4)较为严格的资本管制是人民币外溢的现实条件。1996年12月,人民币仅

---

❶根据中国人民银行1993年2月5日发布的《关于国家货币出入境限额的公告》的有关内容。

❷来源于《中华人民共和国人民币管理条例》和《中华人民共和国国家货币出入境管理办法》,2005年1月1日执行。

实现经常项目下的自由兑换,人民币资本项目的可兑换范围和程度虽有所提高,但仍然受到较为严格的管制。当然,资本项目的开放是一项艰巨而又复杂的系统工程,在市场决定绝大多数商品价格、货币商品流通的情况下,资本项目开放意味着将把中国的价格体系和国际市场的价格体系、中国的市场和国际市场、中国经济和世界经济更密切地联系在一起。这种联系将会给中国带来许多益处,但同时也会带来不少的风险和冲击。因而,人民币外溢也正是我国货币当局对资本项目实行较为严格管制背景下的一种特殊货币现象,这种货币现象主要原动力产生于境内外实物经济交易和金融经济交易对人民币的需求。人民币外溢问题研究的最终目的就是在我国转轨经济的特定情况下,提出趋利避害的政策建议,为决策和实践提供参考,进而加快人民币国际化进程,实现人民币最终的完全可自由兑换。

3. 人民币外溢的渠道

人民币外溢的渠道可分为正式渠道和非正式渠道。通过正式渠道的人民币外溢是指符合人民币跨境携带或者汇出汇入规定的人民币跨境流出[1],这种人民币外溢比较直接和透明;通过非正式渠道的人民币外溢则是指不符合人民币跨境携带或者汇出汇入规定的人民币跨境流出,这种人民币外溢则比较间接和隐蔽。非正式的人民币外溢渠道又可以细分为黑色渠道和灰色渠道。其中,黑色渠道是指通过人民币走私等非法手段导致的人民币跨境流出;而灰色渠道则是指游走于法律边缘、利用法规漏洞,采取重复跨境、多人跨境、潜藏跨境等方式引发的人民币跨境流出。大量事实表明:相对于实物经济交易推动下的人民币外溢,金融经济交易推动下的人民币外溢较多地涉及地下钱庄、黑市交易、资本外逃、官僚腐败,以及与跨国贩毒、走私有关的洗钱等非法行为,而且其规模和影响都不可轻视[2]。

(1)边境贸易进口支付。主要是通过边境小额贸易和边民互市的进口支付流出。边境贸易主要包括边境小额贸易,边民互市和边境经济技术合作,其中目前边民互市金额小而频繁,缺乏统计。而边境经济技术合作开展得较晚,规模很小。我国的边境贸易结算由易货贸易为主发展为美元现钞结算为主。随着人民币影响力不断增强,人民币结算的边境贸易有较大增加。由于边境小额贸易在3000元以下可以免征关税,因此,边境贸易统计数据可能远远低于实际发

[1]《中华人民共和国人民币管理条例》(2000年5月1日)第三十条规定:“中国公民出入境、外国人入出境携带人民币实行限额管理制度,具体限额由中国人民银行规定。”而根据《中华人民共和国海关进出境旅客通关的规定》(1996年1月1日)第八条和第九条的规定,携带人民币现钞6000元以下的居民和非居民出境或者入境,无需向海关申报并将申报单证交由海关办理物品出境或入境手续。

[2]国内的相关研究较多地将注意力集中于正式渠道的人民币外溢,这主要是因为通过非正式渠道的人民币外溢更加间接和隐蔽,由此产生的信息费用、认知成本更高,从而使研究难度加大。

生额。

(2)境内居民出境旅游、探亲消费。包括出境缴纳关费,境外旅游消费支付等,其中数量较大的是以人民币支付境外团费。近年来,随着收入水平的提高,境内居民出境旅游的人数和消费能力都不断增强。

(3)境外投资、项目承包等人民币资金(本)流出。尽管我国与周边国家的经贸合作主要以货物贸易为主,但以政府项目为主的境外投资也有所增加,私营企业也向境外直接投资建厂。目前对这部分人民币境外投资尚无统计。

(4)"找换店"、"地摊银行"、地下汇兑等渠道。在不少周边国家和地区,人民币已成为当地的可兑换货币,"找换店"、"地摊银行"等非正式金融组织开办了人民币兑换业务和地下汇兑等业务,将人民币作为一种特殊商品进行买卖,为人民币在当地的流通使用提供了市场安排。目前,香港有100多家"找换店",610个网点开办了人民币兑换业务(何帆,2005)。而在中越边境的"地摊银行"约有600多家,每家周转人民币现金均在100万元以上,在边境贸易结算和人民币汇率形成中发挥着举足轻重的作用。

(5)境内居民境外赌博、走私、购买毒品支付。除了中国澳门特区外,目前越南、缅甸、朝鲜等国境内都有专门针对中国居民开放的赌场,一些内地贪官也往往会把赃款拿往境外赌博或洗钱。同时,边防缉毒案件中查获的毒资中也有人民币。目前赌毒等地下经济已成为人民币流出的一个重要渠道。由于人民币在境外没有生息来源和投资用途,流到境外的人民币除极少部分作为周转头寸外,绝大部分将回流境内。

总之,人民币跨境外溢的途径趋于多元化特点,既有边境贸易结算与支付和个人旅游消费支付,也有人民币形态的资金(本)输出;既有实体经济推动的人民币流动,也有地下经济等推动的人民币流动。同时,总体上呈现"流量大、存量小"的特点,并且主要以现钞为主。

第三节　人民币外溢的规模测度

基于上节对人民币外溢形成机理的分析,这里将对人民币外溢规模的测度概括为由边境进口贸易(包括边境小额贸易、边民互市和边境经济技术合作)、旅游消费支出和非法渠道导致的人民币跨境溢出,其中边境进口贸易是推动人民币外溢到除香港、澳门之外的其他周边国家和地区的主要因素;出境旅游消费支出是人民币溢出到香港、澳门及部分东南亚国家的主要因素,由边境进口贸易和出境旅游消费支出形成的人民币外溢属于正式渠道的人民币跨境溢出。而因境外赌博、走私、购买毒品、洗钱等非法行为导致的人民币外溢属于非正式渠道的跨境溢出。为分析方便，下面将非正式渠道引起的人民币外溢概括为以人民币形式的资本抽逃。人民币境外存量主要由边境贸易逆差、出入境旅游消费支出逆差和以人民币形式的资本外逃组成。图2-2描述了本文对人民币外溢规模和境外存量的估计路径。当然，正式渠道的人民币外溢较为透明；而非正式渠道具有非合法性质，因而非常隐蔽。从现有文献对人民币外溢规模估计的情况来看，大多集中于正式渠道的人民币外溢。本文试图在前人研究的基础，对人民币通过正式渠道和非正式渠道的流出流入进行估计。

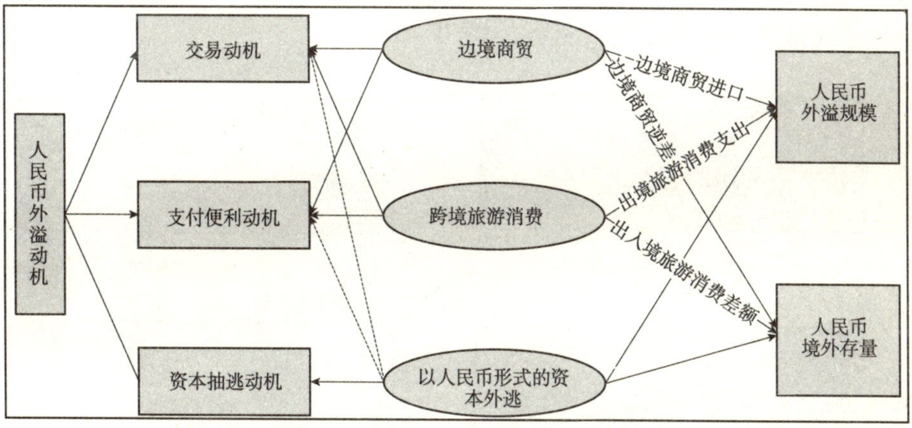

图2-2 人民币外溢规模估算的逻辑思路

根据本书对人民币外溢内涵及其形成机理的分析及上述人民币外溢规模估计的逻辑思路，对人民币外溢规模及境外存量的估计包括三个方面：一是边境贸易发展及由此引起的外溢规模和境外存量；二是出入境旅游（仅以因私前往亚洲国家及港澳地区为主）消费支出及由此引起的外溢规模和境外存量；三是由以人民币形成的资本外逃引起的外溢规模和境外存量。下面将进行实证分析。

一、边境贸易发展及规模估计

1. 边境贸易发展总体情况

我国疆域广阔，除了有1.8万千米的海岸线以外，还有2.1万多千米的陆地边境线，与10多个国家接壤。在经过20世纪80年代沿海地区的对外开放充分发展之后，为了充分利用这些边境线的地理优势，90年代国家提出“积极发展同内陆周边国家的经济贸易关系”、“选择一些内陆边境城市和地区作为对外开放的窗口，促进这些地区对外贸易和经济技术交流合作的发展”，全方位开放的新格局也因而开始在我国形成❶。

全方位开放的格局极大地促进了边境贸易的迅速发展。据国家商务部及环亚经济数据库公司(CEIC)的统计结果显示，1994—2004年间，我国边境贸易平均以30%的速度增长，其中1996年、1997年分别较上年增长为193%、87%，1997年当年实现边境贸易额突破150亿元；1999年、2000年较上年增长速度都在45%以上；2002年、2003年的增长速度也接近40%；2004年当年实现边境贸易总额达783.86亿元，为1994年36.97亿元的21倍多。据不完全统计，我国目前已开放的边境口岸有216个、边民互市市场292个，现已形成西南、西北和东北等三大边境贸易区，其中广西、云南、新疆、西藏和内蒙古在边境贸易区中处于重要的地位，这些地区的边境贸易也获得飞速发展，如图2-3所示。

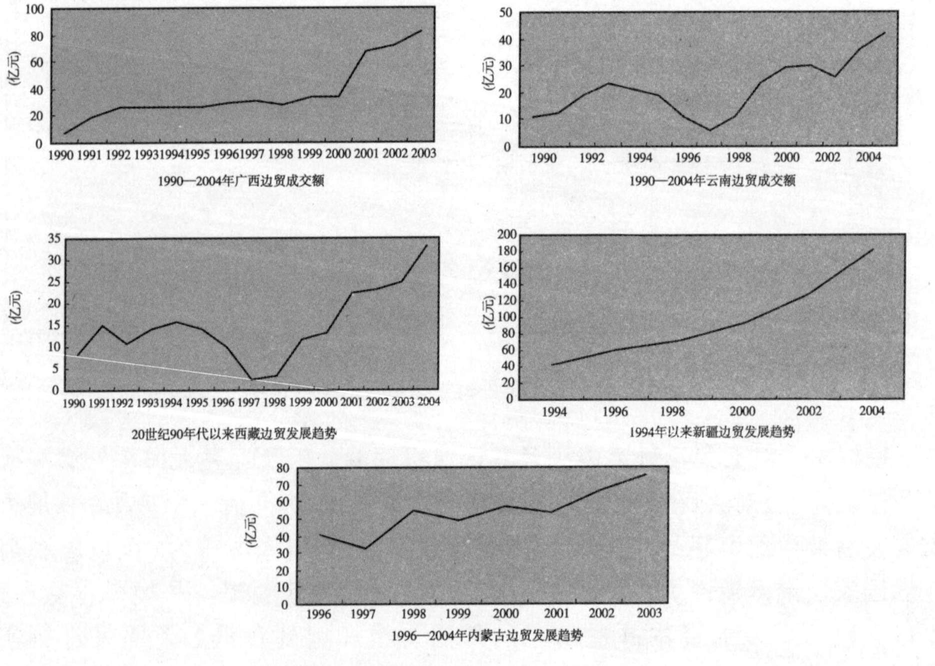

图2-3　部分地区边境贸易发展趋势图

根据国家商务部公布的有关数据整理得到。

边境贸易极大地推动了西部边疆地区乃至整个国民经济的快速发展。边境贸易在我国西部边疆地区经济的发展中，不仅仅是起到了中介作用，更重要的是起到了带动边疆地区经济发展的战略作用。边境贸易对于促进西部边境地区的

❶曾庆均，《西部地区边境贸易之发展》，载于《重庆工商大学学报》2004年第2期。

经济和社会发展,加快国际经济资源的开发与转移,有着特殊的意义❶。

2. 边境贸易中和境外存量的规模估计

边境贸易的飞速发展带动了规模的不断扩大。在边境贸易中,人民币被选择为市场交易的主要币种之一,人民币在边境贸易中的使用形成了人民币的跨境流出流入,其中,边境贸易中的进口规模增长推动了人民币外溢规模的不断增长,而边境贸易的逆差则为境外存量。边境贸易中使用人民币进行结算的比例多见于现有的文献,一般认为,1994—1997 年间,在边境贸易中使用人民币进行结算或支付的比例较低,一般为 10% 左右;1998—1999 年在亚洲金融危机后比例上升为 20% 左右;2000—2002 年这一比例上升至 30%;而 2003 年以来,随着规模的不断扩大,使用人民币进行结算的比例大幅上升,达 50% 左右。事实上,从 10% 到 50% 的变化也是根据人民银行调研结果进行的估计。而李婧、管涛、何帆(2004)在对规模的估算中,2000 年以前采用 10% 的比例,2000 年以后采用 50% 的比例,这样可能低估了前一时期的规模,而高估了 2000—2002 年的外溢规模,因而这里在估计中沿袭了前者的比例。

根据国家商务部和环亚数据库公司关于边境贸易发展情况的统计结果,并依据上述关于边境贸易中使用人民币进行结算的比例分析,本书对 1994—2004 年间的人民币外溢规模进行了估计。1994 年以来,边境贸易成交额达 3350 亿元,因边境贸易引起的人民币跨境流出流入的规模估计达 1187 亿元;1994—2004 年间,因边境贸易引起的人民币流出流入规模增长速度平均为 72.27%,其中 1996—2000 年、2003 年各年份的增长速度都在 50% 以上,2004 年增长的速

---

❶主要表现在:边境贸易有力地促进了西部边疆地区经济由自然经济向商品经济转变,增强了西部边疆地区人民的开放意识、商品意识、市场意识、竞争意识;同时,边境贸易的发展,培育出了一批具有现代经营思想、经营观念和管理才能的人才,成为西部边疆地区经济发展的中坚力量。边境贸易成为西部边疆地区对外贸易的重要支柱和新的经济增长点,在西部边疆地区经济发展中占据十分重要的地位。目前,新疆、西藏等省区,边境贸易已居于对外贸易的主导地位。自 1993 年以来,边境贸易在新疆整个进出口贸易中已占据了“半壁河山”的重要位置。“九五”期间,西藏边境贸易总额达 20 亿元,比“八五”期间增长了 3 倍,全区边境贸易总额占西藏外贸总额的 50% 左右,形成了边境贸易与一般贸易“二分天下”的局面。同时,边境贸易的发展,调整与改善了西部边疆地区经济结构,促进了边疆地区一、二、三产业的协调发展。以广西凭祥市为例,1995 年广西凭祥市从事第三产业的人数占全市社会劳动力总数的三分之一,第三产业增加值占 GDP 的 66.4% 左右,比 1990 年增长了 3.5 倍,成为广西第三产业比重最高的城市之一,而过去这一地区的一、二、三产业比重分别为 50:25:25,1994 年以后产业结构出现了 17:19:64 的新变化,第三产业在国民经济发展中起到了支柱作用。边境贸易扩大了边境地区的对外开放与对内开放,充分利用国内国外两种资源,开拓国内国外两个市场,为边境地区工业,尤其是加工业的发展提供了原料来源,同时又为边境地区工业的发展提供了市场,从而有力推动了边境地区工业的发展。当然,边境贸易的发展,也增加了西部边疆地区和国家的财政收入,边贸收入成为不少边贸城镇地方财政收入的主要来源。同时,也增加了边疆群众收入,加快了边疆地区群众脱贫致富的步伐。云南德宏州的畹町市,在开放边境贸易以前属贫困县,1988 年该市就进入了全国首批 36 个小康县的行列,1993 年人均纯收入达到 9600 元;1999 年瑞丽市的农民人均收入为 1845 元,是 1978 年的 15.3 倍。边境居民收入的提高,极大改善了群众生活水平,也起到了稳定边疆、安定四邻的作用,为社会主义市场经济建设创造了良好的内外部经济环境。

度有所减缓，为21.75%；2003年以来，因边境进口贸易引起的规模均在100亿元人民币以上，2004年达到了254亿元。1996年以来，我国边境贸易逆差逐步上升，其中2000年、2001年、2002年和2004年边境贸易逆差余额都在150亿元人民币以上，2004年达到235.16亿元。边境贸易逆差的增长，导致人民币境外存量的不断上升，2001年当年因边境贸易逆差导致的人民币境外存量达60.66亿元，2002年、2003年有所下降，分别为50.68亿元和32.23亿元，但2004年因边境贸易逆差导致的人民币境外存量突然大幅上升至117.58亿元。如图2-4所示。

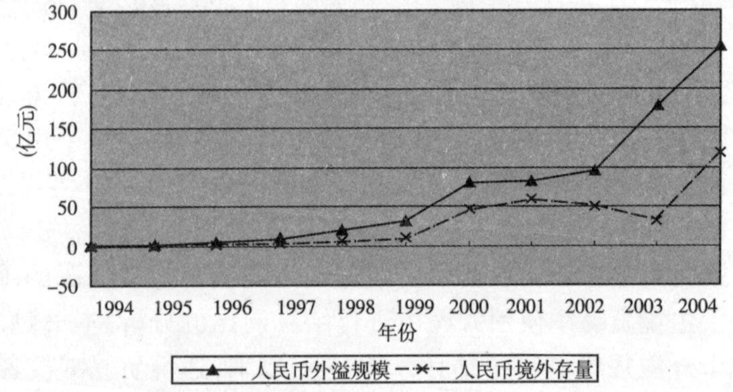

图2-4　由边境贸易支付引起的人民币外溢及境外存量估计

人民币边境贸易跨境流通规模估算中的系数为边境贸易用人民币结算的比重，1994—1997年取10%；1998—1999年取20%；2000—2002年取30%；2003年后取50%。实际上在不同边境国家和地区，人民币结算的比重并不相同，从10%到50%是根据人民银行的调研情况进行的大致估计。

二、旅游消费支出及规模估计

1. 出入境旅游的总体情况

出入境旅游消费支出是影响人民币跨境流通的主要因素之一。其中引起人民币外溢到周边国家和地区的主体是因私前往亚洲其他国家和地区的旅游消费支出，由于人民币在亚洲其他国家和地区被普遍接受，这部分消费支出可用人民币直接进行支付，因而导致人民币跨境溢出并使人民币承担部分区域性货币职能。在入境旅游消费中，由于港澳地区人民币的存量和流量都较大，港澳地区居民入境消费支出构成人民币回流的主要渠道。仅以香港为例，根据瑞银华宝的报告，目前人民币在香港的存量大约为500亿~700亿元，流量为500亿元，而且港澳居民可以直接携带人民币入境，因而这里分析人民币外溢规模和境外存量时，重点考虑两种情况：一是因私前往亚洲其他国家和地区（包括港澳地区）的旅游消费；二是港澳居民入境旅游消费。这里有必要对因私前往亚洲国家和地区的出境旅游情况和港澳居民入境情况进行分析。

首先是因私前往亚洲其他国家和地区的出境旅游情况。随着中国经济的不断发展,人民生活水平的提高及出境旅游相关政策的出台,出境旅游成为国民的一种新时尚。出境旅游市场成为旅游市场的重要组成部分,人们在消费决策和消费行为上已经形成了一定的规律。早期的出境旅游主要是因公出境,而我国因私出境旅游形成规模是在 1997 年 7 月实施的《中国公民自费出国旅游管理暂行办法》出台以后。在出境旅游市场中,边境旅游和赴港澳地区旅游占全部出境人数的 85% 左右(何帆等,2004;国际旅游局,2002),并且发展尤为迅速。根据国家旅游局和环亚经济数据公司(CEIC)统计数据显示,1994 年我国因私出境人数为 64.24 万人次,如果边境旅游和赴港澳旅游人数按 85% 的比例计算,则达 139.6 万人次,1994 年后呈稳步增长趋势,2002 年全部因私出境为 1185.19 万人次,则边境旅游人数和赴港澳旅游人数达 856.3 万人次,2003 年虽然受到"非典"影响,但仅赴港澳旅游人数就增至 1346.7 万人次,2004 年赴港澳旅游人数则达到 1900 万人次。

出境旅游市场的形成有其经济因素、政治因素、需求因素等。(1)经济因素,近几年来我国经济发展迅速,特别是南部、东部沿海地区经济高速发展,经济发展带动了我国私人消费需求增加、购买力不断增强。(2)政治因素,随着东南亚各国经济的发展,各国间的政治、经济关系越来越受到重视,区域间的经贸往来也推动了各国出境旅游规模的不断扩大[1]。(3)需求因素,随着我国对外开放的扩大、国际国内旅游业的发展和人民生活质量的提高,旅游需求动机也呈现多元化。人们因文化方面的需要,而产生了学术交流、访古觅胜、科学考察等旅游动机;人们还因为身心方面的因素,而产生了度假、修养等旅游动机;特别是还有一些国家商品的关税低、价格低,因购物动机促进了出境旅游。当然,我国航空运输业的发展也为出境旅游带来了便利。

其次是港澳居民入境旅游情况。改革开放特别是"九五"以来,我国旅游业获得了较大的发展,为我国经济社会发展和现代化建设作出了多方面的积极贡献。在入境旅游中,港澳居民入境旅游发展迅速。据中国海关、国家旅游局和环亚经济数据公司(CEIC)统计,1994 年,我国港澳地区居民入境旅游约为 3699.7 万人次,2002 年、2003 年则分别达到了 8108.4 万人次和 7448.8 万人次,2004 年迅猛增

---

[1] 近几年来,国内兴起的韩国游、新马泰游、澳洲游等阵热潮,都是与政治经济关系分不开的,一些与我国建交的国家近来都被允许开展我国旅游业务,比如东南亚部分国家、韩国等先后在北京、重庆、上海举办旅游促销活动。2000 年我国还签订了全面开放中国赴韩国旅游协议,这为出韩旅游提供了条件,而且韩国还允许中国团体旅游免签证到济州岛旅游。就新加坡而言,全国有 150 家旅行社允许从事我国旅游业务,由于这些政策的存在,促使我国旅行社与新加坡旅行社的业务合作更加方便。

长至16130万人次。国内旅游市场的发展，对我国经济发展具有一定的积极作用❶。

2. 出入境旅游消费支出中的规模估计

1994—2004年间，我国居民出境旅游和非居民入境旅游呈现稳定的增长趋势，这一趋势带动了人民币跨境流出流入的稳步发展。根据国家旅游局的统计数据，2002年内地因私前往亚洲地区的出境人数占全部出境人数的85%，且因私前往亚洲其他地区的人均消费在2000～6000元之间；境外居民携钞入境大多集中于港澳居民，这部分居民在境内的消费平均在200～600元之间。在本书的估计中，借鉴上述研究结果，对出入境旅游中使用人民币消费的比例进行了估计，1994年每人次出境的人民币消费为2000元，1995年为3000元，1996年为4000元，1997年为5000元，1998年以后为6000元，考虑到有部分超过限额携钞出境的情况，这一假定较为合理，并且符合中国人民银行、国家旅游局和环亚经济数据库公司及现有文献的研究结果。境外居民携带人民币入境主要集中于港澳地区，因而人民币境外回流量用港澳地区入境人数估计。考虑到香港回归前后港澳居民回内地的人民币携钞量不同，因而入境消费携钞量按1994—1997年人均为200元，1998年为300元，1999年为400元，2000年为500元，2001年后人均为600元估计。

本书依据上述测算原则，对人民币因出入境旅游产生的外溢规模及境外存量情况进行估计的结果见图2－5。1994年以来，我国因私前往亚洲其他国家和地区的人数保持持续高速增长，平均增长率为30.69%，尤其2002年以来年增长速度超过40%；出境人数的增长带动了规模的增长，1994—2004年间，因出境旅游人数的增长推动的人民币跨境流出规模估计平均以46%以上的速度增长，2004年仅流向港澳地区的旅游消费支出估计为1140亿元人民币。港澳居民入境旅游也获得了极大的发展，十多年来的平均增长速度为16.7%；入境旅游的发展也推动了携带人民币回流境内规模的增长，1994—2004年间，因港澳居民入境消费引起的人民币跨境流入规模平均增长速度估计在31.18%左右，特别是1998—2001年间，平均增长速度估计在40%以上。综合前述分析，因私前往亚洲国家或地区的消费

❶在经济发展中，旅游业是一个能够拉动内需、带动相关产业发展的“综合性产业”。仅就1996—2002年间，我国国内旅游收入接近2万亿元，这也带动了民航、铁路、交通、城市出租汽车和餐饮、商业等相关产业的发展。同时，旅游业是一个能够增加就业、消除贫困、提高人民生活质量、促进城乡经济和区域经济协调发展的“利民产业”和“富民产业”。到2002年末，全国旅游业直接从业人员达612.63万人，间接从业人员约为3060万人。2003年10月，国家发展计划委员会和国家旅游局在辽宁沈阳联合召开“发展旅游促进就业工作座谈会”，提出了未来10年旅游业“新增就业岗位约4000万个，年均增加旅游直接就业约70万人、带动间接就业约350万人”的规划目标。当然，旅游业的发展也有利于弘扬民族文化、传播先进文化、促进文化资源走向市场；有利于国民经济中一、二、三产业互相渗透合作、谋求共同发展，实现“充分、合理、有效”目标；并且有助于改善投资环境、“让世界了解中国，让中国走向世界”，以及增进世界人民与中国人民的了解和友谊、有助于提高中国国际地位、促进世界稳定和发展。事实上，发展旅游业对于促进经济社会发展和全面建设小康社会具有特殊的作用和功能。

支出带动了人民币外溢的形成，而港澳地区入境旅游消费构成了人民币的回流，两者的差额（逆差）就构成了出入境消费支付引起的境外存量。如果境外存量为负，说明境外市场上通过“合法”渠道对人民币的供给小于需求，这部分超额的人民币需求一般通过诸多“地下经济”等“非合法”渠道获得满足❶。1994—2004年间，人民币因出入境消费跨境规模平均增长速度估计为35.95%，2004年达到2107.8亿元人民币，相当于1994年的21倍，而因出入境旅游消费支出的人民币存量估计较小，仅2002年以来的净存量为正，且2004年估计达172.2亿元。如图2-5所示。

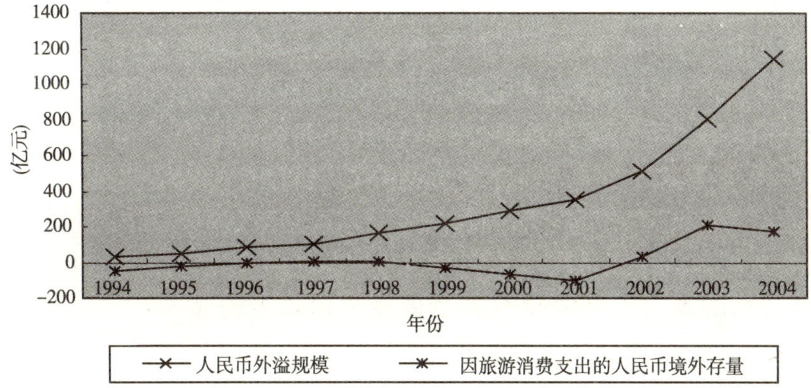

图2-5 由因私出入境旅游消费支付引起的人民币外溢及境外存量估计

原始数据来源于国家旅游局、中国人民银行的统计公报及环亚经济数据库公司（CEIC，2003）统计结果。1994—2002年因私去往亚洲地区出境人数等于因私出境人数乘以85%而得，2003年、2004年以因私前往港澳地区的旅游人数为主。港澳居民入境人数中，1994—2003年为CEIC的统计值，2004年为国家旅游局年初的估计值。

三、以人民币形式的资本外逃及规模估计

以人民币形式的资本外逃也是人民币外溢的主要因素之一，特别是我国货币当局对资本项目实行较为严格的管制，但在缺乏预警和监管的情况下，当事人因难以取得充足的外汇，因而把抽逃资本的币种部分转向人民币以避开政府当局的视野，由于人民币在周边国家和地区被普遍接受，这为此类资本外逃提供了条件。关于资本外逃形成的原因难以准确统计，且具有一定的隐蔽性，国内学界对此部分的估计较少。本书在分析我国资本外逃形成原因的基础上，对此部分形成的规模进行初步分析。

---

❶张丽娟、孙春广，《人民币在香港流通、使用情况考察》，载于《改革》2002年第5期。

1. 资本外逃的成因及数据说明

国内外学者对我国资本外逃成因的分析主要包括以下几个方面：一是国内宏观经济环境中存在的金融压制原因（宋文兵，1999；杨胜刚，2000；李晓峰，2000）。美国著名经济学家爱德华·肖（1989）研究发现：发展中国家普遍存在着金融压制（Financial Repression），如歧视国内储蓄、对国内利率等金融资产价格的管制、对市场准入的限制和或明或暗的规模管制、资本市场的不完善和资源配置的低效率等，从而成为这些国家资本外逃的原因之一。二是外汇管制原因。政府实行较为严格的外汇管制是我国资本外逃的一种原因。实行数量控制型的外汇管制的主要目的是为了保证官方外汇的供给，但是无论是在发展中国家还是工业化国家，这种管制本身反而会刺激外汇黑市、走私、资本外逃及贿赂等不法行为，而这种不法行为又有着自我发展的能力，结果一方面造成政府不断增加外汇管制的成本，另一方面也无法彻底杜绝隐蔽形式的资本外逃。三是国内风险因素。首先是汇率风险。人民币的汇率高估是造成资本外逃的一个重要因素。李心丹、钟伟（1998）经过实证研究发现本币预期贬值每上升一个百分点，就会使资本外逃增加 8 亿美元；李庆云、田晓霞（2000）的实证分析发现滞后期的黑市汇率溢价升高会促使人民币贬值预期的形成，从而刺激资本外逃，每升高一个百分点，会促使本期的资本外逃增加 0.87 亿美元。其次是政府的财政赤字与国内的通货膨胀率。居民为了逃避“通货膨胀税”，减少国内货币持有量，将资产转移到国外是一种自然的选择。即使政府通过发行债券或向国外借款来弥补财政赤字，居民仍会预期政府将来可能不得不用发行纸币抵偿债务，或者通过增加税收来偿还债务。这种预期也会促使居民将资产转移到海外，以减少可能的赋税义务。四是缺乏相应的产权保护的制度安排。中国在改革开放的过程中，有相当一部分人先富起来。但由于中国保障私人产权的法律与制度安排尚不健全，一些拥有巨额财富的人担心资产的安全性，将财富转移到国外，特别是一些海外媒体别有用心地大肆渲染这一问题，更加促使了部分“先富起来的人”将部分资产转移到国外。同时，中国的银行业多年来沉淀下来大量的不良资产，形成了很大的潜在金融风险，而相应的存款保险制度没有建立，使投资者对国内金融体系的信心不足。五是资产的保密性原因。在目前国内收入不均较为严重的情况下，一些拥有巨额财产的人不敢“露富”以免引起社会的非议和一些不必要的麻烦而将部分“合法”资产转移出国；由于国有企业缺乏严格的内部管理机制，一些经营管理者化公为私，贪污、受贿等非法侵吞国有资产的行为，造成一部分国有资产的流失，由于这些不法收入不受法律保护，而且在国内遭受查处的可能性很大，于是一些“贪官”和不法商人利用政策的漏洞，有系统地将这些“非法”收入转移出国以寻求庇护。六是内外资差别待遇原因。在我国现有的政府和国内企业之间关于外资超国民待遇制度安排和资本投向的博弈框架下，内外资的差别待遇会导致产生过渡性资本外逃机制（牛晓健、郑祖玄，2005）等。资本外逃的来源又可分为本币资产和外币资产。由于人民币在我国的一些周边国家已得到民间甚至是官方的认可，成为边境贸易结算的货币之一[1]。在这种背景下，部分资本外逃是通过人民币形式出境的方式进行的，并可以在境外进行支付或兑换其他货币。人民币出境的渠道也多种多样，例如，将人民币现金化整为零分多次从海关口岸携带出境[2]，或在境内将现金兑换成名人字画、国家文物、古董、贵金属或其他易于变现的贵重物品，带到国外；境内的资本外逃者将人民币资金交付给“地下钱庄”，只需交纳一定的费用，“地下钱庄”的海外机构就会将资金打入指定的境外账户内；国内企事业单位或政府官员贪污、受贿、挪用侵吞国有资产后，携款外逃[3]等。当然，据国内学界研究认为，以人民币形式的资本外逃目前比例较低，约占全部外逃资本的5%左右（牛晓建，2004）。

2. 资本外逃中的规模估计

以人民币形式的资本外逃构成了人民币境外存量。根据牛晓健（2004）对资本外逃的测算方法，资本外逃估算分为三个部分，包括利用经常项目、资本项目和利用前两项之外的其他非法手段进行的资本外逃。事实上，前两项的资本外逃基本上是以外汇或者外国资产形式形成的资本外逃，而第三项中包括有以人民币形式的资本外逃，亦即以人民币形式的资本外逃主要体现在采用走私、非贸易骗汇、地下钱庄和贩运现金等方式当中。本书在对通过其他非法手段进行资本外逃的规模进行测算的基础上，以5%的比例估算以人民币形式的资本外逃规模（牛晓健，2004；CEIE，2004），这部分不仅增加了规模，而且形成了人民

---

[1] 据一些媒体估计，在香港、澳门及东南亚地区有1000亿左右的人民币流通。香港《清明》1993年12期报道，1993年每月从中国流出的人民币达16亿～20亿元。人民币在海外流通的问题我们将在下面章节专门进行分析。

[2] 据新华社报道，国家外汇管理局、海关总署从2003年9月1日起调整携带外币现钞出入境管理政策，个人出入境携带外币现钞标准从过去的2000美元提高到5000美元。据国家外汇管理局有关负责人介绍，今后海关部门只对居民和非居民个人携带的外币现钞进行查验，不再查验其携带的汇票、旅行支票等外币支付凭证和债券、股票等外币有价证券。

[3] 政策调整后，居民和非居民个人入境时，携带超过等值5000美元的外币现钞必须向海关如实申报。出境时，持有最近一次入境申报记录的，携带不超过最近一次入境申报金额的外币现钞出境，海关予以放行；没有最近一次入境申报数额记录的，携带外币现钞在等值5000美元以下（含5000美元）的，无须向海关申报；携带外币现钞在等值5000美元以上至1万美元（含1万美元）的，应申领“携带外汇出境许可证”简称携带证；原则上不得携带超过等值1万美元的外币现钞出境，如因特殊原因确实需要，应向当地外汇局申领“携带证”。一些资本外逃者利用多次进出海关的条件多次按最高限额直接携带外币出境。据中共中央金融工作委员会、中华人民共和国审计署和监察部等部门的报告，从2002年9月至2003年2月，仅半年时间，国家干部外逃、失踪达1130多人，涉及资产、资金800多亿元，国有资产外流4000多亿元，国家外汇损失250多亿元。仅2003年元月份，在进出口岸、空港被查获的企图外逃干部就有102名，携带现金、证券和本票达1.16亿美元，黄金及金币达70千克。

币的境外存量。如图 2－6 所示，1994—1998 年，利用其他非法手段形成的资本外逃规模较大，特别是 1998 年由于亚洲金融危机推动了市场对人民币贬值预期的形成，导致这一形式的资本外逃规模上升。1999 年以来，此种形式的资本外逃数量有所下降。如果按照 5% 的比例来估计以人民币形式的资本外逃数量，1994—1998 年平均在 140 亿元人民币左右，而 1999—2004 年下降至 47 亿元人民币。

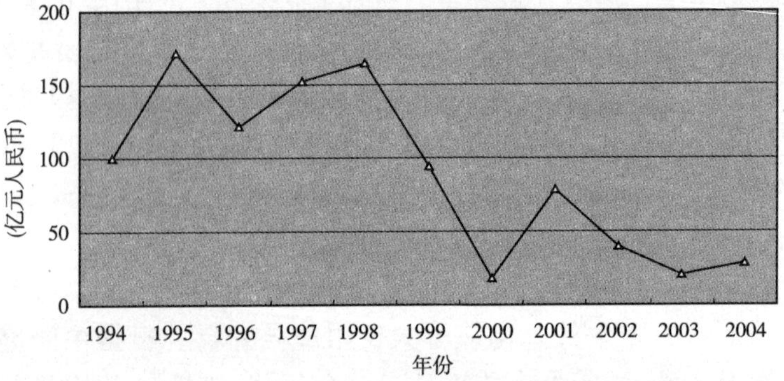

图 2－6　以人民币形式的资本外逃规模估计

非法手段的资本外逃＝国外资源流入总额－国内占用的外国资源总额－正常资本外流；其中，资本流入总额包括经常项目顺差、外债流入、外商直接投资、国外对本国的证券投资、本国出口商提供的延期收款和加工装配补偿贸易中的应付客商作价设备款项；国内占用的外国资源包括本国国际储备变动额、存款货币银行的国外净资产的增加、居民和非居民的外汇存款、本国居民投资 B 股市场交易的外汇资金；国内正常的资本外流包括本国金融机构对国外提供的贷款、本国出口企业向国外进口企业提供的贸易信贷和本国对外国及港澳台地区的直接投资。有关原始数据来源于世界银行报告（1994 年以来各期）、国家统计局公报、人民银行统计数据、国家商务部统计数据等。以人民币形式的资本外逃等于本书所指的非法手段的资本外逃总额的 5%。

四、人民币外溢的总体规模

鉴于目前主要来自于边境贸易和跨境旅游的人民币消费支付及人民币形式的资本外逃，这里对这三部分进行了粗略的估算（图 2－4、图 2－5、图 2－6）。对上述三部分进行汇总见表 2－1。可以发现，自 1994 年以来，人民币外溢的规模不断扩大，由于 2001 以来出入境人员急剧增加，2002 年因边境贸易进口和因私前往亚洲国家和地区的出境旅游及以人民币形式资本抽逃导致的规模估计达 650 亿元，2003 年和 2004 年则分别达到 1000 亿元和 1400 亿元。根据本书的估计，近年来新增的人民币境外存量，每年平均都在 200 亿元人民币以上，且因 2003 年来边境贸易和出入境旅游的迅速发展，这一规模呈迅速扩大趋势。

表2-1　人民币外溢规模及境外存量规模估算　　（单位：亿元人民币）

年份	边境贸易支付		因私出入境（亚洲）支出		人民币形式的资本外逃	规模	境外存量
	进口支付	边贸逆差	出境支出	支出逆差			
1994	1.71	-0.28	27.9	-46.1	99.86	129.47	53.48
1995	1.12	-0.59	52.4	-25.3	171.66	225.18	145.77
1996	5.15	1.97	82.1	-2.9	122.15	209.4	121.22
1997	9.293	2.97	103.7	7.8	151.89	264.883	162.66
1998	20.01	6.69	162.7	0.5	164.28	346.99	171.47
1999	31.76	11.44	217.6	-29.1	94.82	344.18	77.16
2000	80.3	47.21	287.2	-63.3	17.92	385.42	1.83
2001	81.54	60.66	354.3	-97.8	78.25	514.09	41.11
2002	96.06	50.68	513.8	27.3	39.76	649.62	117.74
2003	177.07	32.23	808	208	20.69	1005.76	260.92
2004	254.76	117.58	1140	172.2	28.97	1423.73	318.75

注：根据本文的测度结果整理。

需要指出的是，第一，2004年我国边境贸易额达到94.7亿美元，较2002年增长近66%；2003年、2004年我国居民出境旅游人数较2002年分别增长57%和122%，因而引起的人民币外溢规模大幅增长。第二，这里的估计未考虑无本金交割的人民币远期（即NDF）交易，此交易虽以人民币为标的物，但最终以美元交割，不涉及人民币的跨境流动。第三，虽然有学者认为地下钱庄在境内收人民币，在境外交割外币，属于“两头在外”的货币中介方式，因而不涉及问题。但本书认为，地下钱庄在境外交割人民币现象也很普遍，以香港为例，通过合法形式提供的人民币在港供给远不及非居民对人民币的需求，形成的缺口大多通过地下经济得以平盘[1]，因而不能忽视非法手段的人民币资本外逃。第四，这里估算的规模和境外存量与中国人民银行及现有文献的估算结果相近，但与市场上使用较多的瑞银华宝的估算结果相比，本书估算的规模大且存量小。这是因为海外人民币大都以现钞为主，而大量持有人民币现钞会损失利息收入，因此人民币在境外流通呈现大进大出的特点。第五，从规模的态势来看，受边境贸易不断扩大、内地居民出境旅游人数增加和人民币可兑换进程加快等因素影响，今后一段时期内人民币跨境流通规模仍将有一定程度的扩大，但由于香港人民币回流机制已正式启动，如果正向利差和升值预期的条件不变，会有更多的人民币从境外回流，实际沉淀于境外的人民币可能会有较大程度下降。

[1]张丽娟、孙春广，《人民币在香港流通、使用情况考察》，载于《改革》2002年第5期。

根据本文的研究及环亚经济数据库公司(CEIC)和《中国人民银行统计季报》提供的数据,我们对增长率和我国货币供应增长率进行比较,发现自2000年以来,每年的人民币外溢规模(S_m)增长率都超过中央银行每年的货币供应量(M_s)增长率,也就是说每年人民币货币供给的外溢弹性系数(α_t)大于1[1]。图2-7显示,自2000年以来的人民币供给增长(以M_0和M_1增长率为指标)与人民币跨境溢出增长(以S_m增长率为指标),M_0、M_1增长率曲线与S_m增长率曲线具有一定的趋同性,表明与人民币货币供应具有一定的正相关性;而且,除1999年外,S_m增长率曲线始终位于M_0、M_1增长率曲线之上,即人民币供给的外溢弹性$\alpha_t>1$,说明规模的扩大速度要大于人民币供给规模的扩大速度。而且自2002年以来,人民币外溢增长率远远大于M_0、M_1的增长率。

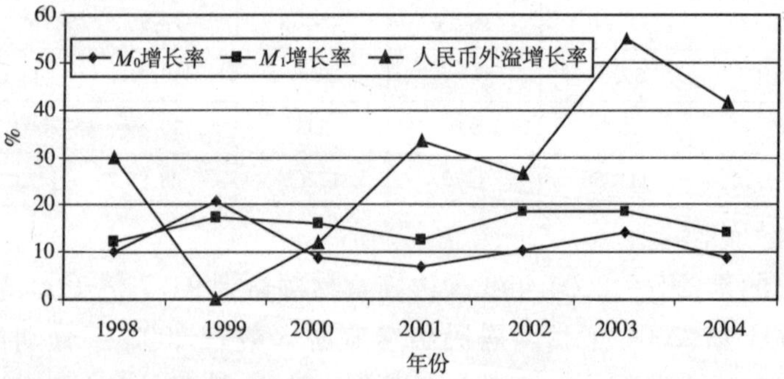

图2-7　1998—2004年增长率与货币供应增长率

资料来源,根据上文对规模的估计和《中国人民银行统计季报》提供的有关数据整理绘制。

第四节　人民币外溢规模的预测分析

一、人民币外溢影响因素的比较

通过以上研究我们可以发现,影响人民币外溢规模的主要因素是边境进口贸易、出境旅游的消费支出和资本外逃的规模,这些因素共同构成了本书对人民币外溢的测度主体。为对上述因素的重要性程度进行比较分析,并对人民币外溢规模变化进行预测,下面将进行实证分析。

1. 指标选择及数据说明

(1)人民币外溢规模(S),因边境进口贸易、因私前往亚洲国家和地区消费支出和以人民币形式的资本外逃所组成的人民币跨境溢出规模,样本区间选取

[1] 这里的$\alpha_t=(\Delta S_{mt}/S_{mt})/(\Delta M_{st}/M_{st})$

1994—2004 年。

(2)边境贸易进口规模(I),这里利用国家商务部和环亚经济数据库公司(CEIC)关于 1994—2004 年边境贸易发展情况的统计结果作为样本。

(3)因私前往亚洲国家或地区的出境旅游人数(T),本文根据中国海关、国家旅游总局和环亚经济数据公司(CEIC)统计公报,用中国因私出境总人数的 85% 作为前往亚洲国家和地区的旅游人数(国家旅游局公报,2004)。

(4)资本外逃规模(F),本书根据前人的研究方法对资本外逃的规模进行测算(1994—2004 年)。

2. 平稳性检验

出于对相关变量时间序列数据的平稳性考虑,首先对其进行 ADF 检验。我们对所研究序列分别取自然对数,并在表示相应变量的字符前加字母 L。分析结果如表2－2所示。

表 2－2　变量 ADF 检验结果

变量	ADF 检验值	临界值(1%,5%,10%)	D. W.
LF	－1. 466868(*C*,*O*,1)	(－4. 297073,－3. 212696,－2. 747676)	2. 114841
LI	－1. 822846(*C*,*O*,1)	(－5. 295384,－4. 008157,－3. 460791)	1. 576034
LT	2. 619382(*C*,*O*,1)	(－4. 297073,－3. 212696,－2. 747676)	2. 218187
LS	2. 601590(*C*,*O*,1)	(－4. 420595,－3. 259808,－2. 771129)	2. 020311
D*LF*	－3. 422718(*C*,*O*,1)	(－4. 582648,－3. 320969,－2. 801384)	2. 099531
D*LI*	－4. 186371(*C*,*O*,1)	(－4. 582648,－3. 320969,－2. 801384)	1. 902548
D*LT*	－5. 885438(*C*,*T*,1)	(－5. 835186,－4. 246503,－3. 590496)	2. 961947
D*LS*	－3. 926591(*C*,*O*,1)	(－4. 420595,－3. 259808,－2. 771129)	0. 972985

注:D 为差分算子,C、T 及 K 分别表示单位根检验方程包括常数项、时间趋势和滞后阶数,O 表示不包含。

根据表 2－2,变量序列资本外逃规模(LF)、边境进口贸易(LI)和出境旅游人数(LT),均为一阶单整序列 $I(1)$。基于此,下面进行回归分析。

3. 回归检验

本文构建回归分析模型为:

$$S = c + \beta_1 I + \beta_2 F + \beta_3 T + \mu \qquad (2-1)$$

式(2－1)中,I 为边境进口贸易,F 为资本外逃规模,T 为因私出入境旅游人数,c 为截距项,μ 为扰动项,β_1、β_2、β_3 为系数。基于样本,方程的参数估计结果如表 2－3。同时,为了比较影响人民币外溢规模的三种因素的重要性程度,这里对方程系数进行了标准化,结果在表 2－3 的最右列示出。

表 2-3 模型参数估计结果

变量	系数(β)	t-Statistic	Prob.	系数标准化后
c	-71.28127	-3.117526	0.0169	
I	0.417280	4.147477	0.0043	0.17047
F	0.447745	7.449253	0.0001	0.158536
T	0.661147	28.57650	0.0000	0.950764
N	11			
R-squared	0.999064			
AdjustedR-squared	0.998663			
F	2491.485			
P. F	0.000000			

表 2-3 显示，方程具有较高的拟合精度，能对样本数据进行很好的解释。同时，表 2-3 还表明，1994—2004 年间，上述解释变量中，出境旅游 T 对人民币外溢 S 的贡献最大，β_3^* 为 0.950764；其次是边境进口贸易 I，β_1^* 为 0.17047；再次是资本外逃规模 F，β_2^* 为 0.158536。本书对此的解释是：样本区间内（1994—2004 年），由于我国经济取得了显著的增长，居民和非居民出入境旅游也成为主要的消费支出之一，因而出于支付动机和交易便利动机的人民币需求成为人民币外溢的主要组成部分。当然，从各解释变量的变化情况看，近年来我国资本外逃的规模有所下降，但整体上不影响人民币外溢规模的较快发展。基于以上分析，下文对人民币外溢的规模进行预测。

二、人民币外溢规模的定量分析

从人民币外溢主要影响因素随时间变化的散点图可以发现，资本外逃规模（F）和时间（t）之间存在着线性关系，边境进口贸易（I）与时间（t）之间也存在线性关系，而出境旅游人数（T）与时间（t）之间则存在指数关系。由此，建立线性及指数模型如下：

$$F = c_1 + \lambda_1 t + \mu_1 \qquad (2-2)$$

$$I = c_2 + \lambda_2 t + \mu_2 \qquad (2-3)$$

$$\ln T = c_3 + \lambda_3 \ln t + \mu_3 \qquad (2-4)$$

参数估计结果见表 2-4。

表 2－4　模型参数估计结果

变量	C	t – Statistic	Prob.	λ	t – Statistic	Prob.	Adjusted R – squared	Durbin – Wat stat
F	65660.01	3.541027	0.0063	–32.73979	–3.529375	0.0064	0.533941	1.877854
I	–95852.26	–11.78314	0.0000	48.05029	11.80723	0.0000	0.932619	1.801497
$\ln T$	–516.9660	–14.48936	0.0000	0.261640	14.65835	0.0000	0.955331	0.758445

由表 2－4 可以看出，资本外逃规模（F）随着时间的变化而较少；边境进口贸易（I）随时间的变化而增加；出境旅游消费人数（T）也随着时间的变化而增加，且增长速度快于边境进口贸易。

根据式（2－1）和表 2－3、表 2－4 的分析结果，本研究可得出 2006—2010 年我国边境进口贸易（I）、因私出境旅游消费人数（T）及资本外逃规模（F）的预测结果，进而得出人民币外溢规模的预测结果 S，见表 2－5。

表 2－5　2006—2010 年人民币外溢规模预测表　　（单位：亿元）

年份	F	I	T	S
2006	–16.0087	536.6217	2654.044329	1900.186
2007	–48.7485	584.672	3447.759624	2430.340
2008	–81.4883	632.7223	4478.842457	3117.428
2009	–114.228	680.7726	5818.279679	4008.385
2010	–146.968	728.8229	7558.28738	5164.177

表 2－5 是基于交易动机、支付便利动机和抽逃资本动机等三种因素对 2006—2010 年人民币外溢规模进行的分析，到 2010 年人民币外溢规模预计将达到 5164 亿元人民币。如果考虑周边国家和地区在使用人民币的份额上随着时间的变化而逐步提高，则又推动人民币外溢规模的进一步加大。当然，随着人民币外溢规模的扩大，溢出的人民币还将在周边国家和地区发挥民间及官方的价值贮藏职能，也将推动人民币国际化进程的不断加快，对此部分由于缺乏经济证据，因此无法做出进一步的预测。总之，随着人民币外溢规模的扩大，将对本国经济和区域经济的发展及区域内货币格局产生较大的影响，对人民币外溢规模的预测构成本书对人民币外溢效应分析的基础。

三、人民币外溢趋势的定性分析

上文从定量角度对人民币外溢规模进行了预测分析，但定量分析存在着一定的局限性，因而有必要从定性角度对人民币外溢的发展趋势进行研究。事实上，一国货币从初始阶段的外溢发展成为国际货币，是该国经济实力及综合国力竞争的结果，这已被现实经济中国际货币的发展历程所证明。人民币外溢规模的扩大能否推动人民币最终成为国际货币，同样取决于我国的经济实力与规模、经济制度、人民币的自由兑换程度及我国的经济开放程度和宏观经济的抗风险能力等因素（王胜英，2004），对这些因素进行定性分析，有利于进一步把握人民币外溢的发展趋势，也便于我们从推进人民币国际化进程的角度提出政策性建议。

1. 我国国民经济长期快速发展

多年来，我国国民经济一直保持了快速增长的良好势头，发展速度一直处于世界经济的领先地位。特别是近十年来，我国经济一直保持着持续、快速发展的态势，表2-6反映了我国自1990年以来GDP的实际增长情况，从表中的数据可以看出我国GDP较改革开放之初增长了200%之多，年均增长率基本保持在9.6%左右。尤为突出的是，近年来，全球经济出现了低迷徘徊的局面，而我国经济却"一枝独秀"。2002年，我国国内生产总值首次突破了10万亿人民币，达到108263亿元人民币；2004年，我国国内生产总值达到136515亿元人民币，若按可比价计算，比上一年增长了9.5%。

表2-6　10年我国国内生产总值及其指数

年份	国内生产总值绝对数（亿元）	国内生产总值指数（上年=100）	经济总量的排名（汇率法）
1990	18547	103.8	—
1991	21617	109.2	—
1992	26638	114.2	—
1993	34634	113.5	—
1994	46759	112.6	12
1995	58478	110.5	10
1996	68593	109.6	9
1997	74463	108.8	8
1998	78345	107.8	8
1999	81911	107.1	7
2000	88304	108.2	6
2001	96522	107.8	6
2002	108263	107.9	6
2003	116694	109.1	6
2004	136515	109.5	6

注：资料来源于《中国统计年鉴》（1990—2004年）。

随着经济快速的发展，我国在世界经济中的地位也在不断地提高。从时间序列来看，若根据世界银行3年调整汇率方法计算，1995年中国国内生产总值居美国、日本、德国、法国、意大利、英国、西班牙、加拿大和巴西之后的世界第10位；2002年中国国内生产总值超过英国、西班牙、加拿大和巴西，居世界第6位；2004年中国国内生产总值超过法国,居世界第5位,并接近于位于第4位的英国。从经济规模来看,2003年若按购买力平价法计算,我国的GDP总量居世界的位次从汇率法的第6位,升至购买力平价法的第2位,仅次于美国,超过了日本,如表2-7所示。

表2-7 经济规模居世界前10位的国家

位次	1	2	3	4	5	6	7	8	9	10
汇率法	美国	日本	德国	英国	法国	中国	意大利	加拿大	巴西	墨西哥
PPP法	美国	中国	日本	印度	德国	法国	英国	意大利	巴西	俄罗斯

注:资料来源,根据《世界统计年鉴》(2003年),整理得出。

以上分析充分说明,近十几年来,我国经济一直保持稳定、快速的增长,经济实力不断增强,业已形成了较大的经济规模,这将为人民币外溢规模的进一步扩大并推进国际化进程奠定重要的经济基础。

2. 市场经济体系不断发展完善

完善的市场经济体系是人民币外溢规模进一步扩大必不可少的条件。我国自改革开放以来,经济体制改革取得突破性进展,市场经济体系不断完善,这意味着我国在制度上逐步与世界经济"接轨",为人民币成为国际货币奠定了制度基础。

(1)政府职能从服务于计划经济转向了市场经济,市场在资源配置中发挥了基础性作用。市场主体在经营活动中获得自主权,生产者完全根据市场需求自行决策。政府逐步从直接的企业管理中退了出来,成为宏观调控和社会的管理者。1994年财税、金融、外汇、投资等体制改革后,中国已建立了与市场经济相适应的宏观管理体系。

(2)多种所有制经济共同发展的格局基本形成。据国家统计局测算[1],中国非国有经济创造的增加值占GDP比重,从1992年的53.57%增加到2001年的63.37%。据世界银行所属国际金融公司估算[2],1998年中国GDP中私营部门的比重达到51%,到2003年这一比重已经达到60%,非国有经济已成为支撑国民经济的重要力量。与此同时,国有企业市场化程度大大提高,规范化改制力度不断加大,"产权明晰、权责明确、政企分开、管理科学"成为国有企业改革的重要原则;鼓励外商直接投资的政策取得实效,大批外商投资企业发挥了重要作用,进出口总额新增加部分中外商投资企业所占比重达63%。

(3)市场体系逐步完善。我国金融市场从无到有并日趋完善;劳动力市场近年来发展快速;房地产市场稳步发展;技术市场、信息市场逐步形成;商品、生产要素和服务品的价格绝大多数由市场形成;中介组织的发展明显加快,已初步形成

[1] 中华人民共和国国家统计局,《中国统计年鉴》,国家统计出版社,2000年。

[2] 中华人民共和国国家统计局,《中国统计年鉴》,国家统计出版社,2000年。

了有多种机构类别、多种组织形式和多种服务方式的中介组织体系；市场的管理与监督也在不断改善与加强。

3. 人民币自由兑换进程加快

正如前文所述，对经济体自愿选择持有和使用国际货币起决定性作用的，主要是市场力量而非某种政治力量。这就决定了国家货币的国际化进程，必然随着经济发展程度的不断提高，经历从局部认同到普遍认同的过程。而货币可自由兑换程度，直接关系到一国货币的流动性，影响到货币持有者对货币发行国的信任度，只有货币当局承诺本国货币是可自由兑换的货币。这样，才能真正提高本国货币在国际上的普遍可接受程度，进而推动本国货币的国际化进程。

一般情况下，货币可自由兑换是一个渐进的过程，是从局部自由兑换发展到完全自由兑换。从 1996 年 12 月 1 日起，我国接受国际货币基金组织的第八条款，实现了人民币经常项目下的可自由兑换。经常项目可自由兑换，是一种有限度的可自由兑换，这是国际货币基金组织对其成员国提出的要求，也是国际货币基金组织成员国所承担的一种义务。我国成为国际货币基金组织第八条款国，实际上是向全世界表明，我国对本国经济的现在和未来是充满信心的。在成为第八条款国后，对进出口贸易及其结算、劳务结算和单方面转移等经常项目下以人民币支付和转移不实行限制。而且，人民币在国际货币基金组织的交易方面为各成员国提款和还款时使用，各成员国还可以把人民币作为外汇储备的一部分。实现人民币在经常项目下的可自由兑换，意味着允许非居民按照自己的意愿将在经常项目下取得的人民币收入自由兑换成外汇。这意味着我国从此不实行歧视性的货币安排或多重货币制度，所有法规和规章也遵循这一条款规定的义务和原则。这是我国融入世界市场经济进程中的重大举措，为人民币外溢规模的进一步扩大提供了必要的条件。

4. 我国经济开放程度不断提高

根据相关研究文献可以发现，我国经济开放程度和人民币外溢规模之间呈现出高度线形正向相关关系，说明我国经济的对外开放和货币国际化进程有着密切的联系。亦即，随着我国对外开放的不断深入，人民币国际化的程度将得到进一步的提高，而人民币国际化程度的提高，也将促进我国经济的开放程度。如图 2－8所示，我国 20 世纪 90 年代以来，随着经济开放程度的不断提高，人民币国际化程度也得到逐步的发展，这为人民币外溢规模的进一步扩大和人民币国际化进程的加快提供通道。

5. 国民经济抗风险能力不断增强

我国国民经济抗风险能力的不断增强使我国获得了良好的国际信用地位，即使在亚洲金融危机期间，我国政府依然顾全大局，不惜承受经济增长放缓、商品出口减少、市场需求不足的压力，坚持人民币汇率的稳定，防止了危机的进一步扩大和加深，这为我国政府在国际社会上赢得了良好的信用，也为人民币外溢规模的

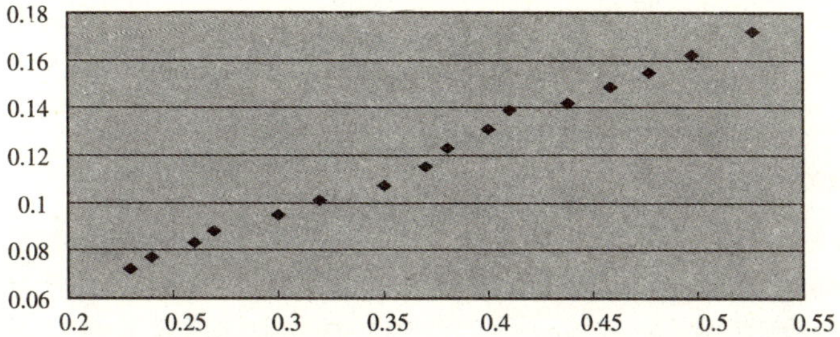

图 2－8　1990—2005 年人民币国际化程度与我国经济开放度相关关系散点图

图 2－8 中，纵轴表示人民币国际化程度；横轴表示我国经济开放度；各散点从左至右依次表示 1990—2005 年间我国人民币国际化程度与经济开放度的相关情况。数据根据相关文献整理。

进一步扩大奠定了牢固、可靠的信用基础。

（1）外汇储备快速增长。

一国外汇储备的规模，代表着一国对外清偿债务的能力，是一国抗风险能力的重要标准之一。充足的外汇储备实际上是为货币的可自由兑换提供了一个安全机制，可以使货币持有者，避免或减少因货币贬值而不能及时兑换遭受的损失，同时，通过干预汇率市场减少汇率的波动，可以使以本国货币计价的资产拥有者，免遭汇率波动风险，增强持有本币资产的信心。自 1994 年实行外汇体制改革以来，我国外汇储备一直保持着高增长态势，见表 2－8。到 2003 年底我国外汇储备已达 4032.51 亿美元，较 1994 年增长了 192%；到 2005 年底达到 8188.72 亿美元，如果考虑以汇金公司的名义向商业银行注资和外汇管理局人民币远期（NDF）交易头寸，我国外汇储备规模已超过日本，成为世界上第一储备大国。就外汇储备而言，表明我国已经具备了相当的对外清偿能力，这将有利于提高境外人民币持有者的信心，提高公众对人民币的信任度，也将有利于人民币国际化进程的进一步加快。

表 2－8　我国外汇储备总额（不包括黄金储备）

年份	外汇储备额（亿美元）	增长率（%）
1997	1380.93	5
1998	1497.12	8
1999	1534.43	2
2000	1655.74	8
2001	2121.65	28
2002	2864.07	35
2003	4032.51	41
2004	6099.32	51
2005	8188.72	34

注：资料来源于中国人民银行统计数据。

(2)我国金融业改革步伐加快。

金融业是经济的核心,金融业发展稳定与否,直接关系到整个国民经济的兴衰。改革开放以来,我国初步建立了在中央银行宏观调控和监管下,政策性金融与商业性金融分离,国有银行为主体,股份制商业银行、城乡信用合作社、非银行金融机构和外资金融机构并存,分工合作、功能互补的金融机构体系,从总体上构建了一个稳健的金融运行系统。值得注意的是,由于历史和体制的原因,金融业也积累了一些风险因素,如商业银行不良贷款比重较高,资本充足率偏低,盈利水平下降等。但是我国政府对这些问题给予了高度重视,并采取了一系列防范和化解金融风险的重要举措,这对于我国金融业稳定的发展起到了重要的作用。

①改革人民银行管理体制。1998 年 11 月,中国人民银行管理体制进行了重大改革,撤消 30 个省级分行,设立 9 个跨省(自治区、直辖市)分行,在不设分行的省会城市设立金融监管办事处,撤消在同一城市重复设置的分支机构,并明确了总行、分行、中心支行和支行在金融监管方面的权利和责任,从而有利于增强专业银行执行金融监管的独立性和公正性,摆脱各方面的不正当干预,提高监管效率。

②确立金融业分业经营、分业监管的体制。针对我国间接融资居于绝对主导地位,金融市场不够规范的现状,为了防止银行业、证券业、保险业的风险在行业间交叉传递,以及非银行金融机构借助关联银行进行不正当竞争,人民银行确立了金融业分业经营的体制,在此基础上建立了分业监管体制。1992 年我国成立证监会,1998 年成立了保监会,2003 年成立了银监会,逐步确立了我国金融业分业监管的体制。

③充实国有银行资本金,增强抵御风险的能力。自 1998 年以来,针对国有独资商业银行资本充足率偏低的突出问题,我国政府采取了一系列措施,颁布了《发行特别国债补充国有独资商业银行资本金的议案》,财政部于 1998 年 8 月向四大国有独资商业银行发行 2700 亿元特别国债,期限 30 年,年利率 7.2%,所筹资金全部用于补充国有独资商业银行资本金。2004 年初,我国政府决定对国有四大银行实施股份制改造,积极准备上市,并动用 450 亿美元外汇资金首先向中国银行和中国建设银行注资,这一举措对我国金融业具有重大的意义。对四大国有银行实施股份制改造是一次全新的改革实践,改革的目标是使其真正成为符合现代企业制度要求的、具有国际先进水平的股份制商业银行,这预示着我国金融业发展进入一个新的阶段。

(3)外汇管理体制不断健全完善。

我国的外汇管理制度,呈现了一个从严格控制到逐渐放宽,从以直接管理为主到以间接管理为主的转变过程,外汇管理的内容和形式都发生了巨大的变化。在外汇管理体制方面,主要表现在先后经历了由过去的高度集中、统收统支的外汇管理体制向外汇留成、外汇调剂制度的转变。到 1994 年,开始实行经常项目外汇结售汇制、取消外汇留成、建立银行间外汇市场及经常项目下人民币有条件可兑换等，人民币汇率由此进入以市场供求为基础的、单一的、有管理的浮动汇率制。在外汇经营体制方面，则主要表现在引入市场竞争机制，逐步实现了由过去中国银行独家经营外汇业务，向大部分银行均可平等参与经营的转变。在外汇管理的内容方面，也有较大的拓展，诸如银行结售汇制度、收付汇核销制度、银行间外汇市场等。1994 年 4 月，中国外汇交易中心系统正式联网运作，标志着我国外汇市场进入了统一规范和稳健发展的新阶段。自此又相继开办了人民币对美元、港元、日元等主要外币的即期和远期外汇交易。1996 年，全国统一的金融拆借市场宣告成立，央行进行公开市场运作，及时推出人民币远期外汇交易，这些举措表明了中国外汇管理和金融市场正朝着有利于人民币自由兑换乃至国际化的方向发展。

尤为突出的是，在我国经济保持快速发展的同时，人民币汇率基本稳定并一直保持在一个较为合理的水平❶。1994 年外汇管理体制改革以来，人民币汇率稳中略有升，走向较为稳定，见表 2－9。从 1994 年汇率并轨时的 8.7∶1 美元，上升至目前的约8.27∶1美元，升幅近 5%。人民币汇率的基本稳定，反映了我国国民经济的健康、稳定的发展，对提高人民币的国际地位，增强公众对人民币的信心，进而逐步实现人民币的国际化，提供了较为可靠的保障。

表 2－9　人民币对主要外币年平均汇价（中间价）　（单位：元人民币）

年份	100 美元	100 日元	100 港元
1997	831.42	3.3233	107.12
1998	832.07	3.9602	106.89
1999	831.87	4.3608	110.24
2000	832.12	5.2020	100.41
2001	826.19	8.4370	111.53
2002	828.21	8.9225	103.96
2003	827.12	7.6352	102.51
2004	827.65	7.6950	106.28

注：资料来源，《中国统计年鉴》（1997—2004）。

以上从定性的角度，分析了支撑人民币外溢这一货币现象持续发展的主要因素。可以预测，只要这些因素持续存在并进一步获得发展，那么人民币外溢的规模将会继续进一步扩大，并最终推动人民币成国际货币。这将为下文研究人民币外溢效应及提出加快人民币国际化进程的政策性建议奠定基础。

---

❶中国人民银行发表评论认为，目前我国的汇率水平是符合我国国情的，将会继续保持稳定发展，转引自《中国经济预测》（2004 年第 3 期）。

第三章 人民币外溢的经济效应

人民币外溢的主要效应包括其产生的经济效应和货币竞争效应，本章重点研究人民币外溢的经济效应。事实上，人民币外溢作为一种货币现象，它对整个经济的影响是多方面的。人民币外溢会影响我国的财富水平和总需求，将使政府因垄断货币发行权而获得的铸币税收入转嫁到周边国家和地区；同时，人民币外溢使货币当局对货币数量的衡量变得困难，弱化了货币政策的独立性，使货币政策中介目标的选择更为不易，导致货币政策效果不能尽如人意；人民币外溢还对我国贸易增长、资本流动和金融安全等涉外经济产生深远的影响。在此，我们将详细研究人民币外溢对我国宏观经济产生的影响。

第一节 人民币外溢对财富水平和总需求的影响

货币是财富的组成部分，人民币外溢自然会造成各国财富水平的变化。货币又是交易媒介和支付手段，代表着被社会公众普遍认可的购买力，其数量的多寡和流通范围的变化决定着本国的总需求，因此人民币外溢必然会影响我国的总需求。

一、人民币外溢对财富水平的影响

人民币外溢对财富水平的影响可分为两个方面，其一是对财富结构的影响；其二是对财富总量的影响。这里所指的财富主要是指居民持有的各种金融资产，不包括人们拥有的生产资料和一般商品。

1. 财富结构的变化

从货币的职能来讲，人民币通过各种渠道溢出到境外周边国家和地区，并发挥支付手段、交换媒介和部分民间贮藏价值职能。外溢的人民币在履行货币职能的同时，影响到居民和非居民财富结构的变化。以非居民为例，在人民币发生外溢之前，该地区居民拥有的财富一般包括本币现金、本币存款、本币有价证券、少量的非人民币币种的外币现金、外币存款和外币有价证券等。当人民币外溢条件成熟并伴随着其外溢规模的不断扩大，或者进一步分析说该地区本币价值下降或本国通胀率上升时，人们为交易便利、实现财富保值或规避损失，会通过货币替代这一渠道减持本币及以本币计价的其他金融资产,增持人民币及以人民币计价的其他金融资产,如人民币存款、人民币债券等。此时,该地区居民的财富结构就有了新的变化,即本币资产的比例下降,而人民币资产的比例上升。对内而言,人民币的外溢并未引起我国居民财富形式的较大变化,因而它对本国居民财富结构的影响较小。

2. 财富总量的变化

人民币外溢有利于我国政府采取扩张性货币政策或者通过发行政府债券为财政支出进行国际融资,这直接增加了本国的财富总量。即使我国政府没有增加货币发行和政府债券规模,但因财富计价方式的变化也会间接增加我国的财富总量。

事实上,人民币外溢条件下的本币汇率变化起着非常重要的作用。这里假定人民币汇率长期并非一成不变[1],而在短期内人民币汇率视为不变,即在人民币外溢过程中,人民币汇率保持不变,此时非居民按照这一汇率将持有的部分金融资产兑换成等值的人民币资产,对个人的财富水平并没有影响。然而,人民币外溢对实际汇率水平具有一定的影响,尤其是在汇率的"放大效应"[2]下,由于非居民持有的人民币资产随着人民币外溢规模的扩大而逐步增加,在其他条件不发生变化的情况下,导致长期内人民币实际汇率会因供求状况的失衡而缓慢升值(外币贬值)。此时非居民手中的人民币资产按照升值后的汇率折算,其价值显然趋于上升。但这里还需要区分两种情况:第一,如果人民币外溢发生后以人民币计值的财富仍然存放在周边国家和地区的金融体系中,则这些国家和地区范围内以外币计值的财富总量增加;第二,如果人民币外溢发生后,一部分以人民币计值的财富转存于我国的金融机构,则我国范围内以人民币计值的财富总量增加。实际上,在其他条件不变的情况下,人民币外溢与汇率变化存在这样的关系:周边国家和

---

[1] 事实上,如果我国实行真正意义上的有管理的浮动汇率制度,这种假定是符合经济现实的。2005 年 7 月 12 日人民币升值两个百分点就可以视为一个经济信号,并且本文认为人民币外溢的过程必然伴随着人民币汇率的对外升值,原因是人民币对外的升值压力是人民币外溢的原因之一,但人民币外溢反过来又推动人民币对外升值压力的进一步加大。本书将在下文中进行分析。

[2] 瑞士圣加仑大学的学者曼福雷斯·盖纳尔(Manfred Gartner)在 1993 年出版的著作《浮动汇率下的宏观经济学》中,对货币替代下的汇率效应进行了研究。其假定的前提是:国内经济部门分为产品市场、货币市场和资本市场三部分,其中产品市场又分为贸易市场和非贸易市场两部分;产品市场均衡和货币市场均衡均依赖于本国的财富水平;产品市场的均衡条件是价格水平等同于汇率水平;本币汇率可以预期,其预期贬值水平等同于国内货币预期增长率。该理论采用宏观经济的一般研究方法,先研究商品市场和货币市场同时均衡时的汇率决定,再运用动态分析方法,讨论货币替代条件下本国货币供给量增加对汇率的影响。他的一个重要观点是:在货币替代的前提下,一国持续性的通货膨胀政策会导致本币汇率的放大效应,即汇率贬值幅度要超过本国货币供应量的增长幅度。盖纳尔认为,货币当局长期维持一个固定的货币供给增长率,致使通胀预期的形成。当本国货币供应量持续增长时,人们会根据预期做出相应的资产调整,即用外币来替代预期贬值的本币,这种大规模的货币替代会导致本币汇率的贬值幅度超过货币供给增长幅度,这是盖纳尔所说的汇率的"放大效应"。

地区对人民币的需求——人民币外溢——人民币供求失衡(供不应求)——人民币汇率升值,因而以人民币表示的财富折算成外币来衡量将会增加,原因主要是本币升值和资本内流。

以上简要分析了人民币外溢对财富结构和财富总量的影响,总体而言,人民币外溢并未改变本国居民的财富结构,但改变了持有人民币资产的非居民的财富结构,这一财富结构变化反映了市场对人民币资产的需求状况。同时,如果其他条件不变,周边国家和地区以人民币计值的金融资产转存到我国的金融机构,则增加我国范围内的财富总量。

二、人民币外溢对总需求的影响

目前在周边国家和地区流通的人民币存量不下千亿元(巴曙松,2004),一些国家已经开办人民币信用卡业务,人民币正在成为一种区域性货币。人民币外溢产生于周边国家和地区居民对人民币的相对偏好,因此这些国家和地区居民收入中消费和投资的结构与规模会发生相应的变动,从而影响我国国内的总需求。人民币外溢对总需求的影响主要有如下方面。

1. 消费增加

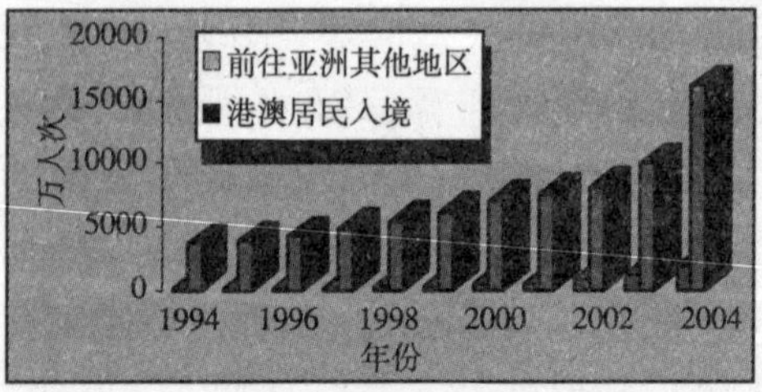

图 3-1 人民币外溢与旅游消费支出

根据国家旅游局、公安部、海关总署公布数据和 CEIC 数据整理。

随着人民币外溢规模的逐步增大,外国居民较从前更多地持有人民币,这意味着非居民持有更多的对中国商品和劳务的交易媒介和支付手段。人们会发现,现在用人民币直接购买中国商品和服务比从前便利了许多,它们所提供的消费者效用并不比本国商品和服务少,有时甚至还超过后者,此即货币替代的预付现金效应[1]。在这种情况下,人们将很多以前只限于国内的消费转向了中国,无疑增加了对中国国内商品和劳务的消费需求,也增加了中国国内的总需求水平。仅以旅游消费为例,近年来,港澳地区携钞入境旅游人数剧增,其中 2004 年达 16130 万人次,比 2003 年增长了将近一倍,较 1994 年增长 3.4 倍。如果考虑亚洲其他地区的入境旅游人数,这一数字还将增加。当然,人民币境外流通也带动了出境旅游的迅速增长,但毕竟出境前往亚洲地区的人数与入境人数相比仅为 12% 左右。如图 3-1 所示。张丽娟、孙春广(2002)对香港地区人民币的供给和需求状况进行研究结果表明,2000 年当年香港地区因购买大陆商品(购置楼房、供养老人及其他商品)和服务(旅游消费及度假等)对人民

[1] 相关理论分析中已作解释。

币的需求为660亿元,2002年约为700亿元,扣除用外币支付外,对人民币净需求为500亿元;而同时期通过正常渠道(出境旅游、周边地区流入等)向香港地区提供的人民币供给不足300亿元。如果香港地区对人民币的需求表现为居民对大陆提供的商品和服务的需求,而供给表现为大陆居民总需求向境外的转移,则人民币外溢带来的支付便利性必然有利于我国总需求水平的增加。当然,人民币外溢推动总需求水平增加还有我国经济高速增长等其他因素的影响。

2. 投资上升

人民币外溢的初期,主要表现为居民和非居民由于支付动机和交易便利动机所产生的对人民币的需求,随着其规模的不断扩大,人民币向境外溢出则表现为人民币资产收益率的提高。特别是亚洲金融危机以来,亚洲大部分国家通胀率持续上升、本币汇率大幅贬值,国内投资收益率下降。当投资者预感到本国未来收益的不确定性时,资本的逐利性特点就决定了投资者将会减少本国的投资额以避免可能出现的价值损失。而同时期人民币价值则表现为稳中有升,而且中国经济的高速发展,为我国吸引外资提供了良好的机遇。据IMF评估认为,我国依然是2004年世界投资的最热门地区。如图3-2所示,1994年以来,中国吸引外商直接投资余额持续增加,外国资本的持续流入反映了中国存在着比其他市场更高的投资机会。

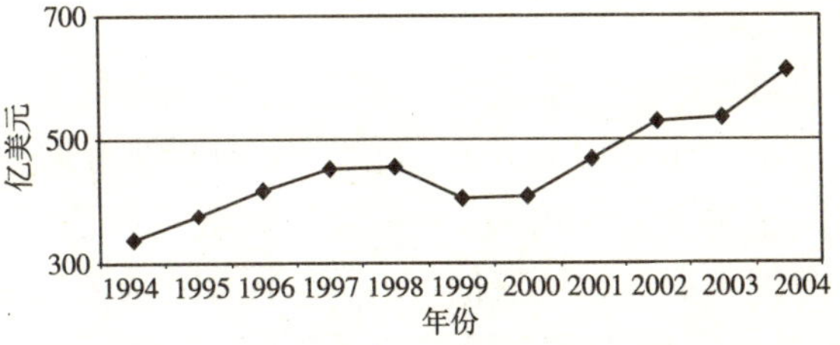

图3-2 1994—2004年我国吸引外资规模增长

数据来源于外汇管理局公布的数据。

人民币外溢规模的不断扩大表现为人民币资产投资回报率的提高,而投资回报的提高反过来又成为人民币外溢的推动因素。随着人民币外溢规模的扩大,外商投资规模也逐步上升,这不仅包括外商对中国的投资,而且包括境外人民币回流于国内的投资,这无疑增加了国内的总需求水平和产出水平。人民币境外流通规模的扩大,意味着货币当局必须增加对基础货币的投放,必然导致本国物价水平的上升和名义利率的下降,这也会通过庇古的"财富效应"和凯恩斯的"利率效应"达到增加国内总需求水平的效果。

3. 汇率升值

一般地,人民币外溢意味着本国外汇市场上对人民币的需求相对增加,在其他条件不变的情况下，必将导致人民币对外升值压力的存在，即本币实际汇率上升。本币实际汇率上升对总需求的影响与计价货币有关。本币实际汇率的上升，将会增加以人民币计值的财富总水平，使非居民对外国财富的需求转向对我国财富的需求，同时，也使本国居民持有的外币资产转向同等数量的本国资产，也在一定程度上推动国内购买力的上升和总需求水平的增长。但是，人民币汇率升值对进出口的影响较为复杂，从出口的角度来讲，人民币汇率升值意味着用本币计价的出口产品价格上升，导致本国出口产品国际竞争力的下降，但这对我国产品的出口不会造成太大影响，因为现阶段我国出口产品的竞争力优势在于劳动力成本，而且这一优势还会保持较长时间。从进口来讲，目前我国还是一个发展中的大国，经济发展的需要和技术水平的限制决定了我国在很长一段时期内还将保持着大量的进口，而且这些进口主要是农产品及农业生产资料、高新技术和机器设备，人民币实际汇率升值意味着以外币计价的进口产品价格的下降，这会使进口企业直接从中获取利益。同时，由于我国进口产品具有价格需求弹性较低的特点，因而不会因为进口产品价格下降导致以进口产品大规模替代国内产品的现象从而降低国内总需求水平。事实上，人民币实际汇率上升也对本国居民的实际收入水平产生一定的影响，在我国经济与国际经济日益接轨的今天，人民币汇率升值意味着出口加工型企业职工工资的提高及用外币衡量的本国居民实际收入购买力的提高，这无疑对国内总需求水平产生间接的积极影响。

4. 流动性和债务"豁免"

人民币外溢的直接原因之一就是中国经济长期高速发展从而产生的对人民币价值稳定的市场预期。市场对人民币价值稳定的预期有助于区域内居民增加对人民币资产和我国金融资产的持有，并拉动我国吸引外资规模的上升，进而有效提高我国全社会范围内的流动性清偿力，对整个国民经济健康运行产生积极的影响。同时，人民币外溢有助于政府通过铸币税收入为财政支出进行融资；而由于人民币实际汇率的升值也对政府的外债起到"豁免"效应，本国政府外债负担的减轻也从另一方面增加了国内总需求水平。总之，人民币外溢有利于本国的消费增加、投资上升，从而直接对本国总需求水平的增加产生积极的影响；人民币外溢也可解释为由于对我国商品和劳务的需求从而产生的对人民币的需求，因而意味着人民币升值压力的持续存在，而人民币升值对总需求的影响，在我国现阶段来说，总体上是积极的，虽然对进出口贸易会产生消极的影响，但可以提高我国居民收入的实际购买力，也诱使国际间财富结构发生变化，从而增加非居民对我国财富的持有，这在间接上有利于我国总需求水平的上升；同时，人民币价值的稳定也有利于提高我国全社会流动性清偿力，为金融机构和国民经济健康发展提供保证；人民币外溢也为政府扩大融资提供了途径，并在一定程度上缓解了政府的外债负担，这都不同程度地提高了本国的总需求水平。

第二节 人民币外溢对财政政策实施效果的影响

一般来讲,人民币外溢对财政政策实施效果的影响主要通过四种渠道:一是使得政府的铸币税收入发生转移;二是改变了财政政策乘数和财政支出乘数的大小;三是通过强化财政政策的“挤出效应”来影响财政政策的实施效果;四是延长了财政政策的时滞。由于人民币外溢在延长财政政策发挥效应的时滞方面的作用是显而易见的,这里着重分析人民币外溢对政府铸币税收入、乘数效应和“挤出效应”的影响。

一、人民币外溢对政府铸币税收入的影响

目前国内学界对铸币税的定义莫衷一是、众说纷纭,因而分析人民币外溢对政府铸币税收入的影响,应首先对铸币税的内涵进行分析。本节将对现有文献进行简单梳理,并在界定政府视角下铸币税收入的基础上,分析人民币外溢条件下铸币税收入的变化,最后提出这一变化的政策含义。

国外学者对铸币税的研究较早。铸币税译自 seignorage 一词,对于 seignorage 的翻译,不同文献有不同解释。著名的经济学家斯坦利·费雪(Stanley Fischer;1982)认为,一国政府利用货币发行的主权获得一种独特的税收,就是铸币税;在 David. W. Pearc 编纂的《The Macmillan Dictionary of Modern Economics》中,seignorage 被定义为铸造货币的成本与货币铸造者所取得的净收入(利润)之和;而在《The American Heritage Dictionary》(1985 年第二版)中,seignorage 被定义为统治者通过铸币所获得的利润或净收益,它等于铸币的面值与所用金块价值之差。Schumpeter. J. A.(1986)的论述似乎倾向于前者,但本书认为后者更适合于纸币发行,因此更具有现代意义。在历史上,拥有铸币权的封建领主常常利用减少铸币重量和降低铸币成色的方法获得铸币收益,因此,铸币税就具有了“贵金属铸币的面值与相应贵金属材料的市场价格之差”这样的性质。推广到不兑换纸币,由于纸币发行成本非常低,使得纸币发行的净收益几乎等于纸币面值,因此,也有国外文献(Fry. M.;1995)把铸币税定义为基础货币或准备金的增量,后者是为满足经济增长对货币的需求增加而发行的新货币。事实上,20 世纪 90 年代中期以后的国外文献对铸币税的理解较为一致。如杰弗里·萨默斯和弗里普·拉雷思(1997)认为铸币税是政府由其对印制货币的垄断权而获取的收入。劳伦斯·H·怀特(2004)认为铸币税是政府从发行货币中获得的净收入或者利润,它等于发行出来的货币的交换价值与制造货币和维护货币流通的成本之间的差额。

20 世纪 90 年代中叶以来,铸币税问题越来越受到国内学界的关注,但对铸币

税的内涵却没有较为统一的认识。谢平(1996)在讨论我国货币供应量快速增长却没有导致出现大幅的通货膨胀时,提出了铸币税概念。他认为由于经济转型导致实际货币需求的增长,产生了大量的“无通货膨胀压力的超额货币供给”,政府从中获得货币发行收入,并通过集中分配货币发行收入从而推动经济的高速增长,即铸币税收入的再分配对经济产生积极影响。[1] 陈玉宇(1997)认为铸币税收入是指政府通过发行货币而获取的收入。他认为在信用货币本位制下,铸币税收入表现为基础货币的增加额[2]。张杰(1998)在讨论货币发行作为国家筹资手段过程中,认为货币化水平[3]是约束条件之一,其实质是将铸币税的大小与货币化水平的高低联系起来,其隐含的推论就是货币化程度越高,政府通过铸币税的方式获得的融资额就越少[4]。王利民、左大培(1999)把铸币税广义含义扩展为三部分,一是中央银行获得的净利润(利差收入减去费用);二是中央银行通过购买国债向中央财政提供的资金;三是财政直接发行通货所获取的收益[5]。

余永定(1999)撰文详细介绍了铸币税的历史沿革,并就财政赤字融资和铸币税的关系、通货膨胀税和铸币税等问题进行了讨论,并明确认为扩大铸币税的实质就是财政赤字的货币化[6]。

易纲(2000)把征收铸币税作为扩张性财政政策手段进行了分析,将铸币税扩展到政策建议领域(北大中国经济研究中心,1999)。汪洋(2005)认为,国内学者对铸币税问题的分析,具有一个共同的特征,就是将铸币税和货币发行联系起来,但都没有分析政府是如何取得这一收入的。在现代社会中,货币的发行基本上与中央银行联系在一起,因此国内大多数学者在分析铸币税概念时没有区分中央银行视角和政府视角,以至于相互混淆。汪洋对铸币税概念的理解是从纵向和横向两个角度来看,纵向来看,是从货币制度演变为切入点来进行讨论的,分金本位制和信用本位制两个阶段进行研究;横向来看,是从货币发行机构和政府两个不同的主体来进行研究的[7]。

从现有文献的研究成果来看,不同视角对铸币税内涵的理解存在差异。而分析人民币外溢的铸币税收入效应,也意味着在人民币外溢条件下分析我国政府的铸币税收入构成发生的变化,本文试图在前人研究的基础上,提出对此问题的看法。

---

[1]谢平,《中国金融制度的选择》(第一版),上海远东出版社,1996 年。

[2]陈玉宇,《政府可得铸币税收入与中央银行的利润估算》,载于《经济社会体制比较》1997 年第 5 期。

[3]即指 M_2/GDP。

[4]张杰,《中国金融制度的结构与变迁》,陕西经济出版社,1998 年。

[5]王利民、左大培,《关于预算赤字、铸币税和货币扩张通货膨胀税的关系》,载于《经济研究》1999 年第 8 期。

[6]余永定,《中国不能走财政赤字货币化的道路》,载于《金融研究》1999 年第 7 期。

[7]汪洋,《铸币税:基于不同视角的理解》,载于《经济学(季刊)》2005 年第 4 期。

1.政府视角下的铸币税内涵

在信用本位下，中央银行的铸币税收入体现为中央银行通过发行无息负债获得的利息收入。从中央银行的资产负债表来看，资产方一般包括四大项，即国外净资产、对政府债权、对金融机构债权和对非金融机构债权，上述四项中，中央银行都可以取得利息收入。而负债方主要包括储备货币、政府存款和资本金，储备货币包括流通中的现金和金融机构存款准备金，中央银行一般无须支付利息。因而，中央银行资产负债表中一方是有息资产，另一方是无息资产，从而可以获取利差收入，即铸币税收益。而政府视角下的铸币税收入不同于中央银行的铸币税收入。对政府铸币税收入的分析，需要以政府预算为出发点，政府财政预算支出包括两项，一是日常性财政支出，另一项是利息支出；财政收入包括税收收入、债务收入和中央银行上缴的利润[1]（汪洋，2005）。用公式(3－1)可表示为：

$$G_t + i_{t-1}B_{t-1}^T = T_t + (B_t^T - B_{t-1}^T) + RCB_t \tag{3-1}$$

其中，G_t 表示本期政府支出（包括政府的购买支出和转移支出），i_t 表示 t 期的利率，B_t^T 表示本期政府已发行的全部债务余额，$i_{t-1}B_{t-1}^T$ 表示政府本期的利息支出，$B_t^T - B_{t-1}^T$ 表示本期新发行的政府债券，RCB_t 表示本期中央银行向财政部上缴的利差收入。假定中央银行的资产方只有政府债券，负债方为储备货币。中央银行资产负债的恒等式（增量形式）则是：

$$B_t^C - B_{t-1}^C = R_t - R_{t-1} \tag{3-2}$$

其中，B_t^C 表示本期中央银行持有政府债券余额，R_t 表示本期中央银行储备货币余额。中央银行的收入支出等式为：

$$RCB_t = i_{t-1}B_{t-1}^C \tag{3-3}$$

中央银行上缴财政的 RCB_t 等于其持有政府债券的利息收入 $i_{t-1}B_{t-1}^C$，这里假定中央银行对储备货币不支付利息。将等式(3－1)、式(3－2)、式(3－3)合并，可得：

$$G_t + i_{t-1}B_{t-1} = T_t + (B_t - B_{t-1}) + (R_t - R_{t-1}) \tag{3-4}$$

其中，$B = B^T - B^C$ 表示公众持有的国债。等式(3－4)的含义就是将财政部和中央银行视为一个整体，左边表示政府的实际总支出，包括 G_t 和对公众持有的未清偿债券的利息支出 $i_{t-1}B_{t-1}$，等式右边表示政府总支出的融资途径，分别为 T_t，政府向私人部门的借款 $B_t - B_{t-1}$ 和向中央银行的融资 $R_t - R_{t-1}$。因此，从政府的角度看，名义的铸币税（SE_t）实际上是中央银行储备货币的增加额 $R_t - R_{t-1}$。

现代意义上的铸币税要等于储备资产的增加额，当然，中央银行的资产和负

[1]是指本文在汪洋(2005)对铸币税界定的基础上进行的研究。

债要满足两个条件：一是中央银行的资产是政府债券；二是中央银行不对储备资产支付利息，在这种情况下，只要本国储备货币增加，政府获得的铸币税收入就会增加。在现实中，政府并没有获得一笔叫“铸币税”的收入，其含义是在赤字货币化的条件下，政府可以免费获得一笔用于扩大财政支出的收入，或者说借了一笔永远无须偿还的债务收入（汪洋，2004）。

2. 人民币外溢条件下的政府铸币税内涵及其转移

（1）人民币外溢条件下政府铸币税收入的内涵。

等式（3－4）仅仅是政府视角下铸币税收入的最基本含义。这里我们分析人民币外溢条件下的铸币税收入，还必须从一般中央银行制度下的铸币税含义分析开始。在一般中央银行制度下，其资产不仅是政府债券一项，通常还包括外汇储备及对国内金融机构的债权，因此中央银行资产负债恒等式可以表述为：

$$B_t^C - B_{t-1}^C + FE_t - FE_{t-1} + CFI_t - CFI_{t-1} = R_t - R_{t-1} \tag{3-5}$$

其中，FE 表示外汇储备项，CFI 表示中央银行对国内金融机构的债权。中央银行的收入支出等式为：

$$RCB_t = i_{t-1}B_{t-1}^C + i_{t-1}^{\cdot}FE_{t-1} + i_{t-1}^F CFI_{t-1} \tag{3-6}$$

其中，$i_{t-1}B_{t-1}^C$ 表示中央银行持有政府债权的利息收入，$i_{t-1}^F CFI_{t-1}$ 表示中央银行对金融机构债权的利息收入，$i_{t-1}^{\cdot}FE_{t-1}$ 表示中央银行持有外汇储备的利息收入。将等式（3－1）、式（3－5）和式（3－6）合并，可得：

$$\begin{aligned} G_t + i_{t-1}B_{t-1} &= T_t + (B_t - B_{t-1}) + (R_t - R_{t-1}) \\ &\quad + i_{t-1}^{\cdot}FE_{t-1} - (FE_t - FE_{t-1}) + i_{t-1}^F CFI_{t-1} - (CFI_t - CFI_{t-1}) \end{aligned} \tag{3-7}$$

从上式可以发现，在一般中央银行制度即中央银行资产多样化条件下，政府获得的铸币税收入 SE_t 具体为 $(R_t - R_{t-1}) + i_{t-1}^{\cdot}FE_{t-1} - (FE_t - FE_{t-1}) + i_{t-1}^F CFI_{t-1} - (CFI_t - CFI_{t-1})$。与中央银行仅持有政府债券的情况相比，本国政府的铸币税收入增减与否要取决于增加项 $i_{t-1}^{\cdot}FE_{t-1} - (FE_t - FE_{t-1}) + i_{t-1}^F CFI_{t-1} - (CFI_t - CFI_{t-1})$ 是否大于零。

假定不存在人民币外溢情况下，我国政府的预算约束为等式（3－1），中央银行的资产负债恒等式为等式（3－5），人民币外溢意味着人民币溢出到境外并在境外国家和地区流通和使用，则反映在中央银行资产负债恒等式上就是：

$$B_t^C - B_{t-1}^C = R_t - R_{t-1} + R_t^F - R_{t-1}^F \tag{3-8}$$

其中，R_t 表示其国内公众和机构持有的本国储备货币，R_t^F 表示外国公众持有的本国储备货币。将等式（3－8）、式（3－1）、式（3－3）合并可得：

$$G_t + i_{t-1}B_{t-1} = T_t + (B_t - B_{t-1}) + (R_t - R_{t-1}) + (R_t^F - R_{t-1}^F) \quad (3-9)$$

等式(3－9)表明，人民币外溢条件下政府获得的铸币税收入(SE_t)为($R_t - R_{t-1}$)＋($R_t^F - R_{t-1}^F$)。与等式(3－4)相比，人民币外溢条件下的铸币税收入增加了($R_t^F - R_{t-1}^F$)，即国外持有的本国储备货币的增加额。如果考虑随着人民币外溢规模的逐步扩大，人民币国际化程度会逐步提高，本国政府的债券市场实现国际化，则 SE_t 将为：

$$(R_t - R_{t-1}) + (R_t^F - R_{t-1}^F) + (B_t^F - B_{t-1}^F) - i_{t-1}B_{t-1}^F$$

事实上，考虑到我国中央银行对储备货币的存款准备金和邮政储蓄存款项目支付利息的现状，因此，我国中央银行的收入支出等式则变化为：

$$RCB_t + i_{t-1}^R\alpha R_{t-1} = i_{t-1}B_{t-1}^C + i_{t-1}^{\cdot}FE_{t-1} + i_{t-1}^F CFI_{t-1} \quad (3-10)$$

其中，$i_{t-1}^R\alpha R_{t-1}$表示中央银行对储备货币的利息支出，α 表示付息储备货币占全部储备货币的比重。合并等式(3－1)、(3－5)、(3－9)和(3－10)，可得我国人民币外溢情况下的铸币税收入(SE_t)为($R_t - R_{t-1}$)＋($R_t^F - R_{t-1}^F$)－($FE_t - FE_{t-1}$)－($CFI_t - CFI_{t-1}$)＋$i_{t-1}^{\cdot}FE_{t-1}$＋$i_{t-1}^F CFI_{t-1}$－$i_{t-1}^R\alpha R_{t-1}$。

与式(3－4)相比，我国人民币外溢条件下的铸币税要扣除三项内容：一是外汇占款所涉及的项目($FE_t - FE_{t-1}$)－$i_{t-1}^{\cdot}FE_{t-1}$；二是对金融机构贷款所涉及的项目($CFI_t - CFI_{t-1}$)－$i_{t-1}^F CFI_{t-1}$；三是对储备货币支付的利息 $i_{t-1}^R\alpha R_{t-1}$。

综上所述，在信用货币制下，如果将 $R_t - R_{t-1}$视为政府视角下铸币税的一个基准，那么不同货币制度下，铸币税的概念可以在这个基础上进行演化。

(2)人民币外溢与铸币税的境外转移。

上述分析了我国人民币外溢条件下的铸币税内涵，其与不存在人民币外溢条件的铸币税构成的主要区别在于增加了一项收入形式，即国外非居民持有的本国储备货币的增加额($R_t^F - R_{t-1}^F$)。因人民币外溢是国际化的初始阶段，如果考虑到人民币国际化程度的逐步提高，将会推动本国政府债券市场的国际化，即外国政府将会持有本国政府债券，则政府取得的铸币税收入还将增加一项($B_t^F - B_{t-1}^F$)－$i_{t-1}B_{t-1}^F$，亦即本期新增的国外持有的本国政府债券减去上期政府债券的利息支出。当然，从货币发行的角度来看，如果人民币外溢规模较小，没有引起本国货币发行的相对增加，则此种情况下，政府获得的铸币税收入会因非居民持有本国货币而从国内居民转嫁到国外非居民承担；如果人民币外溢的规模增大，政府则可能采取增加货币发行的方法来抵销溢出到国外部分的货币规模，此种情况下，国外非居民持有的本国储备货币的增加额($R_t^F - R_{t-1}^F$)成为本国政府因人民币外溢获得的真正意义上的铸币税。从以上对人民币外溢规模估计的情况来看，2004 年我国人民币跨境流出流入规模在 2500 亿元左右，而长期滞留在周边国家和地区的数量也在1000亿元以上，且每年都以200亿元以上的新增存量在增长。可以发现，人民币外溢的规模远远超过我国M_0、M_1的增长速度，这一趋势的发展必将增加我国政府的铸币税收入。

从理论分析来讲，铸币税具有两方面的政策含义（汪洋，2005），首先是扩张性经济政策的含义，在既定的财政支出规模下，政府要实现融资成本最小的目标，换言之，要最大限度地通过铸币税方式筹集资金，就必须实现赤字货币化，即采取扩张性财政政策和货币政策的政策组合。❶ 其次是收入再分配的含义，政府视角下的铸币税收入还取决于中央银行资产负债表的状况，而这又使得其具有收入再分配的政策含义，这不仅涉及国内居民的收入再分配，还涉及国家间的收入再分配。❷

人民币外溢对铸币税的影响也可以从两方面考虑。一方面，由于人民币外溢的主要诱因是周边国家和地区对人民币的需求，无论是在价值尺度、交易媒介还是价值贮藏方面，人民币都具有一定的潜在优势，在市场自发因素的推动下，非居民存在着追逐人民币的内在冲动。随着人民币国际化程度的逐步提高，人民币在周边国家和地区的地位和影响会逐步增大，我国货币当局通过发行货币来获取铸币税以弥补财政赤字就变得更为便利。因此，伴随着人民币外溢规模的不断扩大，政府通过铸币税形式进行融资的能力将大为提高。另一方面，人民币外溢的结果是外国居民持有人民币作为价值贮藏形式的数量会逐步增多，那么非居民所付出的一个重要代价就是要向中国货币当局支付铸币税。当然，目前人民币外溢规模还不大，基本上占新增货币发行量的3%～4%，但随着人民币国际化程度的不断提高，这一比例也会逐步增大，我国货币当局因人民币外溢取得的国际铸币税收入也会增长。根据陈雨露、王芳和杨明（2005）在《作为国家竞争战略的货币国际化：美元的经验证据》一文中所作的研究，至1981年美国通过推动美元国际化所获取的国际铸币税收益为1051.85亿美元；到2002年，由美元国际化产生的名义国际铸币税收益已经达到6782亿美元，这实际上也是铸币税在国际间的收入再分配。在文中，他们还对人民币外溢条件下实现区域国际化的国际铸币税收入进行了预测。如果把已经接受人民币作为支付和结算货币的周边国家和地区定义为A类地区，把开始接受人民币存款并有望中短期内采用人民币进行经贸结算

❶其逻辑关系就是政府为刺激经济，采取扩张性的财政政策，预算赤字增加，政府通过发行政府债券（赤字债务化）加以解决，中央银行同时采取扩张性的货币政策，即购入全部新发行的政府债券（债务货币化），此时中央银行资产——国债将会增加，由于储备货币（中央银行的负债）伴随着经济增长和交易规模的扩大会不断增加，中央银行所持有的国债也就不可能出现下降，这意味着政府获得了一笔永远无须偿还的收入，其规模就是储备货币的增加额。

❷在中央银行资产负债表的资产方，中央银行对政府债权所占比重较低，而国外净资产、对金融管理公司债权等项目的比重较高，这大大降低了政府的铸币税收入份额。在负债方，中央银行的付息项目也很多，此利息支出也减少了政府的铸币税收入规模，并使得中央银行和政府之间收入再分配过程变得更为复杂。

的国家和地区定义为B类地区,则可在一定的假设条件[1]上,预测人民币区域国际化产生的经济利益。即人民币因外溢获取的国际铸币税收益规模为:至2020年,由A类地区可获得国际铸币税收益为2779亿元,由B类地区可获得4353亿元,合计约为7132亿元;进而估算的运用这些地区人民币储备进行投资的净收益约为371194万美元,折合人民币约为307亿元。因而,如果2010年实现人民币区域国际化,则10年间可获得人民币国际化收益约为7439亿元[2]。

总之,通过以上分析我们可以得出结论:从货币发行的角度来看,如果人民币外溢规模较小,没有引起我国货币发行数量的相对增加,则此种情况下,政府获得的铸币税收入仅因非居民持有人民币储备资产从而导致铸币税收入的一部分由国外货币发行当局转向了我国政府;如果人民币外溢的规模增大,政府则可能采取增加货币发行的方法来抵消溢出到国外部分的货币规模,此种情况下,国外非居民持有的人民币储备货币的增加额($R_t^F - R_{t-1}^F$)成为我国政府因人民币外溢获得的真正意义上的铸币税,从而增加了我国政府的铸币税收入。同时,本国政府也在一定程度上提高了国际融资能力,并使本国的经济资源在发挥其应有效用的同时,使本国公众的福利水平得到了净增长。

二、人民币外溢对财政政策乘数与财政支出乘数的影响

在经济增长乏力、消费需求低迷的情况下,政府通过扩大对商品和劳务购买,增加公共建设,可以扩大私人企业产品销售,还可以增加消费,刺激社会总需求,起到增加国民产出、刺激经济增长的效果。

财政政策对宏观经济的实际效果取决于财政收支增减的幅度和财政政策乘数的大小。财政收支的增减既可以是税收的变化,也可以是政府支出的变化。在实行扩张性财政政策时,虽然税收的减少也会提高国民产出的均衡水平,但由于新增可支配收入中有一部分被用于储蓄,因而,用于消费的新增货币将小于新增可支配收入,所以税收乘数要小于政府支出乘数。在扩大政府支出的乘数模型中,如果政府支出G增加,总产出的增加幅度就是ΔG乘以财政支出乘数。因此,政府支出就具有了一种通过抑制或刺激产出而影响商业周期波动的潜能(李汉铃、徐放鸣,2001)。

一般情况下,政府支出总是有限的,而分析财政政策的有效性不在于政府支

---

[1]第一,假定A类地区按照中国进口额的20%保留人民币储备,B类地区按照进口额的10%保留人民币储备;第二,2002年以后上述各地区从我国进口增长率等于其1997—2002年的平均增长率;第三,人民币存款年利率等于国债年利率,为3.24%,贷款年利率为5.85%;第四,人民币对美元的汇率为8.27元人民币/美元的水平;第五,人民币2010年在上述各地正式担当起区域国际货币职能,成为其官方货币之一。

[2]陈雨露、王芳、杨明,《作为国家竞争战略的货币国际化:美元的经验证据——兼论人民币的国际化问题》,载于《经济研究》2005年第2期。

出增加的多少，而在于财政政策乘数的大小。宏观经济学定义的财政政策乘数（K_f）[1]为：

$$K_f = K_g h/(h + K_g dk) \quad (3-11)$$

在式（3－11）中，d 是投资需求函数中投资对利率的敏感程度；h 是货币需求函数中货币需求对利率的敏感程度；k 是货币需求函数中货币需求对收入的敏感程度；K_g 是政府支出乘数。这四个因素中的任何一个因素的变动都会使财政政策乘数发生变化，进而会影响财政政策的实施效果。反映在 *IS－LM* 模型中，就是随着 *IS* 曲线和 *LM* 曲线斜率的不同，财政政策的效果也不相同。正常情况下，财政政策乘数要小于政府支出乘数，只有在流动性陷阱的极端情况下，即 *LM* 曲线处于水平位置时，财政政策乘数才可能等于政府支出乘数，政府支出就对均衡收入水平发挥完全的乘数效应。此时，利率并不随着政府支出的变化而变化，因而不会挤出投资支出，政府支出增加的收入效应不会被减弱。西方国家的政府之所以在经济处于衰退或萧条时实施扩张性财政政策，就是因为他们认为这时上述公式中的 h 趋于无穷大或 d 趋于零，从而使得财政政策乘数接近于财政支出乘数，财政政策效果最大。

一般情况下，政府为刺激经济发展，会采取连续降息、减税等扩张性的宏观经济政策。20 世纪 90 年代后半叶，我国经济增长乏力，结构性需求不足的问题较为突出，虽然不能确认经济处于流动性陷阱，但说经济处于 *LM* 曲线比较平缓的区间是没有什么疑问的（李汉铃、徐放鸣，2001），此时的财政政策乘数与财政支出乘数近似相等，也就是 h 很大而 d 很小，$d/h \approx 0$，从而 $K_f = K_g/(1 + K_g kd/h) \approx K_g$。这时，扩张性财政政策可以使收入水平在利率不发生大的变化的情况下得到提高，因而财政政策理应有很大效果。在这种情况下，财政扩张的政策效果在很大程度上取决于政府的支出乘数，这也是实施扩张性财政政策的重要根据之一。

政府支出乘数等于投资乘数，而投资乘数的大小取决于消费倾向的大小。个人边际消费倾向越高，投资乘数变大从而政府支出乘数就会越大。当居民预期收入下降时，当前的边际消费倾向就会减少，导致政府增加投资的乘数效应难以体现，政府扩大公共投资来刺激经济的带动作用就会减弱。[2]

分析人民币外溢对财政政策乘数效应的影响，可主要从两个方面：一是在既

---

[1] 李汉铃、徐放鸣，《试论财政政策乘数理论、挤出效应及其有效性》，载于《当代经济研究》2001 年第 5 期。

[2] 以 1997 年、1998 年为例，我国城乡居民的边际消费倾向越来越低，1997 年为 0.58，1998 年下降为 0.35，由此导致投资乘数也越来越低，从 1997 年的 2.38 下降到 1998 年的 1.54，下降了 65%，在一定程度上影响了财政政策效果的进一步发挥。我国政府自 1998 年以来，通过增发国债和扩大投资方式，将一部分储蓄转化为投资，同时还采取了稳健的货币政策，对于维持经济增长 7%～8% 的速度起到了积极作用。但是，随着政府一系列改革措施如医疗制度、教育体制、养老保险、失业保障等的出台，城乡居民普遍担心自己未来消费需求会上升，尽管政府实施了增加居民收入的政策，但居民也不敢过多消费，导致经济学中的投资乘数失灵，没能有效带动民间的消费需求。

定条件下，分析人民币外溢对 d、h、k 的影响，亦即其对 *IS* 曲线和 *LM* 曲线斜率的影响；二是分析人民币外溢通过边际消费倾向的变化，进而对政府支出乘数产生的影响。

首先是人民币外溢条件下的 *IS* 曲线和 *LM* 曲线的斜率，当然，对这一问题的分析，应置于整个宏观经济环境之下，改革开放以来，我国无论是企业投资或是民间投资都处于"饥渴"状态，致使投资需求对利率的反应较为迟钝；而且由于 1996 年以来中央银行的连续降低存贷款利率，导致预期生息压力的存在，因而货币需求对利率的反应较为敏感；同时，由于收入分配的二元结构和地区经济的二元化因素存在，储蓄成为居民财富贮藏的首要选择，使得居民货币需求对收入变化的反应不够敏感。根据宏观经济理论对财政政策乘数效应的定义，以上原因直接导致财政政策的乘数效应降低。如果考虑人民币外溢的情形，则可能使以上三种情况得到强化。因为在大规模的人民币外溢形成时，居民投资的要求将更为迫切，国有企业"预算软约束"现象则更为严重；在利息率较低的情况下，政府货币供应量对刺激投资效力变弱，货币外溢减少国内流通领域的货币存量的"凯恩斯效应"不再发生作用；而且在人民币外溢的条件下，货币存量的减少只能导致居民在收入预算的约束条件下对储蓄资产需求的持续增加，这无疑会进一步弱化国内宏观财政政策的乘数效应。事实上，人民币外溢对财政政策乘数效应的影响是有限的，反映在 *IS* 曲线的斜率上，表现为我国的 *IS* 曲线的斜率变化较小。根据中国社会科学院财政与贸易研究所马拴有（2001）的研究成果，1983—2000 年间我国 *IS* 曲线的斜率变化区间在 -0.57 到 -0.53 之间，均值为 -0.54。而且目前人民币跨境流通规模和净溢出规模都很有限，因而其对财政政策乘数效应的影响较小。

其次来分析人民币外溢对财政支出乘数效应的影响。总体而言，人民币外溢对财政支出乘数效应的影响渠道是通过改变边际消费倾向实现的。造成近年来我国城乡居民边际消费倾向下降的原因是多方面的，其中的一个重要原因是转轨时期我国公众心理预期的变化。在信息化和金融自由化的当代社会，公众心理预期的变化会对投资与消费行为发挥决定性的影响，这已被实验心理学和行为金融学的研究成果所证实。改革开放 20 多年来，中国社会经济发展的制度安排与运行方式已经发生了深刻的变革。政府不再大包大揽，企业追求效率与利润，个人获得更多的选择权也必须承担较大的风险等，改变了人们依赖"单位"的思维与行为定势，也要求大家"对自己负责"。面对社会转轨时期的摩擦与碰撞，特别是置身于日益激烈的市场竞争，我国的公众心理预期变得模糊和不确定。人们担心未来的收入会因打破终身制、绩效挂钩、末位淘汰和自谋出路等改革措施而变得不稳定，甚至有所降低；同时还为个人将更多地承担在住房、教育、医疗和养老等方面的支出而忧心忡忡。在我国社会保障体系不完备的情况下，这种"未来收入不确定，而未来支出会增加”的心理预期必然会强化公众的“预防性动机”，使他们努力节减当前的实际投资与消费，以增加未来储蓄最直接的“购买力”（货币）。事实上，储蓄倾向的持续存在，直接导致边际消费倾向的下降，进而影响到总产出的减少（$Y=C+I+G+(X-M)$）。在人民币外溢的条件下，尤其是大规模的人民币外溢的形成，可能使得消费向周边国家和地区发生转移，其效果表现为本国财政支出通过乘数效应不仅带动了本国经济的增长，而且对国外经济的增长也存在拉动效应，这一点可用来解释1998年以来，我国实行较为积极的财政政策受到周边国家和地区的普遍欢迎。当然，相对于本国而言，表现为财政支出的乘数效应弱化，因为在初期阶段的人民币外溢主要由实物交易所推动，进而形成本国国民经济增长的“漏出”，从而在两方面影响乘数效应：一是政府支出的购买直接转向国际市场导致的国内实际产出的直接减少；二是政府支出增加推动总产出的增加，总产出增加导致的消费增加转向对周边国家和地区商品和劳务的消费，从而减少总产出的倍数增长，此也可视为人民币外溢降低了对国内产品的边际消费倾向，无疑通过财政支出降低了对国民经济总产出的乘数效应。

因而，总体而言，人民币外溢通过影响 d、h、k 降低了财政政策的乘数效应，但在我国经济转轨时期，这一影响是有限的；人民币外溢也通过降低对国内产品的边际消费倾向，弱化了财政支出的乘数效应，随着人民币外溢规模的扩大，这一影响将逐步增强。

三、人民币外溢对财政政策“挤出效应”的影响

在 *IS－LM* 模型中财政政策的“挤出效应”是指财政支出的增加挤掉私人投资支出，从而降低收入的扩张效应的现象。根据宏观经济学理论，作为国民经济的外生变量，财政支出增加导致总需求扩张，在经济未达到充分就业之前，总需求的扩张导致总产出的增加。在简单凯恩斯模型中由于只考虑产品市场的均衡状态，政府支出的增加会通过乘数作用引起国民收入更大的增加，并无“挤出”现象。然而在 *IS－LM* 模型中，均衡国民收入是由产品市场和货币市场共同决定的，政府的财政支出增加使国民收入增加，在货币供应量不变的条件下，收入的增加导致货币需求的增加和利率的上升；利率上升导致私人投资下降及收入的下降，这就发生了所谓的“挤出”（crowdingout）[1]。

1. 财政政策“挤出效应”的一般解释

IS 曲线表示产品市场上所有均衡利率和均衡收入的组合，该组合由消费函数、投资函数、政府支出函数、净出口函数和收入恒等式共同决定。消费函数、投资函数和政府投资函数分别如下（不考虑净出口函数）：

---

[1] 李红艳、宋世方，《财政政策挤出效应分析》，载于《华东经济管理》1999年第6期。

$$C = C_0 + cY \tag{3-12}$$

$$I = I_0 - bi \tag{3-13}$$

$$G = G_0 \tag{3-14}$$

由收入恒等式 $Y = C + I + G$ 可得等式(3-15)：

$$Y = \frac{1}{1 - c(1 - t)}A - \frac{b}{1 - c(1 - t)} \tag{3-15}$$

其中，$A = C_0 + I_0 + G_0$ 表示自发支出，Y、i、t、c、b 分别表示收入、利率、税率、边际消费倾向和投资的利率弹性。此即所谓的 IS 曲线。

由上式对 A 求导可得：

$$\mathrm{d}Y/\mathrm{d}A = 1/[1 - c(1 - t)] \tag{3-16}$$

此即财政政策乘数的另一种表达方式，在不考虑货币市场条件下，财政支出引起的均衡收入扩张量就是 $\mathrm{d}Y = i/[1 - c(1 - t)]\mathrm{d}A$。然而均衡国民收入是由产品市场和货币市场共同决定的，产品市场的扩张必然影响货币市场并再次反馈到产品市场。货币市场的均衡由下式决定：

$$M/P = kY - hi \tag{3-17}$$

其中，M/P 表示实际货币供给，k 表示货币需求的收入弹性，h 表示货币需求的利率弹性，此即 LM 曲线。在货币市场上，当货币供给和价格水平给定时，收入的增加将引起利率的上升。在该式由 i 对 Y 求导可得：

$$\mathrm{d}i/\mathrm{d}Y = k/h \tag{3-18}$$

它表示在货币市场上一定的收入增量导致的利率上升幅度。又由 IS 曲线可知，均衡收入是均衡利率的函数，据此可求出：

$$\mathrm{d}Y/\mathrm{d}i = -b/[1 - c(1 - t)] \tag{3-19}$$

它表示产品市场上均衡利率变化对均衡收入的影响。综合上述三式可得财政扩张的挤出效应：

$$(\mathrm{d}Y/\mathrm{d}A)(\mathrm{d}i/\mathrm{d}Y)(\mathrm{d}Y/\mathrm{d}i) = -kb/[1 - c(1 - t)]^2 h \tag{3-20}$$

如图3-3所示，挤出效应表现为 $Y_2 - Y_1$。当自发支出（这里考虑财政支出）增加时，IS 移到 IS'。如不考虑货币市场作用，收入就会通过乘数效应由 Y_0 上升到 Y_2。在货币市场上，Y_2 对应 LM 曲线上的 G 点，利率水平为 i_2，高于 IS' 曲线上对应的 F 点的利率水平 i_0。于是，较高的利率 i_2 使投资下降从而导致收入沿 IS' 自 F 点向左移动；与此同时，收入的下降在货币市场上导致利率下降，使利率沿 LM 曲

线自 G 点往左移动。G 点沿 LM 左移与 F 点沿 IS' 的左移收敛于 E_1，从而在该点实现利率与收入在产品市场与货币市场新的同时均衡，新的均衡利率为 i_1，均衡收入为 Y_1。显然，$Y_1 > Y_0$，$Y_1 - Y_0$ 就是存在挤出时的收入扩张；$Y_1 < Y_2$，$Y_2 - Y_1$ 就是"挤出效应"。

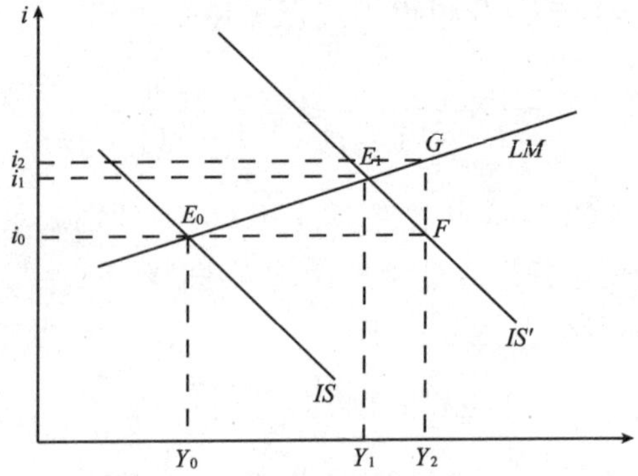

图 3－3　财政政策的"挤出效应"

2. 人民币外溢对财政政策"挤出效应"的影响

由一般解释可知，挤出效应由 $(dY/dA)(di/dY)(dY/di) = -kb/[1-c(1-t)]^2h$ 决定，其中负号表示"挤出"，即一定的财政扩张通过 LM 曲线导致收入的下降，挤出量由 k、b、h、c 和 t 共同影响。人民币外溢对财政政策"挤出效应"的影响可通过改变 k、b、h、c 和 t 进行分析。需要指出的是，人民币外溢对上述变量的影响，由于缺乏实证支持，因而本文只能按照宏观经济学的一般分析方法进行定性研究。

(1)人民币外溢对 k 的影响。k 为货币需求的收入弹性，就理论分析而言，k 越小，表明财政政策的"挤出效应"就越小。因为 k 值越小，一定的收入增量在货币市场上为达到均衡引致的货币需求增量所需的利率增量越低，较低的利率增量在产品市场上对应较少的收入下降(即较低的"挤出")。而根据货币数量理论，k 是货币流通速度的倒数，与流通速度成反比关系。因为货币流通速度越快，同一货币单位媒介的交易量越多，媒介一定的国民收入所需的货币量越少。近年来，人民币外溢规模逐步增大且增速超过货币供应量的增长速度(前文已作实证分析)，境外存量逐年增加，境外的人民币不仅充当了流通职能和支付手段，而且一部分正在充当价值贮藏手段，这一趋势必然降低了我国各类货币流通速度，货币流通速度的降低必然加大货币需求的收入弹性，从而最终在一定程度上增强了财政政策的"挤出效应"。

(2)人民币外溢对 b 的影响。b 为投资需求的利率弹性，就理论分析而言，b 越小，财政政策的"挤出效应"就越小。在产品市场上，收入是利率的减函数，因为利率的上升减少投资需求从而使总需求下降，均衡收入水平也随之下降。收入随利率上升而下降的幅度取决于投资需求对利率的弹性 b。b 越小，一定的利率上升引起的收入下降越少，因而“挤出”越少。正如上文所分析的，投资需求对利率的弹性 b 而言，b 很小但并非无穷小。[1] 事实上，大规模的货币外溢也会对 b 产生影响，假定实际的货币供给量不变，或者货币供应量的增加小于实际产出增长率和人民币净溢出增长率之和，则会导致国内实际利率的提高，而根据微观经济学的一般理论，只有资本的边际产品价值大于资本的价格时企业才会增加投资需求，价格水平以大于名义利率的幅度下降将使资本的边际产品价值的下降幅度大于资本成本的下降幅度，从而降低企业的投资意愿。因而，大规模的人民币外溢维持 b 的非无穷小性质至少说明我国政府支出“挤出效应”的存在性。

(3)人民币外溢对 h 的影响。h 表示货币需求的利率弹性，就理论分析而言，h 越大，财政政策的“挤出效应”就越少。因为 h 越大，在货币市场(或 LM 曲线)上对应给定的实际货币供给、给定的财政扩张和给定的收入增量，要满足货币市场均衡所需的利率增量越少，从而在产品市场上引致的收入下降越低。由于初期阶段的人民币外溢是以实体经济交易为基础，这一部分外溢的人民币尚且不存在投机动机，加上由于本国资本市场不发达，也缺乏规范性(如金融资本投资空间狭小，股票二级市场的高度投机性等)，使大多出于谨慎动机的居民的投机性货币需求对利率的敏感性低，在一定程度上使“挤出效应”具有增强之趋势。

(4)人民币外溢对 c 的影响。c 表示边际消费倾向，由“挤出效应”的内涵可知，c 越小，“挤出效应”越弱。因为边际消费倾向 c 越小，财政扩张乘数越小，一定的财政扩张引起的收入增量越小。较低的收入增量在均衡市场上对应着较低的利率上升，进而在产品市场上对应着较少的收入下降(较少的“挤出”)。从前文的分析中可以发现，人民币外溢的存在通过降低居民对国内产品的边际消费倾向，进而使得财政支出的乘数效应弱化，降低了财政政策“挤出效应”。尽管如此，但边际消费倾向的下降产生的阻止“挤出”的作用是在降低乘数 $1/[1-c(1-t)]$ 的前提下发生的，因而，其“挤出效应”只不过是对乘数作用程度的缓解，而不能改变乘数效应的性质。

(5)人民币外溢对 t 的影响。t 表示税率，一般认为，税率 t 是通过影响边际消费倾向而影响财政政策“挤出效应”的。t 的上升或下降将使可支配收入的边际消费倾向 $c(1-t)$ 下降或上升，因而税率 t 的上升可使“挤出”下降。理论上认为，人民币外溢和税率的变动没有直接的关系，但大规模的货币外溢导致实际的货币资产增值，在名义税额不变的情况下，相当于居民的可支配收入减少，进而降低了可

[1] 1996 年以来，我国央行连续多次降息而刺激投资效力有限。对实际利率变化研究表明，我国在名义利率下调的同时，由于价格降幅更大，实际利率仍维持上升趋势。从 1996 年 5 月 1 日到 1998 年 7 月 1 日，银行一年期存款名义利率从 10.98% 降到 4.77%，而同期通货膨胀率从 6.8% 降到 -3.12%，1996 年 5 月的实际利率为 4.3%，1998 年 7 月的实际利率接近 8%，提高 3.7 个百分点。

支配收入的边际消费倾向和“挤出效应”,但影响较为微弱。

按照宏观经济学的一般分析方法可知,人民币外溢对财政政策“挤出效应”的影响有两个方面:一是通过 k 和 b 的上升及 h 的下降使财政政策“挤出效应”得到强化,也同样进一步降低了扩张性财政政策的效果;二是通过 t 的上升和 c 的下降使财政支出的乘数效应下降,进而弱化了财政政策“挤出效应”,但这一影响较为微弱,且不存在直接的影响。

第三节 人民币外溢对货币政策实施效果的影响

从货币政策传导机制的角度讲,人民币外溢是由于非居民对人民币的相对需求增加,从而导致的人民币对外溢出现象。在人民币发生大规模溢出的情况下,这必然会扰乱本国正常的金融秩序,削弱本国货币当局对金融体系的控制权,妨碍货币政策的独立性并影响货币政策对宏观经济的调控效果。具体来讲,人民币外溢对货币政策的影响集中体现在人民币外溢使货币当局对货币数量的衡量更为困难、使货币政策的独立性遭到削弱、使货币政策中介目标更难选择,同时人民币外溢作为货币在传导过程中的对外溢出,弱化了货币政策的实施效果。具体作如下分析。

一、人民币外溢对货币数量衡量的影响

人民币外溢使本国流通领域的货币数量发生了变化,这使得货币当局对货币数量的衡量变得更为困难。在不存在本国货币外溢的经济体中,人民币发挥的货币职能仅限于法定的大陆境内;而在人民币外溢现象出现之后,人民币就越过国境,向周边国家和地区溢出——特别在大规模的人民币外溢时,国内经济领域的货币存量相对减少,货币当局的货币供给行为就不只满足本国经济发展的需要,还要考虑到人民币溢出部分;而货币需求不仅只是居民对人民币的需求,同时还包括境外非居民对人民币的需求。鉴于用传统的货币数量技术难以衡量人民币外溢条件下的货币变化,因而已有人提出新的指标,建议在考虑货币发行时应充分重视跨境流出流入的人民币规模,这部分境外流通中的人民币事实上提供了国际经济发展的流动性服务职能,特别是随着人民币国际化程度的逐步深入,这种建议更具有实际意义。

事实上,人民币外溢不仅直接改变本国境内流通中的货币数量,而且还通过影响本国信贷创造和货币流通速度,间接地对货币政策效果产生影响。

首先分析人民币外溢下的信贷货币创造。在人民币回流渠道不畅的情况下,随着服务于国际经济交易的人民币溢出规模的增大和境外存量的增多,人民币外溢会对我国货币创造起到紧缩作用。但随着境外人民币回流的制度安排逐步完

善，外国非居民持有的人民币资产能够大规模回流，国外非居民可以在境外银行开立人民币外币存款账户，存入人民币，也可以直接在我国境内进行人民币存款。这种货币资产的转移活动一开始并未改变国内的货币供给和需求，只是改变了人民币存款的地理分布；然而随着银行体系的信贷扩张过程，由人民币的外溢造成了货币供给的相对减少，意味着国内可贷资金规模大量减少，在短期内会引起本币汇率的相对升值压力；而人民币的回流则体现为短期内国内货币供应量增加，造成国内可贷资金规模的大幅增加，导致内部经济中出现通胀压力。当然，如果人民币溢出的规模最终实现全部回流，则人民币外溢仅仅改变了国内信贷创造的时间分布，也会在一定程度上扰乱国内金融体系的稳定。事实上，目前的人民币外溢只是国际化的初始阶段，随着人民币外溢规模的逐步扩大，人民币外溢将最终推动人民币成为区域性“支点货币”，那么，人民币将在货币职能方面延伸为国际价值贮藏手段，即人民币外溢境外的存量规模将会逐步增大，在货币供应量既定的情况下，最终对国内货币信贷创造形成紧缩压力。

其次分析人民币外溢下的货币流动速度。由于人民币外溢会导致本国货币存量的变动，根据现金交易学说，货币流动速度会随之发生变化。针对这一问题，美国学者道格拉斯·琼斯(Douglas H. Joines)曾作过较为深入的研究[1]。道格拉斯·琼斯认为，人们持有一定量的本外币是为了获得最大的货币服务(显然该理论的基础是货币服务的生产函数学说)，国内利率水平就是居民持有货币的机会成本，本外币之间是非完全替代的，且这种替代(狭义货币间的替代)是不对称的——A 国居民只持有本国货币，B 国居民对 A 国、B 国的货币都有需求。令 $M_{ij}^d/P_i = K_{ij}(r_i, r_0)Y_j$，其中 M_{ij}^d 表示 j 国居民对货币的名义需求量，r_i 表示持有货币 i 的成本，r_0 表示持有其他货币的成本，Y_j 表示 j 国的收入水平，$K_{ij}(r_i, r_0)$ 表示 j 国居民对货币 i 的货币需求系数，它与 r_i 成反比，与 r_0 成正比。由此可得到世界范围内对 A 国货币的需求为：

$$M_A/P_A = k_{AA}Y_A + k_{AB}Y_B \tag{3-21}$$

而 A 国的货币流动速度 V_A 有两种定义，一种是 A 国名义收入水平与该国政府货币债务总额的比率，即：

$$V_A = P_AY_A/M_A \tag{3-22}$$

另一种是 A 国名义收入水平与 A 国国内持有的本币余额的比率，即：

$$V_A = P_AY_A/M_{AA} \tag{3-23}$$

同理，对 B 国货币的需求为：

[1] Douglas H. Joines. International Currency and the Income Velocity of Money》, Journal of International Money and Finance. , Vol. 4, 1985。转引自姜波克等著的《货币替代研究》(第一版)，复旦大学出版社，1999 年。

$$M_B/P_B = k_{BB}Y_B \tag{3-24}$$

B 国货币的流通速度为：

$$V_B = P_BY_B/M_B \tag{3-25}$$

下面考虑在人民币外溢条件下，A 国、B 国持有货币成本的变动对货币流动速度的影响。首先假定 B 国的持有成本 r_B 上升而 A 国的持有成本 r_A 不变，在谋求持有成本最小化的前提下，B 国居民就会减少对 B 国货币的需求，增加对 A 国货币的需求，这会导致 B 国货币的供给相对过多，结果使 B 国的价格水平 P_B 上升，由式(3－25)可知，B 国的货币流通速度 V_B 会上升，而此时 A 国货币的流通速度是否会发生变化取决于衡量 A 国货币流通速度的形式。若用式(3－22)的形式来衡量，则 r_B 的上升导致 V_A 下降；若用式(3－23)来衡量，则 r_B 的变化对 V_A 没有影响。其次是 A 国货币的持有成本上升而 B 国货币的持有成本相对下降时，两国居民都会减少对 A 国货币的需求从而增加对 B 国货币的相对需求，这当然会导致 A 国价格水平上升而 B 国价格水平下降，最终使得 A 国的货币流通速度上升而 B 国的货币流通速度相对下降。当然，第二种情况是非人民币外溢条件。总之，两国货币之间存在一定程度的替代现象时，一国的持有成本发生变动，都会导致本国的货币流动速度发生变化。就理论分析而言，当人民币外溢发生时，会导致溢出对象国货币流通速度的上升，对本国货币流通速度的影响取决于本国货币持有成本，一般情况下会使本国的货币流通速度减缓。

二、人民币外溢对货币政策独立性的影响

在人民币外溢的前提下，当非居民预期到本国货币的币值存在下降的风险时，就会将其财富转化成人民币或者在交易中更多地使用人民币进行结算，这样中国与周边国家和地区的国际经济交往中的人民币数量将会增加，人民币外溢最终使得货币当局独立运用货币政策的能力遭到削弱。

从理论分析而言，货币政策独立性与一国汇率制度选择密切相关。传统观点认为，浮动汇率制有利于一国货币当局维持货币主权，货币当局不必再为维持固定的汇率而被动地干预市场，相反它完全可以根据国内的经济情况独立地制定和实施货币政策。早在 1978 年，美国学者马科・迈尔斯就对这种观点提出质疑，理由是传统观点只关注货币供给方面的扰动在国际间的传递，而货币替代现象的出现使得货币需求方面的国际联系更加明显❶。

马科・迈尔斯经过严格的数学推理，得出了他的结论。在货币自由兑换和浮

❶Marc A. miles. Currency Substitution, Flexible Exchange Rates, and Monetary Independence. American Economic Review. Vol. 68, 1978, 6。转引自姜波克等著的《货币替代研究》(第一版)，复旦大学出版社，1999 年。

动汇率制度下，一国货币供应量的增加，不论是一次性增加或者保持固定的增长率，都会因共同的货币替代因素导致两国货币跨境流动。不同之处在于，当一国货币供给是一次性增加时，本国利率水平是下降的，意味着本币的机会成本降低，两国对本币的需求同时增加，本币流向另一国；但当该国货币供给是持续性增长时，出于反通货膨胀的目的，人们预期本国利率水平将上升，意味着本币的机会成本上升，此时本币就会停止流向国外，并且可能出现外国货币流向本国的流动情况。这种货币的跨国界流动对两国的货币政策独立性都构成一种威胁。就本国而言，增加的货币供应大量流向国外，致使预先制定的货币政策达不到预期的效果，若要实现既定的政策目标则需要更大力度的政策措施，而这无疑又会加剧政策的波动性，打击公众的信心，从而进一步妨碍货币政策效果的发挥。就其他国家而言，外国货币的大量流入会导致相应本国货币供给的增加，致使原本紧缩性的货币政策达不到效果，因此该国的货币政策一定程度上取决于同时期外国的货币政策。

根据马科·迈尔斯的理论，人民币外溢的存在使得各国的货币政策之间产生高度的相关性，同时减少了各国货币政策的独立性和有效性，使得各国货币当局在决策和实施时，不得不考虑其他国家和地区的政策措施。马科·迈尔斯的结论否定了浮动汇率能够有效阻隔货币性扰动的传统观点，能够解释人民币外溢即使在人民币非自由兑换和固定汇率制度下对货币政策独立性的影响。

三、人民币外溢对货币政策中介目标选择的影响

凯恩斯学派认为货币供给的增加，会首先使利率下降，从而促使投资增加，进而增加国民收入，并且用结构模型给予了实证分析。而弗里德曼则用简单模型分析了货币供给量的增加，长期来看不会对利率产生影响，货币当局应以货币供给量作为政策中间手段，使其供给量按“单一规则”增加，促进经济增长。因此，两个学派的政策主张就由此不同。凯恩斯认为市场机制本身不能实现充分就业的均衡，因而必须由国家干预来调节经济，其中利率被看作是重要的调节经济的手段。但是，货币学派则认为货币需求从长期来看是相当稳定的，因而反对逆风向的“斟酌”政策，强调市场机制具有自发的调节作用。两种货币理论孰对孰错，不能一概而论。因为两种理论产生的背景、时代不同，适用范围也不同。市场供给直接受客观货币需求的影响，而货币需求取决于市场供给，而市场供给又要受到资源、制度、结构等多种因素的影响。虽然货币需求理论有许多种，但是由于 $MV=PT$（M 表示货币数量，V 表示货币流通速度，P 表示一般物价水平，T 表示商品交易量）公式中的 P、T、V 很难测定，所以货币供给量的多少只有通过市场总供给与总需求到达均衡后，才知道其数量的多少。货币供给超过货币需求会导致经济本身重建货币均衡的反映，并会使经济为之付出代价，货币供给少于货币需求

则会压抑经济增长,所以在制定货币政策时,货币供应量的决定就显得尤为重要了。

学术界对我国货币政策中介目标选择的讨论,主要分为两种观点:一种观点主张应该把通货膨胀率作为中介目标;另一种主张应该选择把利率作为中介目标。主张把通货膨胀率作为中介目标的理由主要在于,通货膨胀率和经济增长具有较强的相关性[1],而且通货膨胀率的可控性虽然不如货币供应量和利率,但其也具有较强的可测性。主张把利率作为中介目标的观点认为,(1)利率的可控性。中央银行可直接控制官方利率或通过公开市场业务调节市场利率的走势[2]。(2)利率的可测性强。中央银行在任何时候都能观察到市场利率的水平及结构[3]。(3)相关性强。货币当局能够通过利率影响投资和消费支出,从而调节总供求。凯恩斯学派认为,货币政策在引起社会总支出变动以前,将首先引起利率的变动,而且他们主张以中长期利率作为货币政策的中介目标,因为中长期利率对投资的影响很大,尤其是对房屋、建筑与机器设备的投资影响更大,因而中长期利率与整个社会的收入水平有着密切的联系。美国斯坦福大学教授约翰·泰勒通过对美国、英国和加拿大等国的货币政策效果的研究,于1985年从理论上提出了著名的"泰勒规则"。他认为在各种影响物价和经济增长水平的因素中,真实利率是唯一能够与物价和经济增长率保持长期稳定相关关系的变量。因此,真实利率应当成为货币政策的中介目标。

事实上,目前我国的市场利率基本上是官定利率,尚不能全面有效地反映社会资金供求状况,因而大大弱化了利率作为中介目标的可能性。

---

[1] 根据卢卡斯提出的附加预期的总供给曲线方程是:$Q_R = \varphi P/P_e$,其中Q_R为实际产出,P为物价水平,P_e为预期物价水平,φ为系数,该系数受许多不确定因素的影响。对上式两边取自然对数,再求全导数,便可得:$q = (\pi - \pi_e) + \mu$。其中q为产出增长率,π为通货膨胀率,π_e为预期通货膨胀率,μ为随机变量。理性预期学派认为,被预期到的物价上涨不能刺激经济增长,只有未被预期到的通货膨胀对经济增长才有刺激作用,而且由于公众的预期总是理性的,通货膨胀总是可以被公众预期到,因此货币政策总是无效的。但现实中,公众预期未必总是理性的。这是因为公众与货币当局在经济信息上存在着信息不对称,公众无法利用手头的信息做出准确的预期。另一方面,当通货膨胀率较低时,公众几乎不存在通货膨胀预期。所以只要货币当局设定一个合理的通货膨胀率,降低通货膨胀预期,就可以保持物价稳定,进而维持一个合理的经济增长速度。在上式中直接表现为,当公众的预期通货膨胀率一定时,P的大小直接与产出增长率相关。从$q = (\pi - \pi_e) + \mu$中,我们还可以看出,预期通货膨胀率是否稳定也影响着通货膨胀率与产出增长率的相关性。预期通货膨胀率受过去通货膨胀率水平的影响,并与货币当局执行政策一致性的信誉直接关系。对于其中的通货膨胀率,格林(1996)在分析中认为,它完全受中央银行的货币供给量影响,并将它分为两个部分:基础通货膨胀率或目标通货膨胀率(a),以及货币当局对外部冲击作出调整导致的通货膨胀率($b\omega$),即$p = a + b\omega$(b为调整系数)。由此可见,在货币当局政策可信的前提下,通货膨胀中介目标与经济增长率密切相关,而且合理的通货膨胀率可以为经济发展创造一个最佳外部环境。

[2] 据实证研究,中央银行能十分准确地控制目标利率,1980—1996年间,美国联邦储备系统盯住隔夜利率与目标值的平均偏差仅1个基本点。

[3] 近期的研究认为,利率是比货币供应量更好的货币政策调控目标(Mc Callum,1983)。这是因为,短期名义利率可以在货币市场直接观察到,因此在可测性方面优于货币供给量、名义GNP、价格指数等指标。

在人民币外溢的条件下，使得原本就难以确定的货币政策中介目标变得更难以确定。首先从利率来讲，在标准的*IS*－*LM*分析框架下，均衡利率取决于货币供给和货币需求，假定货币供给不变，人民币外溢条件下的货币需求，比不存在外溢条件的要复杂得多，因而利率不仅取决于我国对人民币的需求，还要反映了周边国家和地区对人民币的需求，以及本国的货币政策和相关国家的货币政策。从国内信贷总量和货币总量方面来讲，人民币外溢使得这两方面总量超出了央行的控制范围。人民币外溢的表现形式之一是本币向外溢出，大规模人民币外溢，对国内信贷总量和货币总量起到紧缩作用，而人民币的回流又形成了信贷综合货币总量的增加，同时回流时机也难以确定，这同样也削弱了货币当局对货币总量的调控能力。

四、人民币外溢对货币政策传导的影响

从货币数量论的观点看，人民币外溢由于人民币对境外周边国家和地区的溢出从而表现为货币政策传导过程中的外部溢出，导致货币当局较为宽松的货币政策在对宏观经济调整中收效甚微，这一现象在我国1998—2003年的货币政策实践中表现较为典型。这里有必要在对货币政策的传导渠道进行分析的基础上，对我国1998—2003年的货币政策绩效进行分析。

1. 货币政策的传导渠道分析

自从20世纪30年代凯恩斯建立宏观经济分析框架以来，各经济流派从不同的经济条件出发，分别形成了各自的货币政策传导机制理论[1]。Mishkin（1995）根据货币与其他资产之间的不同替代性，将货币政策传导机制分为两大类，即货币渠道（money channel）和信贷渠道（credit channel）。货币渠道主要包括利率渠道、相对价格渠道（包括托宾*Q*渠道、财富渠道）以及汇率渠道。持有货币观点的学者认为，金融资产只有货币和债券两种形式，银行贷款只是债券的一种，贷款和债券可以相互替代。货币政策的传导过程仅是通过“货币途径”完成的，主要是通过不同金融资产的价格（比如利率）的变化发生作用，并影响投资水平和产出。这种观点仅仅强调资产负债表中负债的一方，而忽视了资产的一方，认为货币供给变化的根源并不重要；不管货币总量的增加是银行发放贷款还是购买证券引起的，它对经济活动都将产生同样的影响。同时，货币观点建立在完全信息的金融市场假设基础上，而忽视了事实上的信息不完全和金融市场的自身结构问题。

信贷渠道主要包括银行贷款渠道和资产负债表渠道。持有信贷观点的学者认为，货币观点只强调资产负债表中的负债一方是不对的，作为资产的一方同样

---

[1] 蒋瑛琨、刘艳武、赵振全，《货币渠道、信贷渠道传导机制有效性的实证分析》，载于《金融研究》2005年第5期。

会对经济活动产生重要影响,其作用甚至超过了货币本身。信贷渠道可以理解为一个有关货币、债券和贷款三种资产组合的模型,并且在债券和贷款之间不存在完全替代关系。不对称信息和其他摩擦因素造成了外部筹资的资金成本与内部筹资的机会成本之间的"外在融资溢价"。货币政策不仅影响到一般利率水平,而且还影响到外在融资溢价的大小,"外在融资溢价"的变化比单独利率变化能更好地解释货币政策效应的强度、时间和构成,银行信贷的可得性在货币政策的传导过程中占据重要地位。这种观点的缺陷在于信贷渠道主要影响中小企业,对大企业的影响并不显著。此外,金融创新产生了很多替代银行信贷的金融工具,这也导致了信贷渠道的局限。货币政策传导中究竟是货币渠道还是信贷渠道发挥主要作用,西方学者通过各种计量分析方法得出了不同的结论。Bernanke(1986)运用结构 VAR 模型进行研究,认为美国银行贷款的冲击对总需求具有相当程度的影响。Bernanke 和 Blinder(1992)对美国联邦基准利率的实证研究表明,当美国联邦基准利率上升后 6 到 9 个月,银行存款会显著减少。Cover(1992)通过考察美国二战后的季度数据得出结论,正的货币冲击对产出的增加几乎没有作用,而负的货币冲击对产出则有明显地减少作用。Oliner 和 Rudebusch(1996)的研究表明,在紧缩性货币政策实施之后,企业投资行为与其内部资金的联系变得更加紧密,投资将趋于减缓。信贷渠道的主要作用是放大紧缩性货币政策效应,在扩张性货币政策时期会有一定影响,但在"前紧后松"和"前松后紧"两种情况下几乎不起传导作用。而 Morris 和 Sellon(1995)及 Ariccia 和 Garibaldi(1998)实证分析表明,中央银行不能显著影响银行贷款行为,他们虽然未完全否认信贷途径的存在,但认为其数量效应微不足道。

近年来我国货币政策传导机制及其效应问题已引起国内学者的重视。在为数不多的实证研究中,学者们对货币政策传导的货币渠道和信贷渠道也得出了不同的结论。王振山、王志强(2000)利用 1981—1998 年间的年度数据和 1993—1998 年间的季度数据进行的研究表明,信贷渠道是中国货币政策的主要传导途径,而货币渠道的传导作用则不明显。李斌(2001)利用 1991—2000 年间的季度数据进行的研究表明,信贷总量和货币供应量与货币政策最终目标变量都有很高的相关性,但信贷总量的相关性更大一些,这表明现阶段信贷总量对经济运行仍然具有举足轻重的作用。王雪标、王志强(2001)对中国 1984—1995 年间的货币政策传导途径进行实证研究,认为货币政策是通过货币和信贷两个渠道同时影响经济的,但无法区分哪一个更重要。周英章、蒋振声(2002)对中国 1993—2001 年间的货币政策传导机制进行实证分析,结果表明中国货币政策是通过信贷渠道和货币渠道共同发挥作用的,信贷渠道占主导地位,但转轨时期信贷渠道的传导障碍在很大程度上限制了以其为主要传导途径的货币政策有效性。蒋瑛琨、刘艳武、赵振全(2005)运用协整检验、向量自回归、脉冲响应函数等方法,围绕国内外学者争议较多的货币渠道与信贷渠道，对中国由直接调控向间接调控转轨的1992年一季度至2004年二季度期间的货币政策传导机制进行实证分析。实证结果表明，20世纪90年代以后，从对物价和产出最终目标的影响显著性来看，贷款的影响最为显著，其次是M_2、M_1的影响最不显著。他们认为，90年代以来信贷渠道在我国货币政策传导机制中占有重要地位。从对物价和产出最终目标的影响稳定性来看，M_1比较持久和稳定，其次是M_2，最后是贷款。由于对最终目标影响稳定的中介变量更易于调控，因此就货币政策中介目标的选择而言，M_1优于M_2，M_2优于贷款。裴平、熊鹏（2004），裴平、韩贵新（2005）分别利用1998—2003年上半年数据进行分析表明，我国货币传导渠道存在"渗漏"现象，并从货币数量论的角度定义了"迷失货币"。总之，中国学者近年的研究由于实证方法和样本区间的不同，以及在同样的方法中具体处理技术的不同，得出了不尽相同的结论。这对本书从实证的角度分析1998年以来由于人民币外溢的原因导致我国货币传导机制存在对外部的溢出现象提供了借鉴。

2. 对1998年以来我国货币政策传导中外部溢出现象的分析

人民币外溢对货币政策的影响集中表现在其作为货币现象，在货币传导过程中的对周边国家和地区特定区域内的货币溢出。这里有必要从货币数量论的角度实证分析这种溢出现象的政策含义。

为应对亚洲金融危机和实现经济持续增长的目标，1998年后我国一直实施"积极的"货币政策。人民银行先后出台一系列具有扩张性的货币政策，如基础货币供给年平均增长15%以上、连续8次降低利息、取消银行贷款的额度管理、调低银行准备金率等，以期放松银根，为扩大投资、刺激消费和推动经济增长提供金融支持。应该说，"积极的"货币政策与"积极的"财政政策相互配合，对扭转国民经济增长乏力局面，以及优化产业结构、提高就业水平、改善人民生活等都起到了良好的作用。但是，1998年以来我国经济增长主要是依靠财政投入增加的拉动作用实现的，特别是财政部大量发行长期建设国债，对扩大投资、刺激消费和推动经济增长起到了至关重要的作用。相比而言，货币政策所起的作用远不尽如人意。一般认为，货币政策的传导过程是：中央银行制定和实施货币政策，并以金融市场（主要是资本市场和货币市场）为中介，将货币与信息注入由生产、流通和消费为主要环节的实体经济，进而影响厂商和个人的投资与消费决策，最终导致社会总产出的变化。

就古典的货币数量理论而言，货币对就业、产出和收入等实际经济变量没有影响，而只会影响物价水平的高低。古典学派的重要代表休谟指出，在货币数量与一般物价水平之间总是存在着固定的、正比例的因果关系，若货币数量增加一倍，物价水平就上升一倍。费雪提出著名的交易方程式，即$MV = PT$（M表示货币数量，V表示货币流通速度，P表示一般物价水平，T表示商品交易量），其中假设

V、T 为常数，从而得出货币数量与物价水平成正比例变化的结论。费雪进一步研究认为，所谓物价水平与货币数量做同比例的变动，是就货币数量变动的最终效果而言的。现代货币数量论者没有否定古典货币数量理论的基本判断，而是对其做了进一步的修正。弗里德曼在《货币数量论的重新表述》中认为，货币存量的变动与一般物价水平之间不一定存在精确的比例关系。如果货币存量不变，产出变动，物价水平就会上升或下降；如果货币存量变化，产出也变动，则物价水平就不会随着货币存量的变动而同比例变动。影响物价水平的是平均单位产出对应的货币数量，而不是货币存量总量。现代货币数量论者改变了传统货币数量论者"货币中性"的观点，其重要的推论是，在短期内，货币供给的变动既引起物价水平的变动，又引起实际产出的变动；而在长期内，货币供给的变动只会引起物价水平的变动，而不会引起实际产出的变动。古典货币数量理论和现代货币数量理论在解释货币数量与物价水平之间的关系时，实际上都假设货币政策的传导过程是通畅无阻的。也就是说，中央银行供给的基础货币，经过金融机构与市场的乘数扩张而形成的货币供给量，都没有偏离货币政策目标，而是完全作用于实体经济之中。在这种情况下，中央银行与商业银行的货币供给直接对实体经济产生作用，即在实际产出比较稳定时，中央银行与商业银行的货币供给增加将会导致物价水平上涨；反之，则会导致物价水平下降。货币供给量的变化，虽然不一定引起物价水平同比例的变化，但货币供给量的变化与物价水平的变化应该是同方向的。因为在金融市场不完全有效和市场参与者对价格信号不敏感的现实生活中，货币政策传导过程并不是畅通无阻的，大量货币会偏离政策目标，在传导过程中游离于非实体经济，而没有直接作用于生产、流通和消费等实体经济领域（裴平、韩贵新，2005）。

就 1998—2003 年间，中国人民银行采取一系列宽松的货币政策，以刺激投资和消费，拉动经济增长。但是，这期间的货币政策效果远不尽如人意，出现了"宽松货币政策下的通货紧缩"。例如，1998—2003 年货币供给量 M_0、M_1 和 M_2 的年均增长速度，分别达到 11.33%、15.28%、15.58%，而同时期 GDP 的平均增长率只有 6.52%，居民消费价格指数（CPI）年均上涨率则是 −1.06%。根据货币数量论的一般结论，在假设货币流通速度为常数的条件下，超过 GDP 增长率的货币供给增长率，应该完全反映在物价水平上。弗里德曼也认为货币供给增长率应等于经济增长率加物价上涨率。表 3−1 表明，1998—2003 年间，我国货币供给增长率远远大于经济增长率和物价上涨率之和。在经济学分析中，可以用超额货币（excess money，EM）变化率来描述这一现象，即超额货币变化率 = 货币供给增长率 − 经济增长率 − 物价上涨率。我们用 GDP 增长率近似代替经济增长率，用居民消费价格指数近似代替物价上涨率，分别计算了与 M_1、M_2 相对应的超额货币变化率 EM_1、EM_2，详见表 3−1。

表 3-1　1998—2003 年我国货币政策传导中的超额货币供应量　（单位：%）

年份	M_0 增长率	M_1 增长率	M_2 增长率	GDP 增长率	CPI	EM_1	EM_2
1998	9.9	12.35	17.43	5.24	-0.8	7.91	12.99
1999	20.72	17.13	12.64	4.59	-1.4	13.94	9.45
2000	8.95	15.95	12.58	9.15	0.4	6.4	3.03
2001	6.84	12.61	15.4	7.27	0.7	4.64	7.43
2002	10.25	18.39	19.89	6.36	-0.8	12.83	14.33
2003	14.3	18.5	19.6	9.1	3.2	6.2	7.6

注：资料来源，根据《中国人民银行统计季报》和《2003 年中国货币政策执行报告》提供的数据整理，其中 $EM_1 = M_1$ 增长率 - GDP 增长率 - CPI，$EM_2 = M_2$ 增长率 - GDP 增长率 - CPI。

表 3-1 显示，1998—2003 年以 EM_1 和 EM_2 表示的超额货币平均变化率，分别为 8.65% 和 9.14%，这说明有相当大比例的货币供给没有直接作用于实体经济，由此产生的超额货币就是偏离宽松货币政策目标，而是从货币政策传导过程中游离出去的货币。

由于经济运行中存在的各种摩擦，社会总需求与通货数量的变化并不具有完全弹性，但连续数年，“积极的”货币政策没有达到预期目标已成不争事实。对此，裴平、熊鹏（2004）的研究结果认为，“积极的”货币政策没有实现达到预定的政策目标，原因在于“积极的”货币政策形成的货币供给增量在货币政策的传导过程中出现了严重的“渗漏”，甚至原有的通货存量也和货币供给增量一起“渗漏”到股票市场“漏斗”和银行体系“黑洞”❶，这种“渗漏”效应严重削弱了我国货币政策的实施效果❷。本文认为，货币政策在传导过程中还表现为以人民币外溢为载体的对周边国家和地区的外部溢出，即人民币外溢现象（图 3-4）。正如上文所分析的，20 世纪 90 年代以来，人民币外溢的动机和条件已经成熟，金融全球化和世界货币非单一化为人民币外溢提供了良好的国际经济环境；中国的经济发展为人民币外溢规模的扩大提供了强大的经济支撑；人民币币值稳定和国际信誉的提高促进了周边国家和地区对人民币的需求。在这些条件的影响下，周边国家和地区对人民币需求的不断增强，双边经贸合作不断深化和人员往来的不断增多，同时，周边政府采取的默许态度为人民币外溢扫清了制度障碍，中国的金融对外开放和外汇管理体制改革为人民币外溢创造了相对宽松的制度环境；而且一些地下经济活动，

---

❶裴平、熊鹏，《我国货币政策传导过程中的“渗漏”效应》，载于《经济研究》2003 年第 8 期。

❷一方面，由于市场发育和投资者行为不成熟，我国股票市场将货币资金转化为实际投资与消费的效率低下，甚至还成为巨大的“漏斗”，造成大量“游资”在“漏斗”中荡来荡去，而没有进入生产、流通和消费等实体经济领域。另一方面，与货币政策的预期相反，伴随 1996 年以来的央行连续降息，居民储蓄存款没有下降，相反却持续增加，银行信贷规模却没有明显增加，其中一部分还在厂商和个人手中“空转”一圈，又以存款的形式回到银行。我国的银行体系是股票市场“漏斗”之外的一个“黑洞”，它以强大的力量吞噬着流通中的货币。

也对人民币跨境流通形成了较大需求。因此,人民币对周边国家和地区的溢出也使得大量的新增货币进入流通后并没有承载生产要素进行资源的配置,或促进社会的交换,无疑严重削弱了我国“积极”货币政策的实施效果。

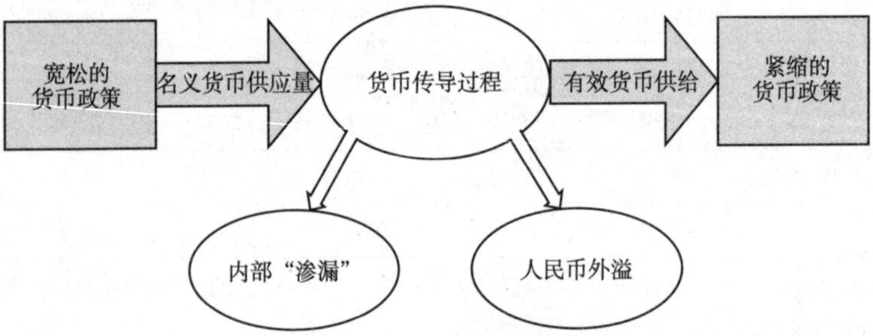

图 3-4　人民币外溢与货币政策传导中的外部溢出

第四节　人民币外溢对国际收支的影响

人民币外溢对国际收支的影响是一个复杂的问题,这主要是因为国际收支问题本身就包含着许多重要影响因素,而人民币外溢引发的外部环境和内生变量的变动又进一步加剧了各个因素间的矛盾冲突,这无疑对国内宏观经济也造成一定的影响。对于这一问题,本书试图在分析人民币外溢对人民币汇率的影响和货币替代对国际收支影响的基础上,结合动态的跨时因素,分析人民币外溢对国际收支的影响,并对人民币外溢条件下由于资本流动产生的“货币冲击”进行理论上的分析。

一、人民币外溢对汇率变化的影响

本书强调的人民币外溢是货币外溢的特殊现象之一,大规模货币外溢的形成往往伴随着货币由非自由兑换向自由兑换方向发展。货币外溢与货币替代有关,货币外溢和传统意义上的货币替代都是在开放经济条件下理性经济人出于对货币这种资产流动性服务的要求而产生的对某种货币的需求,从而使得这种货币在交易媒介、支付手段和计价标准等货币职能方面全部或部分地发生替代的货币现象,所不同的是货币外溢和货币替代的方向不同,货币外溢是本币跨境溢出从而在支付手段或交换媒介甚至是贮藏价值上对周边国家和地区的货币进行替代,而传统意义上的货币替代是外币对本币的替代。本书研究考虑到货币替代理论较为系统和成熟,因而,认为货币替代理论能够在一定程度上解释人民币外溢现象。这里把货币替代对汇率的影响作为研究的出发点,结合货币外溢自身存在的规模因素和非自由兑换因素来研究人民币外溢对预期汇率变动产生的影响。

1. 人民币外溢程度对汇率的影响

一般来讲，货币外溢表现为非居民对本币的需求，外溢程度越高说明非居民对本币的需求越大。在本币的供给量没有发生大幅变动的情况下，外汇市场上本币的供需不平衡就决定了本币对外价值升值预期的存在，进而推动本币的实际升值。但此只是一个很粗略的提法，事实上，货币外溢的程度与汇率水平之间存在着对应关系。这里有必要重新考虑货币需求函数的形式：当一国货币存在外溢时，该国的货币需求函数形式就会发生一定的变化，即该国的货币需求成为一种开放经济下的货币需求函数，包括本外币收益率和货币外溢程度等因素。在这种情况下，本币的汇率水平就不只取决于国内经济变量，而必须反映货币外溢条件下的相对货币需求作用。姜波克教授在《货币替代研究》[1]一书中，引用了美国犹他大学的两位教授兰斯·格尔顿和唐·罗拔 1981 年发表的题为“货币替代的理论与含义”[2]的论文，对本书分析具有重要的借鉴意义。兰斯·格尔顿和唐·罗拔两位教授的理论基于开放经济下货币需求的资产组合学说，强调人们持有本外币资产的目的是获取收益的最大化，包括本外币收益率的各种因素对货币需求起着决定性作用。其货币需求的一般函数形式如下：

$$M_k/P_k = L_k(r_1, r_2, r, W)\ (k = 1,2) \tag{3-26}$$

其中，M_k 表示货币 K 名义余额；P_k 表示国内物价水平；r_1，r_2 分别表示本外币的预期真实收益率；r 表示其他非货币性资产的真实收益率；W 表示本国的真实财富水平，而且 r 和 W 都是外生变量。他们特别强调，在货币替代下，货币需求主要取决于本外币之间与其真实收益率和非货币资产之间真实收益率的差异。他们的结论可表示为：

$$\partial e/\partial x = \alpha + 2\sigma \tag{3-27}$$

其中 $e = \ln E$，E 表示本币汇率，即每一单位外币兑换本币的数量，x 为本外国之间的预期通货膨胀差异；α 表示货币与非货币资产之间的替代系数（其中假设本币、外币与非货币资产的替代系数存在单一弹性）；σ 表示本外币之间的替代系数（也假设本外币之间存在单一弹性）。该结论的经济含义在于，预期汇率变动对名义汇率变动存在着影响，σ 越大（即本外币之间的替代弹性），则 $\partial e/\partial x$ 的值也越大，说明货币替代对汇率水平有重要的决定作用。在极端的情况下，如果 $\sigma \to \infty$，则 $\partial e/\partial x \to \infty$，即货币替代程度趋向无限大，汇率也趋向无限大。显然，这里可以说明两个问题，第一，在货币替代的情况下，预期汇率的变动会导致当期名义汇率的

---

[1] 姜波克等著，《货币替代研究》（第一版），复旦大学出版社，1999 年，67—73 页。

[2] Lance Girton & Don Roper. Theory and Implication of Currency Substitution. , Journal of Money, Credit and Banking, Vol. 13, 1981, 2。

更大波动，即货币替代会造成汇率的不稳定性；第二，完全的货币替代会导致汇率水平的完全不确定性。

反过来，作为本币对外币的替代而言的货币外溢，其对汇率的影响也必然受到货币外溢程度的影响，进而导致汇率的变动。问题在于兰斯·格尔顿和唐·罗拔等学者的论述是在货币完全可自由兑换前提下的汇率效应，如果用来解释货币外溢则为货币外溢的程度越高，人们对本币汇率升值的预期越大，从而汇率的波动也越剧烈，但是如果本外币之间只能存在有限兑换的前提下，货币外溢的正常渠道受阻，于是货币间的兑换往往转入地下，造成黑市交易中本币对外价值的波动；而在官方的外汇市场上，由于存在着兑换限制，即便非居民预期本币价值的上升也无法进行大规模的货币兑换，汇率水平并不能充分反映外汇市场上的真实供求状况，通常情况下本币的名义汇率要低于实际价值。于是现实经济中就出现了名义汇率和实际汇率的偏差，造成价值信号扭曲，而这无疑增加了人们对汇率进行准确预期的困难性。

进一步分析可知，人民币外溢对汇率变动的效应受到外溢规模的影响，随着人民币外溢规模的扩大，其将产生的人民币升值预期压力也将增大，在人民币非自由兑换的前提下，由于人民币在周边国家和地区的职能仅仅是交换媒介和支付手段或者部分的价值贮藏，非居民对人民币的需求不能正常得到满足，加上我国货币当局实行有管理的浮动汇率制度，人民币汇率主要受市场供求变化的形成机制尚待完善，因而，人民币汇率的名义价值和实际价值之间存在着偏差，进而产生人民币对外升值压力的存在。当然，以上讨论仅仅从静态的角度而言，而未涉及到动态的汇率决定，特别是本国货币供应量发生变化时，汇率的波动幅度与调整路径等问题。

2. 人民币外溢条件下本国货币供给变化对汇率的影响

人民币外溢条件下货币供给的变动对汇率的影响实质上是动态的汇率决定问题。由于货币存量的大小会影响单位货币的购买力，因而一国货币供应量的变动会造成本外币之间相对价值发生变化。在货币外溢的情况下，本国货币供应量的增加，会产生向境外传递通货膨胀的效应，当货币外溢规模下降的幅度小于货币增长速度时，货币增长幅度被国外所吸收，因而本币汇率下降的幅度也将小于货币供应增长的速度。至于汇率波动幅度的大小及汇率的调整路径等问题，一些学者持有不同的看法。现有文献中，关于本国货币供应的增加对汇率变动的影响主要存在于货币替代的情况，例如汇率运动的非系统性理论和汇率的放大效应理论等，这里将在回顾和综述的基础上，利用货币外溢条件下的汇率非系统性运动理论和汇率放大效应理论对人民币外溢条件下的汇率波动幅度及调整路径进行分析。

（1）货币外溢下的汇率非系统性运动。

加拿大学者罗萨·波耶尔(Russell S. Boyer)和奥地利学者杰弗瑞·金斯敦(Geoffery H. Kingston)于1987年发表了题为《金融约束下的货币替代》一文,讨论了货币替代前提下汇率波动的幅度及其行走轨迹[1]。罗萨·波耶尔和杰弗瑞·金斯敦的假定前提是:人们持有本外币的目的是获得一定的消费者效用;人们持有的资产包括本外币余额和本外币信贷工具;购买力平价成立,即国内外价格之差等于本币汇率;汇率波动是不可预期的,但货币供应量的变化可以预期等。在此假定的基础上,他们得出如下结论:一国货币供应量的变化所导致的汇率波动是非系统的,当人们预期到货币供应量变化时的汇率波动与此后的汇率波动并不一致。事实上,他们的分析还有一个重要的论断:货币替代下的通胀在两国之间是负向传递的,这是因为本币货币供应量的增加意味着本币币值的下降,在货币替代的前提下,当本国居民在预期到这一变动时必然更多地持有外币,由于外国货币供应量一直保持不变,外币大量流入本国会导致外国货币存量减少,从而使外国通胀率下降;而本国居民对本币的贬值预期又会通过价格——工资机制等方式使国内实际价格水平上涨,这种一升一降正好形成负向对比。根据本外币通胀率之差等于本币汇率的假设,当本币币值下降(用 $P_1(t)$ 表示本币的通胀率,$P_1(t)$ 设为正值),外币币值上升(用 $P_2(t)$ 表示外币的通胀率,$P_2(t)$ 设为负值),本币汇率的贬值幅度($P_1(t)-P_2(t)$)一定会大于本国价格上涨水平 $P_1(t)$。这意味着当人们刚刚预期到本币供应量将要发生变动时,汇率的初始贬值要大于本国价格的波动幅度。波耶尔等人的思想可用图3-5来描述。

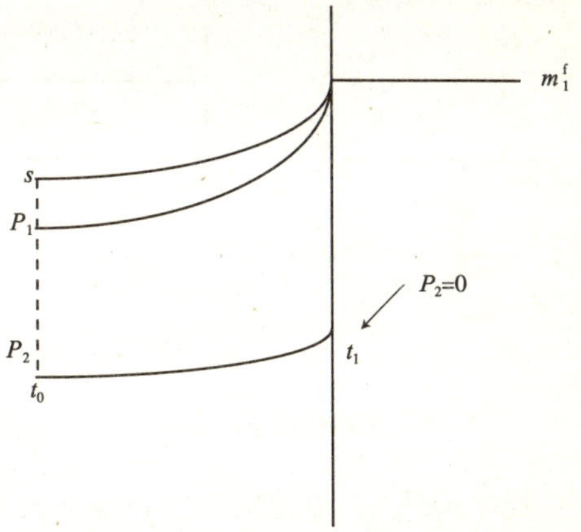

图3-5 汇率的非系统性运动

由图3-5可知,在 t_0 时刻,人们预期到 t_1 时刻本国货币供应量将会增加至一个稳定的 m_1^f 水平,于是大量地将本币兑换成外币,从而导致两国的价格水平的异向运动:当 $P_1(t)$ 为正值时是向其长期均衡值 m_1^f 靠拢时,$P_2(t)$ 的值为负,此正是货币替代前提下通胀在国与国之间负向传递的结果。图3-5中本币汇率的贬值幅度 s 恰好等于 $P_1(t)-P_2(t)$,$s>P_1(t)$,表明预期刚刚产生时(t_0)的本币汇率波动要大于本国价格水平的上涨幅度,但是汇率的波动性也不是始终大于价格的波动性,t_0 时刻后,本国的价格水平迅速向货币供应量的均衡水平 m_1^f 靠拢。与此同时,在没有其他因素干扰下,国内的货币替代进程放缓,从而外国的通胀率也减缓

[1]姜波克等著,《货币替代研究》(第一版),复旦大学出版社,1999年。

了下降幅度并逐渐回升,即 $P_2(t)$ 向横轴靠拢。因此,在 t_0 至 t_1 期间,本国价格水平的上涨幅度高于本币汇率的贬值幅度,表明该段时间中的汇率波动性要小于价格的波动性。

波耶尔等人的分析是在货币替代的前提下进行的,在货币替代的前提下,通货膨胀是在两国之间负向传递。而如果在货币外溢的前提下,只要本国货币供应量的增加不至于使货币外溢的方向发生逆转,即货币外溢现象因外溢货币的通货膨胀增加而消失,则通货膨胀可能在两国之间发生正向传递,即本国货币供应量增加,本国货币价格水平$P_1(t)$上升,由于货币外溢的存在,在外国货币供应稳定的情况下,使得外国价格水平也上升 $P_2(t)$(这里 $P_2(t)$ 为正值),那么依据波耶尔等人的假定条件,则本币汇率的贬值幅度($P_1(t)-P_2(t)$)一定会小于本国价格上涨水平 $P_1(t)$。这意味着当人们刚刚预期到本币供应量将要发生变动时,汇率的初始贬值要小于本国价格的波动幅度。这是因为在货币外溢的前提下,本国货币供应量的增长,一部分被国外非居民的价格水平上涨所吸收,这里称之为货币外溢条件下的汇率非系统性运动,可用图 3-6 进行表述。

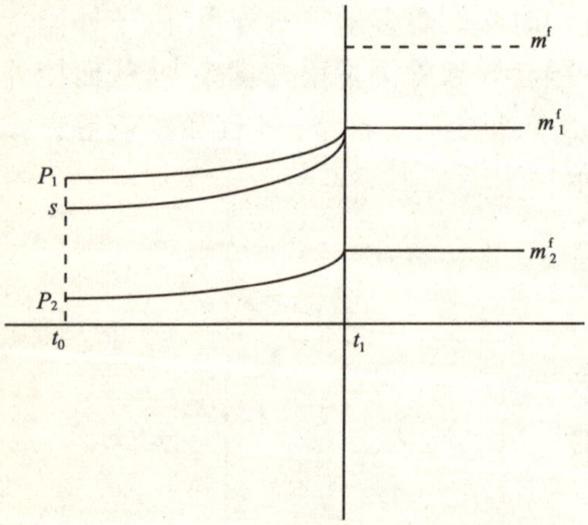

图 3-6　货币外溢下的汇率非系统性运动

由图 3-6 可知,在 t_0 时刻,人们预期到 t_1 时刻本国货币供应量将会增加至一个稳定的 m^f 水平,于是两国的价格水平将发生同向变动:当 $P_1(t)$ 向其长期均衡值 m_1^f 靠拢时,$P_2(t)$ 也向其长期均衡值 m_2^f 靠拢,此是货币外溢下通胀在两国之间传递。图 3-6 中本币汇率的贬值幅度 s 等于 $P_1(t)-P_2(t)$,$s<P_1(t)$,表明预期刚刚产生时(t_0)的本币汇率波动要小于本国价格水平的上涨幅度,t_1 时刻后,本国的价格水平迅速向货币供应量的均衡水平 m_1^f 靠拢。与此同时,在没有其他因素干扰下,由于本币对外贬值从而外溢速度放缓,使得外国的通胀率上升的幅度逐渐下降,即 $P_2(t)$ 向均衡位置 m_2^f 靠拢。与货币替代情况下不同的是,货币外溢情况下的价格水平都未上升到货币供应量增长的长期均衡位置 m_f,m_f 高出 m_1^f 的部分被国外的价格上涨所吸收,即 m_2^f,这是因为通胀在国与国之间传递的结果。因此,在 t_0 至 t_1 期间,本国价格水平的上涨幅度低于本币汇率的贬值幅度,表明该段时间中的汇率波动性要大于价格的波动性。

从长期来看,本币汇率的波动是非系统的——当人们预期到货币供应量的变动并存在货币外溢时,本币汇率的贬值幅度要小于本国价格的波动幅度;而此后随着外溢速度的放缓,汇率的波幅由大于价格的变动幅度,直至汇率和价格都达到新的均衡水平。当然，在货币外溢的情况下，汇率和价格变动形成的新的均衡水平要低于货币供应量的上涨幅度，是因为本币供应量的增加被一部分国外价格上涨所替代。事实上，这里的分析也是“货币超调”理论的变形，主要是讨论本国货币供应相对于外国增加时，由于货币外溢的存在，使得国内剧烈的价格变动部分被国外所吸收，从而减缓了国内价格的波动，这也是通货膨胀国际传递中汇率变化轨迹的研究。

(2)人民币外溢条件下的汇率放大效应。

瑞士圣加仑大学的学者曼福雷斯·盖纳尔(Manfred Gartner)在1993年出版的《浮动汇率下的宏观经济学》中，对货币替代下的汇率效应进行了研究❶。其假定的前提是：国内经济部门分为产品市场、货币市场和资本市场三部分，其中产品市场又分为贸易市场和非贸易市场两部分；产品市场均衡和货币市场均衡均依赖于本国的财富水平；产品市场的均衡条件是价格水平等同于汇率水平；本币汇率可以预期，其预期贬值水平等同于国内货币预期增长率。该理论采用宏观经济的一般研究方法，先研究商品市场和货币市场同时均衡时的汇率决定，再运用动态分析方法，讨论货币替代条件下本国货币供给量增加对汇率的影响。他的一个重要观点是：在货币替代的前提下，一国持续性的通货膨胀政策会导致本币汇率的放大效应，即汇率贬值幅度要超过本国货币供应量的增长幅度。盖纳尔认为，货币当局长期维持一个固定的货币供给增长率，致使通货膨胀预期的形成。当本国货币供应量持续增长时，人们会根据预期做出相应的资产调整，即用外币来替代预期贬值的本币，这种大规模的货币替代会导致本币汇率的贬值幅度超过货币供给的增长幅度，这就是盖纳尔所说的汇率的“放大效应”。

盖纳尔的汇率“放大效应”不同于波耶尔的“汇率的非系统性运动”。首先是假定前提不同，汇率“放大效应”假设汇率可以预测，当人们预期到本币即将受到通货膨胀影响而贬值时，会及时调整所持有的货币资产组合，因而在大规模的货币替代下，汇率的初始波动要大于价格水平的涨幅；其次是扰动发生后汇率变动的路径不同，“放大效应”理论强调的是汇率的骤然大幅贬值后有缓慢上升的过程；再次，“放大效应”理论是在弹性价格条件下得到的，而非粘性价格；此外，“放大效应”理论还假定国内市场总是出清的，实际汇率保持不变，它并不能给国内经济带来任何的比较优势，而在“汇率非系统性运动”理论中，实际汇率会存在超调，这会给国内经济带来暂时的竞争优势，这主要因为“放大效应”假定价格水平始终等于实际汇率，因而，货币替代引起汇率、物价的大幅波动并不影响实际生产领域。

事实上，货币外溢条件下的汇率“放大效应”可能被弱化，原因在于货币外溢

---

❶姜波克等著，《货币替代研究》(第一版)，复旦大学出版社，1999年。

的存在使得本国货币增量中的一部分溢出至国外经济，即使假定物价水平始终等于实际汇率，那么国内物价水平上涨的幅度也低于货币供应量的增长幅度，即在货币外溢的情况下，本国货币供给增加，其结果是国内外物价水平都上升且幅度小于货币供给的增幅，此即为本书所指的人民币外溢条件下的汇率放大效应。

上述“放大效应”理论和“汇率的非系统运动”理论都是在货币自由兑换前提下进行的研究，即人们可以根据对货币供给的预期来及时调整自身的资产组合，这里存在两个基本的假定：一是市场预期是正确的；二是资产之间的替代不存在障碍。其实，在现实的经济中，这种最基本的假设很难得到满足。具体到人民币外溢而言，其对汇率的影响可能更为复杂，这与人民币非自由兑换性质、人民币汇率形成机制、货币当局实行较为严格的资本管制及本国市场经济体制不完善有着直接的关系。首先是人民币在非自由兑换的情况下，外溢到境外的人民币基本上是在边境贸易、旅游消费支出等方面充当交换媒介和支付手段职能，虽然部分非居民已把人民币作为价值贮藏手段，但人民币作为周边国家和地区的官方储备还需要一段时间，甚至就非居民而言，当预期到两国之间由于货币供给的变化而需要调整资产组合时，也很难通过正常的货币渠道得到满足，这可能弱化了人民币外溢对汇率变动的影响。其次是目前的人民币汇率形成机制，2005 年 7 月，我国中央银行宣布实行以市场供求为基础、参考一篮子货币进行调节、有管理的浮动汇率制度。事实上，目前的汇率制度仍然属于有管理的汇率制度，汇率的形成很难主要由市场供求来决定，即，在本国货币供应量增加时，人民币汇率很难表现为对外贬值，同样，在本国货币供给量保持稳定且人民币发生大规模外溢时，人民币汇率也未必做出大幅升值的调整，即使存在人民币升值预期的情况下，这种预期转化为实际的升值也存在很长的时滞。再次，较为严格的资本管制割裂了国内外两个市场，这里的资本管制不仅是外资内流的管制，也包括内资外流的管制。在本国货币供应量增加时，国内居民对外币的需求缺乏有效的替代途径，当然，溢出到境外的人民币也很难通过正常的渠道回流国内，这可能直接导致国内积聚较大的贬值压力，而国外对人民币可能存在升值的预期。最后，在我国市场机制尚未健全的情况下，直接弱化了汇率作为价格的信号作用，而且宏观经济的透明度还很低，公众在市场中获取的信号不充分，央行在调控宏观经济中还缺乏足够的政策手段和经验，这都可能影响到人民币外溢对汇率效应的发挥。

总之，人民币外溢对汇率变动的效应受到外溢规模的影响，随着人民币外溢规模的扩大，其将产生的人民币升值预期压力也将增大，在人民币非自由兑换的前提下，由于人民币在周边国家和地区的职能仅仅是交换媒介和支付手段或者部分的价值贮藏，非居民对人民币的需求不能正常得到满足，加上我国货币当局实行有管理的浮动汇率制度，人民币汇率主要受市场供求变化的形成机制尚待完善，因而，人民币汇率的名义价值和实际价值之间存在着偏差，进而产生人民币对外升值压力的存在。就理论分析而言，在货币外溢的条件下，居民预期到本国货币供给的增加，会使通胀在本国与外国之间发生正向传递，其结果是两国的物价水平都有所提高，但本国汇率水平上升的幅度慢于物价上涨的幅度。具体到人民币外溢来讲，由于体制上原因的存在，人民币外溢对汇率变动的影响被弱化，本国货币供给的增加不一定引起本国货币的对外贬值，而使人民币内外价值偏离进一步增大。

二、人民币外溢条件下的国际收支变化

货币外溢的主要动力源于非居民对本币的需求从而产生的本币跨境溢出现象，这似乎相反于外币大规模替代本币对国际收支产生的影响，即货币替代对国际收支的影响。现有文献关于货币替代对国际收支的影响的观点主要分为两派。一派认为货币替代会导致国际收支的恶化（逆差），代表人物主要有：利维艾坦（Liviatan. N）[1]，卡洛斯·维（Carlos A. Vegh）[2]和拉米雷斯. 罗杰斯（c. I. Ramirez—Rojas）[3]等。另一派认为货币替代将促使国际收支的改善（顺差），其代表人物有卡尔沃（Calvo·G）和罗德里格斯（C. A. Rodriguez）[4]，曼福雷德·盖纳尔（Manfred Gartner）[5]等。其实，从本质上看，这两派观点都只是针对国际收支中的经常项目收支而言的，并未涉及到资本项目的收支问题，因此用上述任何一种观点来解释货币替代对一国国际收支的影响，难免以偏概全。但如果单就经常项目下的收支变化讲，两种观点各有道理，分歧的原因在于分析问题的出发点和各自的假设不同。例如在赞同“恶化论”的学者中，利维艾坦是从相对货币需求的角度出发，假设本币与外币的需求是正相关的，如果用 V 代表货币需求函数，m 和 f 分别代表本外币余额，则有 V 对 m 和 f 的连续二阶导数 $V_{mf}>0$，由此得到，当本国的价格水平提高时，本国居民对本币和外币的需求是下降的，并且外币需求相对下降的会更大一些，故而本币汇率将会升值，随后再由升值导致经常项目下的收支逆差。而卡洛斯·维则是从国民收入的供求恒等关系式角度来分析的，根据 $X-M=(S-I)+(T-G)$，在投资、财政税收和政府支出短期不变的条件下，由于货币替代的出现，国内储蓄 S 会迅速下降，原因是人们纷纷将本币存款转为外币资产以求保值，

---

[1] Liviatan. N“Monetary Expansion and Real Exchange Rate Dynamics”, Journal of Political Economy, 1981, 12.

[2] Carlos A. Vegh“Effects of Currency Substitution on the Response of the Current Account to Supply Shocks”, IMF Staff Papers, V01. 35, 1988, 12.

[3] Ramirez Rojas“Currency Substitution in Argentina, México and Uruguay”, IMF Staff Papers, V01. 32, 1985, 12.

[4] Calvo. G,“Currency Substitution and Real Exchange Rate: the Utility Maximization Approach”. Journal of International Money and Finance. 1985, 6; Calvo. G And C. A. Rodriguez“A Model of Exchange Rate Determination under Currency Substitution and Rational Expectations”, Journal of Political Economy, 1977, 6.

[5] Manfred Gartner. “The Exchange Rate under Currency Substitution. Macroeconomics under Exchange Rate. 1993 by Harvester Wheat sheaf.

结果是贸易收支($X-M$)出现逆差。同样，在赞同“改善论”的学者中，卡尔沃和罗德里格斯也是从货币相对需求角度出发，提出了与利维艾坦截然不同的假设，即本外币的需求是负相关的，即 $V_{mf}<0$。当本国货币供给增加，预期通货膨胀率将会上升时，本国居民将转而持有外币，造成外币需求激增、本币汇率贬值，而贬值的结果将有助于出口，进而改善该国的贸易收支。另一位提出“汇率放大效应”的学者曼福雷德·盖纳尔也有类似看法，在货币替代条件下，贸易顺差将是国内居民获得外币余额、满足大量外币需求的主要渠道。[1]

事实上，无论是货币替代条件下的国际收支“恶化论”，还是国际收支“改善论”，基本上都是利用局部的和静态分析的方法，研究货币作为资产，在本国货币供给增加时人们为保全资产所做出的选择对经常项目收支状况所产生的影响。而在人民币外溢的情况下，如果其他条件保持不变，例如本国货币供给保持稳定，即货币供给的适度增加没有改变人民币外溢的方向，则非居民对人民币的需求使得人民币对外价值保持升值预期，当这种升值预期引导实际汇率发生变动时，将会对国际收支产生较大的影响。根据前面分析，人民币外溢的前提条件之一是人民币对外价值保持稳定且有所上升，这也反过来刺激了人民币外溢规模的进一步扩大，同时，由于我国实行较为严格的资本管制且人民币自身的非自由兑换性质，导致国内外两个市场上人民币价值发生偏离，即使在国内货币供应量有较大幅度的增加时，国内货币的贬值压力也不会立即转换成人民币对外价值的实际贬值，因而短期内随着人民币外溢规模的扩大，其对国际收支项下的经常项目和资本项目产生的影响都有利于“双顺差”的持续存在。

从跨时的动态角度出发，人民币外溢对经常项目下的贸易收支的影响包括以下方面：一是随着人民币外溢规模的扩大，不论其是否符合法律与规则，外溢的人民币都在境外部分地发挥了国际货币的职能，这有利于扩大我国的对外贸易，特别是扩大与周边国家和地区的贸易。事实表明，我国的周边国家和地区大多属于外汇短缺的发展中国家，人民币外溢能够增强这些国家和地区的国际支付能力，更多地从我国进口商品和劳务。同时，人民币外溢意味着境外存在对人民币的需求，这也使我国能以人民币作为支付手段进口周边国家(地区)的商品和劳务，既可节约有限的外汇资源，又可扩大进口规模。另外，在与周边国家和地区的贸易中以人民币作为结算工具，还可以大大降低我国对外贸易中的交易成本与汇兑风险，因此也能产生积极的国际贸易效应。二是由人民币外溢引起的人民币对外升值压力也有利于经常项目收支的改善，如果出口产品以人民币计价，而进口产品用外币计价，即使人民币升值压力转变为实际的汇率升值，我国也会因进出口同样多的商品和劳务而从中受益，当然，人民币实际汇率的升值对出口产品的竞争

[1]姜波克等著，《货币替代研究》(第一版)，复旦大学出版社，1999 年。

优势不会造成太大的影响,因为我国出口产成品的优势主要存在于劳动力的成本优势,这一优势还将保持较长时期,而进口同样数量的外国产品可能意味着少支出人民币,进而改善经常项目收支状况。人民币外溢对非贸易收支也产生积极影响:一方面,人民币外溢意味着非居民对人民币的需求,外溢规模越大,这种需求越旺盛,这样一来通过银行体系流入的汇兑资金会大幅上升,表现为国际收支平衡表中的单方面转移账户出现大量盈余;另一方面,人民币外溢的出现也意味着本国通货膨胀风险下降、投资收益上升,因此国内的大多数外资企业不是将投资利润返回母国,而是在本国追加投资,而我国在海外的投资企业则将利润及时抽回,甚至将投资的本金变相当作利息汇回国内,这也会导致本国单方面转移收入的增加,进一步改善非贸易项下的收支状况。因此从总体上说,人民币外溢现象在短时期内将促使国际收支经常项目得到改善,就长期而言,即使国内通货膨胀压力转化为人民币对外的实际贬值,但如果本币汇率的贬值程度满足马歇尔—勒纳条件,在人民币实现区域化货币的进程中,贸易项目的收支状况也将得到改善,而非贸易项目的逆差则不会有本质上的变化,故最终的经常项目收支状况呈逐步改善趋势。

人民币外溢对国际收支资本项目改善的影响较为明显。首先从长期资本账户来看,人民币外溢的发生常常是与本国通胀率的下降及投资收益率的上升紧密结合在一起的,而人民币外溢在本国货币供给保持稳定的条件下往往又促使非居民对人民币形成升值预期,这些因素都降低了外商从事长期投资的风险程度,在国内投资环境和金融管制程度逐步得到优化的情况下,一般来说,外国对本国的长期直接投资将出现稳步上升的趋势,实践也证明了这一点。此外,本国的长期债务状况也会发生有利的变化。由于人民币外溢会促使本币升值的预期,本国政府和企业从前所借的长期外债按照升值后的汇率计算,到期支付的本币数额要远远低于升值以前,而且在本币升值、经济稳定的前提下,外国的金融机构也情愿继续向该国提供长期信贷。这无疑会减轻本国的偿债负担,优化长期资本项目的收支。其次从短期资本账户的收支来看,与人民币外溢相关联的就是外资内流。由于短期资本大多是以赚取投机利润为目的的,因此一旦预感到本币币值升值,本币资产的收益率上升时,它们就会立即涌向国内的股票市场、债券市场、外汇市场和房地产市场,造成本国短期资本收支顺差的大幅增加和本币汇率升值预期的进一步加大,进而形成又一轮外资内流(当然,短期资本流动所形成的货币冲击效应对经济的影响较为复杂,这将在下面详细分析)。因而,人民币外溢将有利于本国国际收支,资本项目呈现更大的顺差。

综上所述,人民币外溢对本国国际收支的影响将主要以正面效应为主,尤其是随着人民币外溢规模的逐步扩大,这种货币外溢不仅促进实体经济的交换,而且也向周边国家和地区传递着国内经济实力增强和投资环境改善的信号,当人民币外溢具有一定的初始规模后，经常项目与资本项目将出现“双顺差”的局面。当然，长期而言，国际收支变化将主要取决于本币汇率的变动、国内外需求结构的差异、本国金融管制程度的变化及国民经济的开放程度等因素。

三、人民币外溢与资本流动形成的冲击

在人民币仅限于在中国大陆流通的过去，境外投机者很难在短期内筹措到大量的人民币作为冲击境内金融市场的投机筹码，而在人民币大量外溢的情况下，境外投机者就可能在短期内获取足够的投机筹码，于不同的时间、不同的地点，以不同的规模冲击境内金融市场，直至引发金融危机。而且目前人民币外溢缺乏正规的多元化的回流渠道，非居民持有的人民币又不可能通过其他替代资产（例如购买中国政府债券）进行价值转换，人民币非自由兑换的性质又决定了其不可能成为周边地区和国家官方的主要价值贮藏手段，因而一部分溢出到境外的人民币将无奈地选择“地下经济”等非合法渠道实现货币资产的流动性，这无疑也形成对国内经济的冲击因素。亚洲金融危机的始发国——泰国就有这方面的惨痛教训。

事实上，人民币外溢条件下的货币回流在一定程度上强化了短期国际资本对国内经济形成的冲击，主要体现在四个方面：一是大规模的货币溢出为国际投机者提供了集结投机筹码的可能。二是由于回流渠道不畅使得非合法途径回流的人民币叠加于专业化投机资本当中，一定程度上壮大了国际投机资本规模。三是人民币外溢的前提条件之一是人民币对外价值保持稳定，无论是亚洲金融危机期间大量外资流出豪赌人民币贬值，还是2002年以来大量外资流入豪赌人民币升值，都是由于中国政府承诺人民币币值的稳定，从而激发套利资金的多重套利❶。四是人民币外溢条件下的国际资本流入方式更为隐蔽，例如，第一，混入贸易项目下办理收结汇却并未通过银行的“脱媒”方式，如通过虚假贸易方式，开立无贸易背景信用证，转移虚假利润，高报进口价格，低报出口价格，通过地下钱庄两地结算等措施。第二，混入非贸易项下办理收结汇的进入方式，例如以外国驻华机构外汇的名义办理结汇；通过汇入个人外汇（往往以“侨汇”、“赡家费”、“捐赠外汇”等名义）或带入个人外汇套汇；利用非居民收汇或结汇。第三，利用资本项目管理中的漏洞实现人民币兑换，例如直接投资项目下的虚假投资、提前注资或增资，境外投资的撤资或利润汇回，QFII的非证券投资安排，外商投资企业的短贷长用，外

❶裴平、方先明、张谊浩（2006）借助一个基于物价水平变化、利差、汇差三因素分析经济转型国家的短期国际资本冲击模型，利用我国的统计数据（1982—2004年）予以实证检验，分析我国短期资本流动与国内外利差因素、汇差、物价水平变化之间的相关关系，结果表明，中国短期资本流动具有以下特点：（1）中国短期国际资本的跨境流动与国内外利差因素没有显著的相关性，却与汇差、物价水平变化两个因素密切相关。（2）对于短期国际资本流入，汇差、物价水平变化弹性系数均为正，但汇差的弹性系数大于物价水平变化的弹性系数。（3）中国的短期国际资本流动具有非对称双向资本流动下的无风险套利性、短期国际资本流动途径的隐蔽性等本土化特征。

商投资企业的借款(外商投资企业外方将中资银行离岸存款进行转借或境内外资银行外汇贷款转向境外借款)。当然,中国目前的利率非市场化、人民币内外价值偏离及部分产业的资产价格泡沫也构成人民币外溢条件下货币冲击效应得以强化的因素。

国际资本投机者无论是在境外筹集人民币投机筹码,或是通过“地下经济”渠道冲击国内金融市场,其载体都是通过短期国际资本。短期国际资本具有典型的国际游资特点,即流动性、投机性和隐蔽性。短期国际资本的这种“专业性游击”特征决定了其对流出流入东道国经济的影响具有双重性,即适度的国际短期资本流动对资本流入国来讲,有利于活跃金融市场并改善国际收支状况。但如果任其蔓延,必将对经济造成不利的影响。例如,(1)短期国际资本频繁出入会形成短期内非正常的外汇供求,影响一国外汇市场的正常秩序,冲击外汇供求并扭曲本币的汇率形成机制;(2)短期国际资本流动常常形成对一国货币政策的反制力,影响东道国货币政策的实施绩效,导致国内通货出现非预期性变化;(3)短期国际资本的大量聚集会刺激国内金融与产权市场的过度增长,引发资产价格膨胀和泡沫经济;(4)短期国际资本流出流入的波动会极大地影响国内利率和汇率的稳定,会诱发投资者的非理性预期及认知偏差,进而导致市场出现异常波动和投机行为的“羊群效应”,直至诱发金融危机。短期国际资本的攻击及侵害表象根源于其深层本质。首先,国际金融市场具有反梯级波动和冲击特征,国际游资作为大型的虚拟资本,其逐利一方面依托于自身的高度流动性和投机性;另一方面则需要借助财务杠杆效应冲击弱势资本获利。其次,金融全球化背景下依赖自由而逐利的短期国际资本,其如影随形的垄断和霸权本质正日益背弃公平准则。少数发达国家既作为全球化游戏的主角,又作为全球化游戏的裁判,常常通过控制、操纵短期国际资本流动及其游戏规则来肆意剥夺、压迫以发展中国家(地区)为主的非主导国家,为此大大增加了这些国家(地区)适应并参与国际经济活动的交易费用及竞争风险,同时也给这些国家(地区)的经济、社会、政治生活带来剧烈的冲击和震荡。当然,形成短期国际资本的主体是专业化的投机资本,通过“地下经济”等非合法渠道回流的人民币构成短期国际资本的形成的必要条件,而非惟一条件。由人民币外溢因素形成的国际投机者筹集短期国际资本,或者通过“地下经济”等非合法渠道回流国内,进而对国内经济形成冲击甚至引发金融危机的影响,这里称之谓人民币外溢的“货币冲击”效应。

第四章　人民币外溢的货币竞争效应

上一章研究了人民币外溢的经济效应，本章主要研究人民币外溢对由其引起的人民币与周边国家和地区非国际货币以及国际货币之间货币竞争的影响。一般认为，开放经济下的国际间货币竞争包括三个层次：一是非国际货币非国际货币之间的竞争；二是非国际货币国际货币之间的竞争；三是国际货币与国际货币之间的竞争。而货币之间的竞争也表现为货币发行国家经济实力的竞争。人民币外溢引起的区域内货币竞争主要体现在前两个层次上。本章通过小额贸易条件下的货币竞争模型重点讨论人民币外溢形成的人民币与其他周边国家和地区货币之间竞争均衡的存在。同时，对区域内主要货币之间的竞争基础进行实证上的比较分析，进而研究东亚货币合作对区域内主权国家的积极影响和人民币参与合作的必要性。

事实上，货币竞争是一个较为古老的话题，学界对此问题的研究基于深刻的经济背景。最初关于货币竞争的讨论是国内货币发行权的竞争，自从世界各国的货币发行权被政府垄断之后，私人部门的货币发行地位似乎被弱化，对货币竞争的讨论也逐步减少（陈雨露，2003）。自 20 世纪末以来，世界经济一体化趋势加强，国际间经济金融体系的联系日益密切，由不同主权国家发行的货币之间的竞争日趋激烈，因而货币竞争的研究重点由货币发行权的竞争转向不同国家货币之间的竞争[1]。国际间货币竞争在一定程度催生了不同经济区域的货币合作，而这种合作同样是货币竞争性的合作，或者是建立在竞争基础上的货币合作，布雷顿森林体系和欧洲货币协定都是如此[2]。对货币竞争理论的回顾，将为分析货币外溢过程中产生的货币竞争效应提供理论分析工具。

第一节　人民币外溢条件下的货币竞争模型

传统上对货币竞争研究，主要是从货币发行主体的角度进行的。现代西方主流经济学对于货币竞争的分析，一般借助数量模型分析工具对市场选择币种的策

[1]基于历史演进分析，货币竞争的形式经历了币材竞争、私人货币发行者竞争、货币国际竞争、电子货币与纸币的竞争等几个阶段。

[2]陈雨露，《东亚货币合作中的货币竞争问题》，载于《国际金融研究》2003 年第 11 期。

略进行研究。关于"良币"和"劣币"的使用"优序"问题,主要存在两种截然不同的观点。一种传统的观点认为,"劣币"应该比"良币"流通的更普遍,原因是货币的持有者愿意使用"劣币"进行消费,而尽可能地保存"良币"用于未来消费。另一种观点认为,"良币"应该流通的更为普遍,原因是"良币"具有更大的购买力,因而将"劣币"留于未来的支出机会,Hayek(1976)称之为货币竞争的结果。

Gabriele Camera、Ben Craig 和 Christopher J. Waller 于 2004 年在《Journal of International Economics》上发表了《Currency competition in a fundamental model of money》一文[1],该文建立了一个分散贸易条件下的货币竞争模型(以下称为 Camera 模型),主要检验了交易商偏好于支出"良币"而保留"劣币"的情况下,竞争均衡的存在。这种均衡的存在倾向于"劣币"具有较大的风险,交易摩擦真实存在以及"良币"具有较高交易速率。此模型没有重点分析相反情况下货币竞争均衡的存在,即交易商偏好于用"劣币"进行支付而保留"良币"用于未来支付。这是因为这种情况下对于买方而言显而易见的策略,但事实上这种均衡难以存在。如果"劣币"的风险下降和交易易于达成,则均衡可能存在。然而,用"劣币"进行支付对于买方来说是有意义的,因为这能使风险有效地从买方手中转移到卖方手中。如果没有通过更高的价格对卖方进行补偿,则卖方不会接受风险。这将降低买方当前的消费量。一种高风险的货币所能买到的商品太少了,以至于买方情愿支付"良币"以取代"劣币"。即如果"劣币"的风险较低且交易容易达成,则均衡可能存在。本节在回顾 Camera 模型的基础上,构造一个"民间货币"支付条件下的货币竞争模型,并指出此模型分析了区域经济内货币之间的竞争基础。

一、Camera 模型假定的经济环境

Camera 模型是在货币的多元资产(Camera 和 Corbae,1999)且存在两种截然不同货币情况下的可分商品模型(Kiyotaki & Wright,1989)。这里仅描述其主要特征。

时间是连续的且是无界的。并且存在一个交易商和产品种类的连续统,它们都可以标准化为 1。每一交易商专门从事消费或生产:每人生产一种商品并消费产品类型的一个子集 $x\in(0,1)$。生产数量为 q 的产品产生的无效用函数为 $C(q)=q$,消费 q 单位消费品产生的效用为 $\mu(q)$,且 $\mu'(q)>0$,$\mu''(q)<0$,$\mu'(0)=\infty$,$0\leq\mu'(\infty)\leq1$。

交易商从事分散贸易的交易。它们按照一个到达率为 $\alpha>0$ 的泊松过程在不同时点上随机结对。Camera 模型没有考虑实物交换,是由于他们假设在这样的结对中,一个人的愿望被恰好满足的概率是 x,而两个人的愿望被同时满足的概率为

[1] Gabriele Camera, Ben Craig & Christopher J. Waller, "Currency competition in a fundamental model of money", Journal of International Economics, 2004(64), P521—544.

零。如果假设不存在其他的支出体系和金融中介，以至于临时性的交易都不可能实现。那么，小额的、分散的即期交易作为自给自足之外扩张分配的一种常见的方式而存在。

一少部分交易商 $M_i \in (0,1)$ 持有 i 类不可分割的法定货币，其中 $i = g,b$（g 表示"良币"；b 表示"劣币"）。个体的货币资产受 $N \geqslant 2$ 的限制，因而总的货币供给是 $M_g + M_b \in (0,N)$。交易商面对的交易环境相同，他们的组合资产相互独立。然而，货币具有内在的不同，"劣币"具有购买力损失风险，而"良币"没有这种风险。模型化这个特征（Li，1995）的一个较为方便的方法是假定存在一个对代理人持有"劣币"资产随机进行征税的政府。特别是，在泊松到达率 α 下，交易商持有"劣币"的全部资产被政府征掉的概率为 $\tau \in [0,1]$。这里暗含的假设是"劣币"是有风险的，且这些"劣币"资产的持有者会面临购买力的突然损失。"劣币"同样可被注入到经济中。政府从随机遇到的销售者手中购买商品，其支付销售者一单位"劣币"的概率为 $\eta \in [0,1]$。

交易条款根据"要么执行要么放弃"的议价协议内生形成。特别是，买主为购买 q 单位的商品向卖主提供 d 单位货币的交易，而卖主能够接受或者拒绝。

二、Camera 模型中货币竞争的静态均衡

为了确定基本的经济因素如何影响货币的相对流通，Camera 模型在交易中可接受两种货币的情况下研究货币的均衡。

在每一个交易日，交易者能够作为卖方或者买方，他们通过选择用于贸易支付的货币和价格，从消费中达到效用最大化。这些选择依赖于交易商的资产组合，以及市场上预期的价格分布。这里强调交易模式，此模式在均衡的和静态的纯纳什策略下是一贯的。因而，Camera 模型期望在策略空间存在一个固定的点，由于均衡行为和行为之上的信任，在交易商之间一定不随时间变化且是同样的。这里以描述资产组合和价格分布及货币交易模式作为结果，那些多元化资产策略至关重要，因为只有买方能够选择支付中使用货币的种类。对于很大的上界 N，存在许多种多元化资产组合，因而也有多重的均衡交易模式。需要指出的是，由于这些策略集的迅速扩张从而降低了分析的直观程度，Camera 模型对问题的分析简化为两个部分。首先，为使多元化资产易于处理，不访设 $N = 2$。如果让 $m_j \in (0,1)$ 表示交易商的一部分，且它们持有组合资产 $j, j \in J = \{0, g, b, 2g, 2b, gb\}$：每人只多持有一种类型的货币，除非 m_{gb}，他们持有一单位的每一种货币。这样处理的优点在于，均衡仅以一个集合交易者（买主 gb）的行为而转移，并且在均衡中不存在货币交换。其次，本文允许买主们对某一个卖主的商品竞价，而不是对卖主货币竞价（Aiyagari et al，1996）。这是一个模拟即期货币交易中常见的方法，这里货币是用于购买商品，而非真实或名义标的"混合篮子"（Craig & Waller,2001)。

(一)分布和策略

该文中分布$\{m_j\}$必须服从下列约束:

$$m_0 + m_g + m_b + m_{2g} + m_{2b} + m_{gb} = 1$$
$$m_g + 2m_{2g} + m_{gb} = M_g$$
$$m_b + 2m_{2b} + m_{gb} = M_b \quad (4-1)$$

在一个静态的均衡中,$\dot{m}_j = 0\ \forall j \in J$。由于"劣币"经常性地被征掉并被不断注入到经济体中,因而静态的均衡要求"劣币"的流出和流入是相等的,即

$$\tau(m_b + 2m_{2b} + m_{gb}) = \eta[m_0 + m_g + m_b] \quad (4-2)$$

关于价格形成和交易策略,这里省略了不必要的细节(见 Camera & Corbae,1999),但强调两个关键方面。第一,仅仅持有货币的交易商才可以购买,由于实物交换难以实现,同时交换一定是等价交换。持有组合 $s \in \{0,b,g\}$的交易商能够出售,而交易商持有两种货币单位的比例 $\mu = m_{2g} + m_{2b} + m_{gb}$,称之为"富有的买方",仅仅能够购买。没有货币的交易商仅仅能够出售商品,称之为"可怜的卖方"。而持有一个货币单位的交易者能够购买或者出售,被称为"可怜的买方"或"富有的卖方"。第二,"要么接受要么放弃"的议价方法意味着最优的出价对(d,q)没有给卖方带来净的剩余。因而,卖方对接受或拒绝出价并不关注,而在均衡中卖方会接受每一个与其预定价格相匹配的出价。

为了确定价格,任何人必须借助于均衡交易模式。这里强调的是"任何人"总是从事规模较小的名义上的交易。这里买方为每单交易支出一个货币单位,$d = 1$,因而价格为 $1/q$。虽然也可能存在其他的模式,但仅是一个简单的推理。这里希望确定买主选择主要用一种货币进行支付的条件,利用这种货币的数量显然多于另一种。由于 $N = 2$,持有多元组合的买方面对一个昂贵的选择,仅当 $d = 1$ 时,即当他们仅希望花费他们货币资产中的一部分。

这里,买方的支出选择依附于买方的货币资产,这是由于他们影响了卖方的预期价格。例如,这里期望卖方为一单位"良币"提供不同数量的产品,而无论他们是否总是持有一个单位的"良币"。因而,让 q_s^i 表示均衡中持有组合 s 的卖方换取一单位货币($i = g,b$)的产品[1]。

---

[1] 在均衡中由于每一买方提出相同的出价 $d = 1$,因而 q_s^i 仅仅依赖于卖方的组合。然而,持有非多元化资产{g,b,2g,2b}的买方不能在货币间做出选择,而持有 gb 的买方可以选择。因此,为了讨论交易策略,我们需要对买方 gb 的货币选择进行标准化处理。在 $d = 1$ 的条件下,我们让 $p_s \in [0,1]$ 表示当与持有组合 s 的卖方相匹配时,买方选择用"良币"进行支付的概率。则 $1 - p_s$ 表示买方用"劣币"支付的概率。这里,让向量 $p = (p_0, p_g, p_b)$ 表示买方的支付策略,p^* 表示一个均衡。因此,在既定 $d = 1$ 时,存在八个纯策略向量 p^*。

（二）价值函数和预定价格

现在，可以描述在交易模式和价格机制下，持有不同资产组合的价值，即当交易商期望用$\{q_s^i\}$来定义市场上占主流的交易条件，并且买主将采用支出策略p^*和$d=1$。在既定的模型递归结构上，资产组合$j\in J$的静态价值V_j利用标准的动态规划技术得出。必须满足：

$$\rho V_i = x\sum_{s\in\{0,g,b\}} m_s u(q_s^i) - x(1-\mu)(V_i - V_0) - \tau(V_i - V_0)1_{\{i=b\}}$$

$$\rho V_{2i} = x\sum_{s\in\{0,g,b\}} m_s u(q_s^i) - x(1-\mu)(V_{2i} - V_i) - \tau(V_{2i} - V_0)1_{\{i=b\}}$$

$$\rho V_{gb} = \max_{p_s} x\sum_{s\in\{0,g,b\}} m_s[p_s\mu(q_s^g) + (1-p_s)\mu(q_s^b) + p_s(V_b - V_g)] - x(1-\mu)(V_{gb} - V_g) - \tau(V_{gb} - V_g) \quad (4-3)$$

这里$V_0=0$，是因为“要么接受要么放弃”的出价机制。而且，$i=g,b,1_{\{i=b\}}=1$，其他为0，$\rho=r/\alpha$表示被到达率调整了的折现因子。用ρ来测量交易摩擦的程度，即ρ为零时，摩擦消失。

前两个公式右边的第一项为消费的预期流动性效用。买方遇到持有组合s且能够生产其意愿消费商品的一个卖主的概率为xm_s，然后支出i货币达到流效用$\mu(q_s^i)$。第二项为一生效用的变化，由于买主支出一单位货币的概率为$x(1-\mu)$。第三项为由于持有“劣币”$i=b$存在购买力风险从而产生的预期损失：“劣币”的全部资产损失的概率为τ。由买方决定讨价还价原则可知卖方的盈利为零。

对于持有gb货币的买主，最后两行能够类似解释，一旦事实被调整，持有gb的买主能够选择花费一种货币或者其他（选择p_s）。具有不同价值的货币，$V_B\neq V_g$，履行不同的支付行为，持有gb货币的买主也将此作为支付币种的考虑因素（第三行）。该模型不仅评估支付“劣币”或“良币”的预期流动效用，而且还要考虑支付“良币”和保留“劣币”的机会成本[如果“良币”具有更高的价值，项$p_s(V_s-V_g)$就是损失]。第四行说明全部其他的一生效用损失：一些由于支付良币的原因，$x(1-\mu)(V_{gb}-V_g)$，也有货币风险的原因$-\tau(V_{gb}-V_g)$。把式（4-3）中的函数处理一下，就可以看出，多元单位资产组合实际就是单一资产的线性组合，这一点非常有用处。对$i=g,b$：

$$V = \frac{A_i}{(1-\mu)}\sum_{s\in\{0,g,b\}} m_s\mu(q_s^i)\text{，和 } V_{2i} = (1+A_i)V_i \quad (4-4)$$

$$V_{gb} = \frac{A_b}{(1-\mu)}\sum_{s\in\{0,g,b\}} m_s p_s[\mu(q_s^g) - \mu(q_s^b) + V_b - V_g] + V_b + A_{gb}V_g \quad (4-5)$$

这里，$A_b < A_g < A_{gb}$，在货币均衡中，任何资产组合 j 的价值是低于零的。而且，$V_{2i} < 2V_i$，$V_{gb} \leqslant \max\{V_{2g}, V_{2b}\}$，$V \leqslant V_b + V_g$ 及 $(V_{2g} - V_g)/V_g > (V_{2b} - V_b) = A_b$，也就是说风险货币的缺值较之"良币"会下降得更快。

由于卖方无净盈余，所以其制造成本（在流非效用中）就必须等于其得到的货币价值。在一个二重均衡中，当 $i, k = g, b$，和 $i \neq k$ 时，卖方的预期产量[1]是：

$$q_0^i = V_i, q_i^i = V_{2i} - V_i \text{ 和 } q_k^i - V_{gb} - V_k, q_s^i > 0 \tag{4-6}$$

（二）最优支付策略

为研究在 $d = 1$ 和 $p = p^*$ 条件下的最优交易模式，这里可以分为三步。首先，在 p^* 给定的条件下，如果交易商只愿支付一个单位货币而不愿支付更多的话，$d = 1$ 是最优。因此，"富有的买方"和"可怜的卖方"交易时，买方必须从支付一个单位货币而不是两种货币中得到更多的盈余。也就是说，对组合资产 $2i$ 和 gb 的持有者来说，有下面的不等式成立：

$$u(q_0^i) + V_i - V_{2i} > u(\tilde{q}) + V_0 - V_{2i} \tag{4-7}$$

$$\max\left\{u(q_0^g) + V_b, (q_0^b) + V_g\right\} - V_{gb}u(\hat{q}) + V_0 - V_{gb} \tag{4-8}$$

这里，$i = g, b$，q_0^i 满足式（4-6），而 $\tilde{q}$ 和 $\hat{q}$ 就是"可怜的卖方"在平衡之外的两个单位货币 i 或是一个单位每种货币的产量。"买方决定一切"意味着 $\tilde{q} = V_{2i} - V_0$ 和 $\hat{q} = V_{gb} - V_0$ 成立，这是因为即便是在不均衡情况下，损失的流效用和得到的生命效用也必须相等。

其次，在 p^* 给定的条件下，如果交易商支付一个单位货币获得的盈余高于不支付，$d = 1$ 是最优。简单地说就是卖方的预期价格不可能非常高。这是因为富有的交易商对额外的货币的估价总是最少，即（i）无论"可怜的买方"如何行动，"富有的买方"都会在一个高价位上交易，（ii）即便"可怜的买方"和"富有的卖方"在高价位上交易，他们也会和"可怜的卖方"在低价位上交易。无论是两类"可怜的买方"（拥有 $i = g, b$ 货币）还是两类"富有的买方"（拥有 $k = g, b$ 货币），在四个不等式成立的条件下（可以概括为：$u(q_k^i) + V_0V_i > 0$），所有的买方都将至少支付一个单位的货币。当"富有的买方"和"富有的卖方"交易时，卖方的预期价格 $1/q_k^i$

[1] 举个例子，和一个可怜的卖方（没有货币）交易的买方接受了 $q_0^i = V_i$ 单位的货币 i，这是因为可怜的卖方将价值 $V_i - V_0 = V_i =$ 分配给了货币 i。因此，在交换一个单位的货币 i 的生产中，他愿意维持最多 V_i 的无效用，超过这个值，他就会拒绝交易。而对于一个富有的卖方（拥有一个单位的货币），道理是一样的，其预期的产量将是 q_i^i 和 q_k^i。应当注意到，如果一项货币交易达成，可怜的卖方将会比富有的卖方生产更多的产品，这是因为富有的交易商对额外的一单位货币估价是最少的，$V_{2i} - V_iV_i$。

是一个高价格，买方支付一单位货币 i，其损失 $V_0 - V_i$ 必然会超过其从消费中获得的效用。

最后，在给定 $d=1$ 的条件下，持有 gb 的买主只支付两种货币中的一种。因为我们关注的是纯的支付策略，而有三种类型的卖方，$s \in \{0, g, b\}$，对买方而言，他支付一种货币获得的盈余应当大于他支付另一种货币获得的盈余。

$$p_s = \begin{cases} 1 \ if \ u(q_s^g) + V_b - V_{gb} > u(q_s^b) + V_g - V_{gb} \\ 0 \ otherwise \end{cases} \quad (4-9)$$

这里可以定义货币竞争中的一个货币均衡：

定义：在给定 $d=1$ 条件下，一个对称的静态双重均衡是 $\{V_j, m_j, q_s^i, p_s\}_{\forall j,i,s}$，并且满足式（4-1）至式（4-3）和式（4-6）至式（4-9），以及 $\dot{m}_j = 0$。

对持有 gb 的买方来说，关键是当他和“可怜的卖方”交易时应当如何决策。如果他支付“良币”，那么当他和“富有的卖方”交易时，他也会支付“良币”，并且要面对他所不愿意的交易条款。

在等式（4-9）中将“可怜的卖方”的预期产量换成 $q_0^i = V_i$，如果 $u(V_g) - V_g > u(V_b) - V_b$，则 $p_0 = 1$。这样，买方就可从支付货币 i 中愉快地获得效用 $u(V_i)$，而卖方则要从生产中蒙受 V_i 单位无效用损失。因此，支付一单位货币 i 获得的盈余是 $S(V_i) = u(V_i) - V_i$，由于买方会获取所有的盈余，因而他能通过支付货币 i 来最大化 $S(V_i)$。因此，偏好的形式和货币的相对价值就显得非常关键。一般会出现两种情形。如果 $S(V_i)$ 是递增的，当且仅当 $V_g > V_b$ 时，$p_0 = 1$，即，良币”有最强的购买力。这样，无论怎样，买方都会支付安全币，因为他获得的盈余的货币价值是递增的。相反，如果 $p_0 = 0$，则会要求 $V_g < V_b$ 成立；买方在风险货币的交易价值大于安全货币时会首先用风险货币进行支付。如果 $S(V_i)$ 是凹向原点的，那么，$V_g < V_b$ 就可以保证 p_0 成立。如果 $S(V_i)$ 降至 V_i，那么用“劣币”支付更好，尽管“劣币”的购买能力比较弱。这样做的好处是能够获得更多的盈余❶。

三、人民币外溢条件下均衡的存在：两种重要情形

这里在上述 Camera 模型分析的基础上，分析人民币外溢条件下货币竞争均衡存在的两种重要情况。事实上，分散交易下的一般货币竞争均衡在没有区分国家货币的环境下进行的，即，上文所指的“良币”和“劣币”既可以是一国之内的两种购买力风险不同的货币，也可以是国家间主权货币之间购买力风险不同的货币之

❶为了研究均衡的存在，对偏好结构的研究一般用两个比较方便的效用函数。一个是 $u(q) = q^\sigma + q, 0 < \sigma < 1$，表明的是递减的相对的风险厌恶偏好以及 $S(V_i) = V_i^\sigma - V_i$ 的永久递增性。另一个是 $u(q) = q^\sigma$，它是 CRRA，$S(V_i) = V_i^\sigma - V_i$ 是凹向原点并在 $V = \sigma^1/(1-\sigma) < 1$ 处取唯一的极大值。

间的竞争。与人民币外溢条件相同的是，人民币外溢强调的是充当“民间货币”职能的人民币与其他货币之间的竞争，也适用于小额分散贸易的条件；而不同的是，人民币外溢条件下的货币之间的竞争，受到货币持有量的约束，即，人民币作为中国的法定货币，其向境外的溢出是非制度安排的结果，也是境外居民基于交易需求、支付便利需求及抽逃资本需求形成的对人民币的需求。这种溢出规模越大，显示这种需求越强烈。从近年来人民币外溢的实践来看，国内经济的快速发展及人民币内在价值的稳定，构成了人民币强势购买力价值，相对于周边国家和地区而言，显示出人民币具有较强的相对购买力。而无论是否存在人民币的境外需求约束，溢出的人民币都可以作为“良币”参与周边国家和地区的货币竞争。

这里，继续研究在 $P^*=(1,1,1)$ 和 $P^*=(0,0,0)$ 的情况下的均衡问题。这些向量是持有 gb 的买主策略谱中的特殊情形：无论和什么类型的卖主交易，他总是愿意用 g 或是 b 两种货币中的一种来支付。这就为研究影响货币竞争的因素提供了视角。我们一般有这样的直觉，那就是买主的支付方式是随着与其交易的卖主的变化而变化的，在这个基础上，我们可以对其余的均衡进行数值分析。我们称 $P^*=(0,0,0)$ 的情况为“劣币”均衡，因为拥有多种资产组合的买主总是用“劣币”而不是“良币”来支付。在一个“良币”均衡下，有 $P^*=(1,1,1)$ 成立。

均衡的存在性可以由一个构造性方法来证明。在给定假设 $d=1$ 和 $P=P^*$ 的情况下，需要求出均衡值函数、价格、分布。这里假设参数条件足以保证假设的策略是个人最优的。

（一）“良币”均衡

这里需要确定在何种条件下，$d=1$ 可以达到个人最优，并拥有组合资产 gb 更愿意用“良币”进行支付，且有 $P^*=(1,1,1)$。

假设存在唯一的一个静态分布的满足条件，我们采用一个 Liapunov 函数方法（见 Zhou，1997），用等式(4-4)至式(4-6)可以证明 $V_{gb}=V_g+A_bV_b$。结果是在买主 2b 和买主 2g 之间没有货币交换，这是因为他们中的一个不愿意将自己的货币换成另一种货币。又由 $\min\{V_{2b},V_{2g}\}<V_{gb}<\max\{V_{2b},V_{2g}\}$，用等式(4-6)就可得到 $q_b^g=V_g-(1-A_b)V_b$ 和 $q_g^b=q_b^b=A_bV_b$。因此在研究双重货币均衡时，两种货币都有正价值，着重研究这样一种情况：$V_g>(1-A_b)V_b$，这也是 $q_b^g>0$ 成立的必要条件。可以得出结论：

结论 1：考虑“良币”均衡，如果 ρ 和 σ 都足够小，那么 (i) 对 $u(q)=q^\sigma+q$，存在着唯一的一个均衡使 $V_g>V_b$；(ii) 对 $u(q)=q^\sigma$，均衡不存在。

因此，如果人民币（“良币”）均衡存在就说明良币更有价值。如果交易带来的盈余是单调增加的，那么均衡就很容易得到维持。相反则不然。这些结果是随着此两种因素而变化的[1]。

（二）“劣币”均衡

现在考虑策略谱的另一端，这里有 $d=1, p^*=(0,0,0)$ 成立。表达式（4-4）至式（4-6）意味着 $V_{gb}=V_b+A_{gb}V_g, q_b^g=A_{gb}V_g$ 以及 $q_g^b=V_b-(1-A_{gb})$。因此，在研究均衡时，我们主要考虑 $V_b>(1-A_{gb})V_b$，这也是 $q_g^b>0$ 成立的必要条件。这样我们得到下述结论。

结论2：考虑“劣币”均衡，如果 ρ 和 σ 都足够小，那么（i）$u(q)=q^\sigma+q$，不存在均衡；（ii）对 $u(q)=q^\sigma$，存在唯一的均衡使得 $V_g>V_b$ 成立。

这里再次强调关键结果是周边国家和地区的货币（相对“劣币”）均衡的存在是否会影响货币的价值。如果经济运行平稳，则“良币”的价值更高。如前所述，价格和真实汇率都服从一个非退化分布；也要求 ρ 和 σ 都比较小，并且建立在此基础上的直觉也和前述的结论是一致的。“劣币”存在的充分条件是随贸易盈余的变化而变化的，但变化的结果和“良币”是不同的。一个凹向原点的盈余可以确保那些拥有多种资产组合的人总是愿意支付“劣币”而不是“良币”。如果在大量的交易中，盈余增加，那么，买主将更愿支付更有价值的货币。因为一个凹向原点的盈余会促使买主支付“劣币”，而当 ρ 和 σ 都比较小时，就可确保 V_g 和 V_b 实际依赖于 $S(V_i)$ 的下降部分。直觉是用“良币”购买的东西越多，买主就要放弃一部分有价值的资产。当所购商品的价值已经充分大的时候，买主们更愿意现在用“劣币”来购买少量的商品，而把“良币”留到未来消费。

四、货币竞争模型的经济含义及启示

基于历史演进分析，货币竞争的形式经历了币材竞争、私人货币发行者竞争、

---

[1]首先，$d=1$ 必定是最优的，这是因为买主 gb 的选择支付的货币只和当他们不希望支付他们持有的所有资产的愿望相关。这就要求 ρ 和 σ 都比较小（见 Camera 和 Corbae 文章的推论）。显然是当贸易摩擦比较小的时候，卖主的要价都差不多，所以，买主就愿意花费至少一个单位货币而不是寻求新的交易。而且，如果 σ 较小，以至于交易商至少要支付一个单位的货币，但不是两个单位。因为买主自己要保留现金以便在将来购买商品，所以他们在价格较低的时候的支付不会多于一个单位的货币。其次，我们对贸易盈余 $S(V_i)$ 的早期研究认为偏好的结构与存在性有关系。如果 $S'(V)>0$，那么，持有组合资产 gb 的买主将更愿意支付“良币”而保留劣币。因为当 ρ 减少时，货币的价值会增大。在某些点上，有 $S'(V_i)<0$，此时盈余是凹向原点的，这样会驱使 gb 买主支付“劣币”。因此，低摩擦和凹向原点的盈余通过提供廉价的“劣币”使得买主偏好发生偏离。在均衡中，因为对货币的估价不同，$V_g \neq V_b$，那么就存在一个价格的非退化分布。因而对于实际的汇率而言，也会有一个非退化分布。令 $R_s=q_s^g/q_s^b$ 表示持有组合资产 S 的卖主收取的相对价格。这可以用来测度一单位的良币相对于“劣币”的实际价值。对于卖主 S，用下等表示：$R_0=\frac{V_g}{V_b}<\min\left\{R_g=\frac{A_g}{A_b}\frac{V_g}{V_b}, R_b=1+\frac{(V_g/V_b)-1}{A_b}\right\}$，这样，仅当 $V_g/V_b \leqslant (1-A_b)/(1-A_g)$ 时，$R_b \leqslant R_g$，注意到实际汇率的分布在 $\tau \to 0, V_g \to V_b, A_g/A_b \to 1$ 时成为退化分布。这个结果看起来是很自然，由于两种货币的根本差异消失，我们认为它们的购买力也没有差别。另一方面，当 τ 增加时，A_g/A_b 也会增加，从而导致实际汇率的离差增加。

国际间货币竞争等阶段(陈雨露,2003)。那么,国际间的货币竞争是经济全球化趋势不断加强,生产、贸易和金融活动在国际范围内不断扩展的结果,其实质也是作为货币发行主体的各国政府间经济实力的竞争。现代西方经济学对货币竞争的分析演变为通过数量模型来研究“良币”与“劣币”之间的竞争均衡。这里通过对货币竞争模型的回顾和进一步的分析,研究得出如下启示:

(1)Camera 模型对于研究部分发展中国家在国内经济中存在较强外国货币的现象具有一定的意义。如果这些发展中国家国内货币的风险较低且市场交易环境机能良好,则存在较低的“美元化”程度;然而,如果该国国内货币风险持续增加且交易环境日益恶化,则其结果必然面临较高的“美元化”程度。

(2)货币间相对的风险通过市场上价格和实际汇率的差别影响货币交换的结构,货币相对价格的变化使得消费者情愿使用更多的“良币”进行消费支付。货币竞争模型的理论分析构建在“美元化”现象的基础上,这种现象的基础条件是外国货币较本国货币更有较强的购买力(也称货币替代)。对于政策制定者而言,一个相关问题是在内部经济交易中外币具有的相对较强的购买力程度。因而,决定货币竞争模式的关键因素不仅取决于当地经济交易的环境特征,而且取决于两种货币的相对购买力。

(3)一国法定货币风险较大且机能较差的经济体倾向于“美元化”,因而保持较低购买力风险的法定货币,则能够支撑本国内部交易的需求,但是一旦风险持续增加,则大量的货币替代将会发生。另一方面,美元化程度较低的国家可以通过实施逃避美元化的目标政策达到降低货币风险和改善交易环境的目的,并推动经济机能的提高。同时,如果货币风险超出了可控范围,则美元化是不可逃避的。

(4)虽然货币竞争模型是基于“美元化”(或者货币替代)现象的考虑建立的,但该模型考虑的小额贸易交易环境或者是分散贸易环境,符合边境贸易、旅游消费支出交易所要求的特定环境,这与这里所分析的货币外溢的非强制性、非制度化特征是一致的。

(5)根据前文分析,货币外溢主要基于居民和非居民出于交易动机、支付便利和部分的价值贮藏从而产生的对本币的需求,这种需求具有强大的物质背景和信誉支撑。因而,保持一国货币具有较强的购买力,即较低的购买力风险是本国货币外溢的必要条件之一。

(6)一般情况下,本国经济持续增长有利于推动本币对外升值压力的持续存在,货币作为特殊商品对外币相对价格的变化,使得部分主权国家的政府及其消费者愿意更多地利用该种货币进行交易,这为该种货币外溢规模的扩大提供了内在动力。

(7)货币外溢必然引起本币与溢出对象国家货币和区域内主要货币之间的竞

争，这种货币竞争的决定因素是两种货币的相对购买力和经济交易环境，维持本币在国际经济交往中的相对竞争力优势必须维持其相对强势购买力，并改善国际、国内经济交易环境。因而，在下面的研究中有必要对溢出货币和区域内关键货币之间的相对竞争力进行分析。

事实上，货币外溢作为一国货币国际化初始阶段特有的货币现象，其规模和进程也主要受到本国经济实力的约束。货币外溢势必在支付、结算和价值贮藏等方面替代其他国家和地区货币的功能，形成现代意义上的国际货币竞争，即"逆格雷欣法则"。

当然，随着一国货币外溢规模的逐步扩大，该国货币参与国际货币竞争的程度也逐步提高，有助于本国货币国际竞争力的最终形成，即货币外溢促进了国际间的货币竞争。同时，货币外溢也是货币竞争的结果。按照"逆格雷欣法则"，竞争力较强的货币在参与货币竞争中处于优势地位，表现为对竞争力较差货币的替代趋势，从而引导市场不同经济主体扩大对优势货币的需求，而这一需求是货币外溢的内在动力。

针对目前国际货币竞争的不平衡状况，单靠一两个国家的努力是没用的。塞驰（Sachs，1998）认为，单一货币联盟是现行汇率制度下获得稳定的途径，一个共同的中央银行可以比一个国家的中央银行对区域内的公司企业提供更有效的最后贷款人职能，进而维护该地区货币秩序的稳定；几个国家在货币领域的密切合作，会形成更加一体化、更具流动性的区域资本市场，可以降低交易成本，提高这些经济规模相对较小的国家在国际货币领域中的竞争实力。欧元的问世和良好的运转现状为区域货币联盟奠定了一个良好的开端。在欧洲货币合作的激励下，感受到1997—1998年金融危机切肤之痛的东亚国家也在讨论东亚货币同盟的可行性，而且已经迈出了坚定的步伐。显然，正如塞驰所分析的，世界范围内的货币竞争处于不平衡状态，依靠单一货币发行主体维护货币秩序稳定难以实现，区域范围内的货币合作是区域经济主体的共同要求，亚洲经济危机后对区域货币合作的呼声日趋强烈就是有力的证明。从某种程度上讲，一国货币向周边国家溢出，并被周边国家所接受，正是区域货币合作这一需求的反映，将会为货币合作的开展提供良好的基础。货币竞争必然推动以区域内主要货币为核心的货币合作。

第二节　人民币外溢条件下的区域内货币竞争

人民币外溢产生的货币竞争效应有利于我国扩大对外贸易规模、获取铸币税和提高对世界经济的影响力，但会引起周边国家和地区不满，甚至会引起这些国家和地区的报复,进而使地缘政治与经济关系复杂化[1]。前者表现在人民币外溢对国内经济增长的积极效应(前文已作较为深入的分析),后者则体现在区域内本国与主要货币国家(如日本)之间在货币领域乃至政治经济领域摩擦和争端的不断增多。为全面分析人民币外溢的货币竞争效应,尤其是人民币外溢作为人民币国际化初始阶段的货币现象,其向周边国家和地区的溢出,将不可避免地对区域内主要货币形成潜在的竞争[2],因而,有必要以东亚经济区域为视角,对人民币和日元的竞争力进行综合分析。

一、人民币和日元之间的货币竞争关系

由于区域经济是由多个主权国家构成的联合体,在区域经济不断融合和不断渗透的过程中,货币竞争是不可避免的。货币竞争将促成区域内国际经济交往中的结算货币和价值储备货币的份额发生变化。进一步分析而言,实力较强的货币有可能在竞争中胜出,成为区域经济中的核心货币,在推动区域内贸易和投资活动、稳定各国货币之间的汇率、确定共同货币的价值等方面发挥主导作用。例如,布雷顿森林体系中的美元,欧洲货币同盟中的德国马克、美洲货币合作中的美元等。就东亚经济区域而言,随着人民币外溢规模的不断扩大,而且由于东亚货币危机后新的亚洲货币格局正在逐步调整和形成,有关人民币与日元问题成为关注的焦点,对已有的文献研究进行梳理,主要有以下三种观点(沈国兵,2004)。

第一种观点认为,日元与人民币现阶段尚未形成区域内货币竞争关系。如Eichengreen(1997)指出,虽然日本是世界经济大国,日元也是一种国际货币,但由于日本在二战问题上一贯错误的立场,使得日本在东亚丧失了应有的政治信誉。东亚各国难以信任日本,即使建立货币联盟也不可能以日元作为“锚货币”[3]。而作为区域内第二经济、金融大国的中国,现阶段其经济发展水平和各项经济指标决定其尚难以担当起“锚货币”职能。因此,在 Eichengreen 看来,现阶段日元与人民币尚未形成区域内货币竞争关系,政治障碍将直接影响到日元与人民币货币合作的广度和深度,而且也直接决定了日元未来的命运:在区域内无法作为“锚货币”胜出。Hefeker 和 Nabor(2002)强调了人民币的潜在作用,因为中国正日益显著地成为区域内主导经济体,在未来 5 年内将成为比日本更重要的亚洲产品集散

---

[1] 当代国际货币竞争主要体现于发展中国家货币与发达国家货币之间的竞争。发展中国家货币在国际货币竞争中处于严重劣势,容易造成损失,如(1)直接损失(铸币税的缴纳)和间接损失(汇兑交易成本 + 汇兑压力);(2)汇率制度选择困境;(3)货币政策自主性的丧失。

[2] 考虑到东亚区域货币合作已成为现实选择,因而,本节的区域内经济体主要指东亚经济区域。

[3] 国际储备货币实际上要有个“锚”,比如此前美元的“锚”是美金,但如果没有一个单一主权国家来确定的国际储备货币就等于找不到“锚”。一般地,我们把国际储备货币中能够充当和发挥“锚”作用的货币称为“锚货币”。

地,这种发展状况决定了人民币的特殊地位及其对亚洲其他货币汇率的重要性。但是,假如与欧洲货币一体化进程类比,若要人民币短期内担当起主导货币的作用尚是不可能的,而赞成日元或美元作为"锚货币"的建议也是有问题的,所以可能的方式是采用货币篮子钉住,让人民币与日元一样在这种货币安排中起到重要作用。

第二种观点认为,日元与人民币存在区域内货币竞争关系。现实经济中,日本坚持它在亚洲中的主导经济地位,其推行的东亚货币一体化主要是日元国际化,日本总是把东亚视作其"后院"。日本经济学家 Kwan(2001)主张,日元应起到主导作用,东亚经济应钉住日元。但是,Von Furstenberg 和 Jianjun Wei(2002)提出,鉴于日本潜在的银行和债务危机,日元更加不适合充当东亚货币一体化的货币本位,除新加坡之外,东亚大多是把美元而非日元视作为共同外部锚。一旦区域内主要国家,如中国大陆资本账户可兑换取得进展,则"美元锚"很可能变得不可维持,区域内"锚货币"可能会从中国货币统一中产生。因此,在美元、欧元和日元之外,第四种主要国际货币将在东亚形成。只有当货币统一后,中国货币成为与日元匹敌的主要国际货币时,它才可能成为东亚多边货币联盟的两个支柱之一。可见,Von Furstenberg 和 Jianjun Wei 把人民币在东亚未来的地位看作为与日元相互竞争的关系。

第三种观点主张,日元与人民币区域内货币合作。如 Kwan 等人(2000)认为,东亚新兴市场经济整体上面临着两难:如果主要货币之间是稳定的,则将其汇率固定于某种主要货币可能是最优的。但是,一旦美国和欧元区打算利用"双边汇率"灵活性,而不是固定欧元对美元汇率,则东亚必须要应对来自于第三种钉住货币的高的汇率变动性,至少要向构建独立的货币集团过渡。因此,避免两难的一种方式是构建独立于主要货币的货币联盟。根据这种理论,经贸关系密切的东亚新兴市场经济理应考虑建立区域货币联盟。因为东亚与美国经济周期是不一致的,因而采用钉住美元汇率制已不再是最优的,东亚货币危机充分证明了这一点。因此,在高度一体化区域内,选择具体的"外部锚"是次要的,更重要的是进行区域内货币合作。可见,在他们看来,人民币与日元在区域内货币合作是占优策略。实际上,Kwan(1999)指出,日元持续贬值应该被避免,因为它不仅损害了东亚经济而且也损害了日本经济自身。与日元大幅贬值相比,依靠稳健的国际收支状况和严格的资本账户管制,中国承诺人民币不贬值,担当起防止货币危机进一步扩展的防护堤。据此,与日元相比,人民币更趋向于区域内货币合作。李晓、丁一兵(2002)提出,东亚区域货币合作主要包括:加强信息沟通与经济政策协调、建立区域性紧急融资机制和改革东亚汇率制度安排。依照目前东亚各国的经济情况,即便是采取独立钉住货币篮子制度,并提高日元在其中的比重,也无法避免投机冲击和金融危机,更难以消除"双边汇率"的波动。因此,要在区域内创造更加稳定的价格环境,各国应当通过进一步合作解决独立钉住货币篮子的不稳定问题,在区域范围内钉住共同货币篮子就是一种可行的选择。据此，日元与人民币加强区域内货币合作而非货币竞争是双赢策略。

就以上三种观点中，前两种观点是对人民币和日元在东亚货币同盟中“外部锚”的选择上是否存在着竞争关系的分析，其意味着货币之间的竞争只是能否成为区域经济中“锚货币”的竞争，从而排除了人民币和日元在区域内国际贸易和投资中使用份额上的竞争也属于货币竞争的范畴；第三种观点强调在一体化经济中，“外部锚”的选择是次要的，而更主要的是在经济政策协调、融资机制及汇率制度改革等方面体现区域内主要国家在应对投资冲击和金融危机方面采取共同措施。事实上，一种货币能否成为区域经济发展中的主导货币，要受到多种因素的制约，甚至包括国家之间展开合作的政治基础，并非两种货币之间在能否成为“名义锚”问题上才构成货币竞争，一体化经济中的若干货币之间也并非只是货币竞争或是货币合作的唯一选择。人民币外溢条件下的货币竞争是不可避免的，这种货币竞争的结果必将推动人民币国际化进程，但并不一定表明人民币必然成为区域经济中的“名义锚”，同时，这种货币竞争也并不排斥货币之间的合作，而且以货币竞争为动力的货币合作，或者是建立在货币竞争基础上的货币合作也将是东亚区域经济发展的现实选择。

二、东亚区域经济中人民币强势购买力及其经济基础

在东亚区域经济发展和货币合作的进程中，无疑会涉及多种货币之间的竞争。由于东盟10国和韩国的经济规模较小，因而重点考虑人民币同日元之间的竞争。综合已有的相关文献，货币竞争力主要取决于以下几个方面：

（一）人民币强势的购买力平价

实证研究表明，发展中国家货币相对于购买力平价的适度低估是合理的，但有必要对长期大幅度的低估进行调整。这里分别运用购买力平价及利率平价理论工具分析1995年以来的人民币对美元汇率稳中趋升走势。

首先是购买力平价分析。最早对人民币汇率进行购买力平价分析的是美国经济学家克拉维斯（1981），他估计1975年人民币购买力平价为1美元等于0.46人民币，由此他估计1975年中国人均国民生产总值为745美元[1]。任若恩（1994）是首位系统研究此问题的中国学者，他估计1991年中国人均国内生产总值为1680美元。郭熙保（1997）估计中国1994年人民币购买力平价为1美元等于2.26人民币，当年我国人均GDP为1590美元[2]。易纲利用1995年100种商品和劳务

[1] Kravis Irving B，1981，An Approximation of the Relative Real per Capita GDP of the People's Republic of China，Journal of comparative，Economics，No. 5.

[2] 郭熙保，《中美两国货币购买力与收入水平比较分析》，北京大学中国经济研究中心，1997年。

的中美两国价格为样本的测算，认为人民币与美元之间的购买力平价约为1美元等于4.2元人民币[1]。另一方面，根据相对购买力平价理论，货币贬值与否还取决于国内外通货膨胀率的差异，如果国内通货膨胀率高于国外，则本国货币面临贬值压力，反之，如果本国通货膨胀率低，则本国货币产生升值的要求(张进，2004)。如图4-1所示，自1997年以来我国通货膨胀率持续低位运行，特别是1998年以后一直低于美国通胀水平，由此得知理论上人民币有升值的要求。中美两国1980—2001年通货膨胀率走势图如图4-1所示。

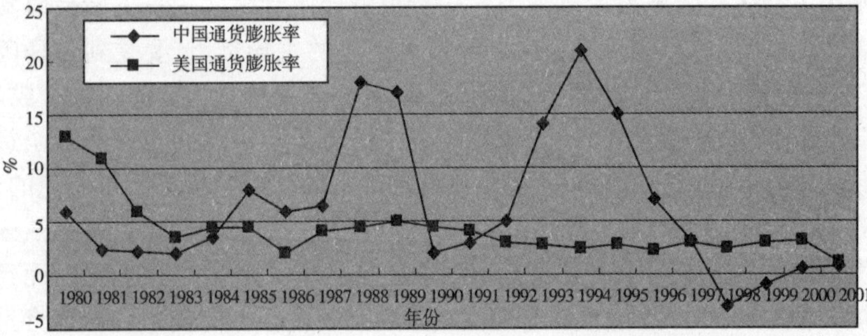

图4-1　1980—2001年中美两国通胀率走势比较

第二是利率平价分析。价格水平的变动影响着一国的商品流出与流入，而利率作为货币(资本)的“价格”，其变动则直接作用于一国的资金(本)流出与流入。如果一国的利率水平相对于他国提高了，就会刺激国外资金流入增加，本国资金流出减少，由此改善资本项目收支，提高本国货币的汇价；反之，如果一国的利率水平相对于他国下降了，则会恶化资本项目国际收支。在国际资本流动规模巨大，虚拟资本流动大大超过贸易额且游资大量存在的情况下，利率差异对汇率变动的作用比过去任何时候都更为重要。1997年开始，虽然两国名义利率差距一直窄幅波动，但如果考虑到中国实际通货膨胀率较低的因素，则实际利率将是人民币偏高，从而出现了人民币有升值要求的利率平价预期。事实上据估计，如果扣除通货膨胀因素，1994—1996年人民币对美元汇率已累计升值近20%。

(二)人民币强势的经济基础

强势货币必然依托该国强势的综合经济实力[2]。中国经济近20多年来走势长期强劲，特别是自20世纪90年代中期以来，随着对外贸易规模的扩大、引进外资的增长、国际收支的持续改善及外汇储备的大幅度攀升，中国对世界经济参与的广度、深度与影响力已显著提升，人民币强势的经济基础已有了相当的

---

[1]易刚，范敏，《人民币汇率的决定因素及走势分析》，载于《经济研究》1997年第10期。

[2]赵海宽，《人民币可能成为世界主要货币之一》，载于《经济研究》2002年第4期。

积累。

第一，长期稳定、高速增长的中国经济为人民币强势提供了坚实的基础和进一步发展的潜力❶。如图4－2所示，1980年至2002年我国经济年均增长率为8.0%以上，经济增长速度居世界之首，以人民币为单位的名义GDP累计增长了21倍，即使扣除通货膨胀因素，中国实际GDP仍增长了4.93倍❷。关于中国经济的发展潜力，由于国内资源与市场尚未得到充分利用和开发，乐观估计在今后的20年内，仍有望实现年均7%左右的世界最快经济增长速度，预计到2010年，中国的国内生产总值将再翻一番，超过2万亿美元（张进，2004）。目前关于中国的所谓“大国优势论”、“世界工厂论”、“后发优势论”与“中国威胁论”虽多少有点虚张声势，但反过来也可以解释为是西方国家对中国经济现状与发展潜力优势的肯定或不安。

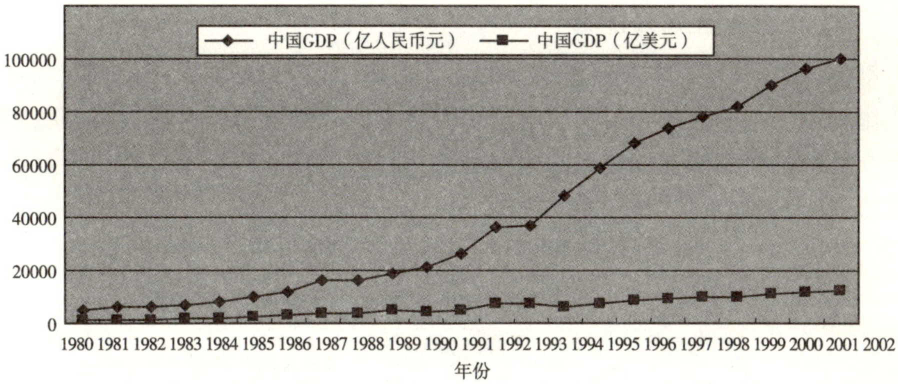

图4－2　人民币与美元单位下的中国GDP曲线对比

第二，历经东南亚金融危机，中国承担起大国的责任与使命，保持人民币汇率不贬值，但中国对外贸易继续强劲增长，国际收支持续盈余，结果是人民币强势形象初露锋芒，部分国际敌对势力对中国经济国际竞争力显著增强感到担忧，人民币币值偏低成为他们指责的对象。随着我国加入WTO及我国出口产品国际竞争力得到进一步提高，预计我国进出口贸易盈余将继续增加，因此借中国向世界输出通货紧缩不实之名，西方社会正联手寻求人民币升值。

第三，外汇储备持续增加，国际金融机构开始投机人民币强势预期。外汇储备被认为是一国国际支付与清偿能力的重要指标，1995年以来，随着我国对外贸易及吸引外资能力的显著增强，国际收支一直保持经常账户和资本与金融账户的双顺差，外汇储备相应持续增加。2000年末外汇储备达1655.7亿美元，2002年突破2800亿美元、当年增幅达742亿美元，2003年已超过4000亿美元，

❶张进，《人民币强势论》，载于《金融研究》2004年第6期。

❷数据来源，根据国家统计局网站整理计算。

2005年年末已达8188亿美元,如果考虑我国政府利用外汇储备向国有商业银行注资和人民币远期交易头寸因素,我国外汇储备已超过日本,成为第一外汇储备大国,这表明我国的对外支付能力已大大提高,外汇不足的矛盾及其偿还外债的风险也大为缓和。目前,虽然我国仍实行外汇集中管理,但企业进口所需要的外汇基本能得到满足,而且个人出国等用汇限制也有了很大程度上的放松,外汇黑市交易受到了明显的遏制,持有人民币的信心普遍得到增强。另一方面,国际投机者开始对可能的人民币强势走势进行投机,虽然我国资本外逃现象尚未得到根本控制,但大量投机性外汇正流入国内,豪赌人民币升值预期(张进,2004)。

三、日元的基本经济面以及日元汇率与亚洲经济的相关性

(一)日元的基本经济面

第一,从中日两国主要经济指标的比较上看,日本无论就经济的绝对规模,还是在国际市场上的地位都要强于中国。但从发展趋势上看,中国的经济实力和在国际交易中的份额都在以较高的速度增长,而日本自20世纪末以来,一直处于徘徊状态,甚至出现了负增长的年度。

表4-1 中国和日本两国部分经济指标比较 (单位:百万美元)

项目	中国			日本		
	2000年	2001年	2002年	2000年	2001年	2002年
GDP	1081500	1160012	1238190	4817056	4153603	3993320
国际贸易总额	463788	498133	607135	714776	791076	697713
对外直接投资	1323	206	331	31783	38658	31579

注:资料来源,国家统计局、中国人民银行及日本中央银行网站。转引自陈雨露《东亚货币合作中的货币竞争问题》,原载于《国际金融研究》2003年第11期。

第二,日本的制造业结构升级支持了日元国际化进程。从制造品生产领域的比较优势来看,货币在经济中的重要性主要体现在商品和服务交易中。国际贸易中选择何种货币标价和结算引起了很多经济学家的兴趣。格兰斯曼(Grassman,1973)、佩兹(Page,1981)、卡斯(Carse,1980)等人经过长期的实证研究,总结出了下面两条规律:(1)在发达国家和发展中国家之间的贸易中,一般采用发达国家的货币结算;(2)在发达国家相互之间的贸易中,货币的选取与贸易品的种类有关,石油、农产品等同质性强的产品贸易中,以美元结算;差异性较大的产品贸易中,以出口国的货币为结算货币[1]。可见,要提高本国货币的国际化程度,不仅要增强

[1] 陈雨露,《东亚货币合作中的货币竞争问题》,载于《国际金融研究》2003年第11期。

经济实力，还应当提高其制造品生产的能力。

80年代中期以来，日本传统制造业的生产基地纷纷转向东南亚等发展中国家，许多日本学者惊呼“日本制造”已经成为一个“空心化”的词汇。事实上，这正是日本产业结构由传统的劳动密集型向资本和技术密集型调整的过程。产业结构的升级换代有力地增强了日本在国际市场上的竞争力，使日本跻身于世界经济强国之列，也支持了日元国际化的进程。

第三，金融体系的发达程度也构成主要的基本经济面之一。国际货币是由发行国的中央银行发行和调控，在金融体系的支持下流通的。因此，发行国的金融监管水平、金融市场的运作效率与金融机构（尤其是商业银行）的业务经营与管理水平等因素都影响了货币在国际范围内流通的效率。

日本的金融自由化改革始于20世纪70年代末和80年代初，迄今已经建立了比较完备的金融市场，东京外汇市场是世界上重要的外汇交易场所之一，对日元扩展国际流通空间起到了十分关键的作用。但是，日本的金融体系供给也存在着许多问题，例如，政府对银行体系的过度保护，不良债权日积月累、数额庞大，致使金融发展滞后等。泡沫经济破灭以后，这些弊病表现得更为明显。要在短期内解决这些问题，创造出一个全新的发达的金融体系并非易事（陈雨露，2003）。

2. 日元汇率与亚洲经济增长的相关性

由于亚洲发展中国家的货币汇率松散钉住美元，日元对美元汇率的波动会导致这些国家宏观经济的不稳定。例如，当日元对美元升值时，日元对亚洲货币也升值。由于改变了日本和其他亚洲国家间的相对价格，日元对美元汇率的变化会对国际贸易和投资流向及有关国家的还债负担带来巨大的影响。一般来说，与收入较低、贸易结构和日本互补的国家相比，收入较高、贸易结构和日本竞争的国家更可能从日元升值中获益（相反，由于日元贬值而受到损害）。关世雄（2003）对日元汇率与亚洲经济增长的相关性进行了深入的研究，为我们提供了很好的借鉴❶。

自1985年广场协议以来，日元对美元汇率的波动成为决定亚洲国家经济宏观经济状况的主要因素（关世雄，2003）。正如1986—1988年和1991—1995年间的情况显示，每一次日元对美元升值，亚洲国家（日本以外）的经济增长速度都会提高❷（图4-3）。这两个时期还伴随着泡沫经济的扩张，资产价格急剧上扬。反过来也是一样。当1989—1990年和1996—1998年间日元贬值时，亚洲经济增长速度减缓，资产价格的泡沫也破灭了。在1990—1998年期间，虽然美国的经济增长十分强劲，亚洲经济增长速度减慢（其实早在货币危机爆发以前这一趋势已经非

---

❶关世雄，《亚洲货币一体化研究》，中国财政经济出版社，2003年。

❷在这里，亚洲货币的汇率可以被忽略，因为在盯住美元的汇率制度下，它们紧紧跟随着日元对美元的汇率。

常明显）。与此相对应，自 1998 年下半年日元汇率开始反弹以来，股价上涨，利率下降，汇率稳定，亚洲发展中国家的经济增长才得以恢复。

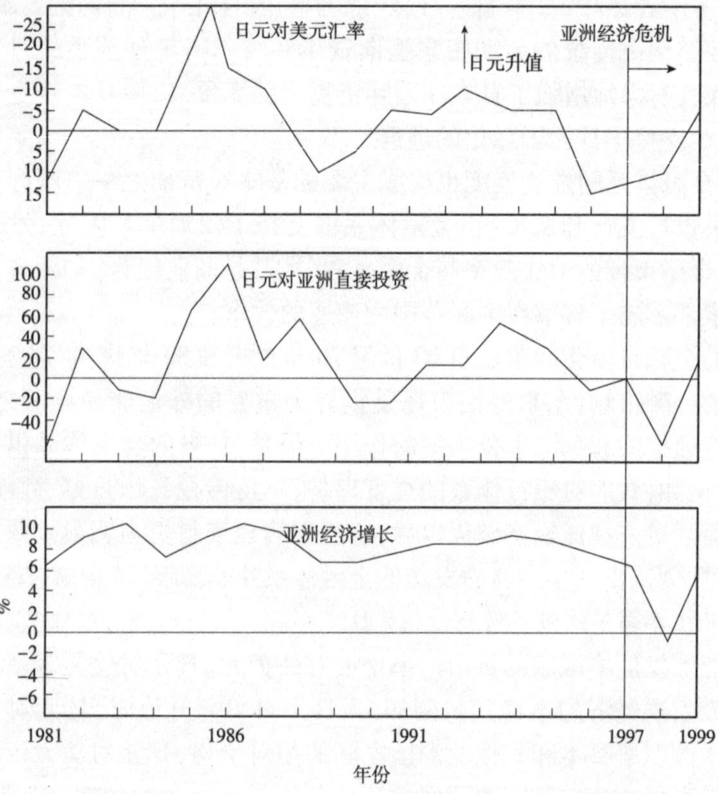

图 4 - 3　日元对美元汇率与亚洲短期经济增长（1982—1999 年）

资料来源，日本野村综合研究所根据有关国家数据的官方数字计算，转引自关世雄的《亚洲货币一体化研究》，中国财政经济出版社，2003 年。亚洲 = NIEs + 东盟国家 + 中国，日本对亚洲直接投资的数字根据财政年度统计。图中纵轴表示较上年增长率。

日元汇率变化对亚洲国家经济增长产生着重要影响。以日元贬值为例，主要包括五个方面：日本对外直接投资的减少、日本银行贷款能力的下降、相对于日本产品出口竞争力的降低、从日本进口产品成本的下降及以日元计价对外债务偿还成本的减少。虽然前三个因素会对亚洲经济带来负面效应，但它们会部分地被后两个因素的正面效应抵消（在一些情况下不仅仅是部分抵消，而且会被超过）。而且在以上五个方面中，出口产品竞争力的变化从短期来看可能较为重要。同样，日元的升值所带来的影响大致相反。日元汇率的变化和亚洲在日本出口份额变化如图 4 - 4 所示。

日元对美元汇率与亚洲经济增长之间的关系可以通过简单的回归模型进行分析（表 4 - 2）。日元对美元每升值（或贬值）1%，亚洲国家的 GDP 就增加（或减

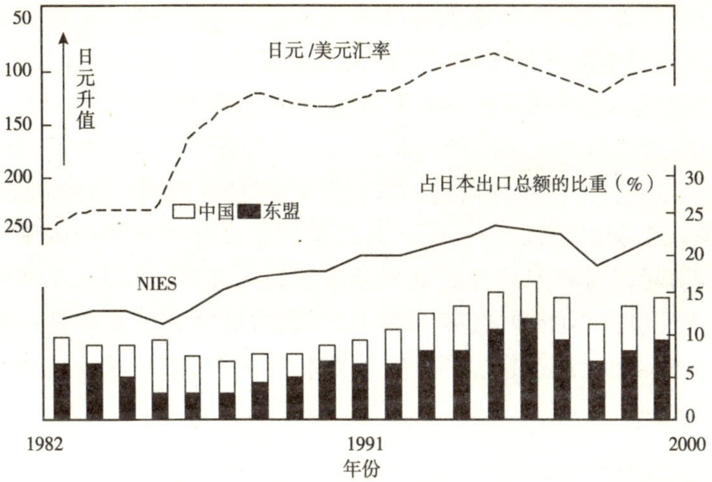

图4-4 日元对美元的汇率和亚洲在日本出口份额的变化(1982—2000年)

资料来源，由野村综合研究所根据日本贸易数字和国际货币基金组织《国际金融统计》整理。转引自关世雄的《亚洲货币一体化研究》，中国财政经济出版社，2003年，第41页。

少)0.109%(当年是0.066%，下一年度是0.043%)。从修正后的R^2来看，日元对美元汇率可以解释亚洲经济增长的41.3%，如果把美国经济增长率作为一个自变量也考虑进来，从修正后的R^2来看，日元对美元汇率的解释力会增加到60.6%，尽管其弹性略有下降至0.099%(当年0.059%，下一年0.040%)。

表4-2 亚洲GDP增长的主要决定因素(1982—1997年)

美国GDP增长率	日元对美元汇率		修正后的R^2	Durbin-Wastson统计量
	当年	下一年		
0.39	…	…	0.245	1.576
(2.42)				
	-0.077	…	0.347	1.799
…	(-3.00)			
	-0.066	-0.043	0.413	1.668
…	(-2.61)	(-1.60)		
0.33	-0.069	…	0.539	1.822
(2.6)	(-3.15)			
0.32	-0.059	-0.04	0.606	1.691
(2.71)	(-2.82)	(-1.80)		

注：(1)资料来源，Kwan(1998年)，转引自关世雄的《亚洲货币一体化研究》，中国财政经济出版社，2003年。

(2)因变量(亚洲GDP增长)和自变量(美国GDP增长和日元对美元的汇率)是以变化比例来计算的，从而其系数相当于弹性。因为日元对美元汇率数字越大意味着日元越疲软，系数为负表示日元疲软对亚洲经济增长带来的负面效应(或是日元强劲的正面效应)。

(3)括号中的数字表示t值。

与此同时，日本与亚洲国家的相互依存度也正在加深。从亚洲国家与日本的贸易关系来看，日元贬值可能更多地抑制贸易结构与日本竞争的国家的经济增长，因为出口竞争力下降的负面效应会占主导地位，超过进口价格降低的正面效应。贸易结构与日本互补的国家则正好相反。鉴于日本进口劳动密集型产品，出口资本密集型产品，与日本贸易结构相似的国家（如韩国）与日本贸易关系是竞争的。另一方面，进口资本密集型产品而出口劳动密集型产品的国家（如中国）与日本的贸易关系是互补的。亚洲其他国家经济体和日本的贸易关系见图4-5。自20世纪80年代中期以来，随着日美贸易摩擦的逐步升级和亚洲国家经济的不断发展，日本的国际贸易和国际投资越来越多地转向亚洲。目前，亚洲作为日本贸易伙伴的重要性也在不断增加，亚洲四小龙、东盟国家和中国在日本进出口贸易中的比重已达到40%，远远超过了美国。日本出口和进口增长变化情况如图4-6和图4-7所示。

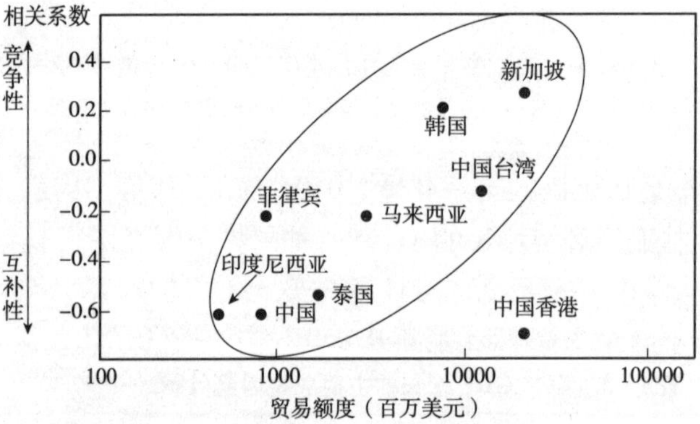

图4-5　日本和其他亚洲国家经济体间的竞争和互补关系（1999年）

资料来源，由野村综合研究所根据亚洲开发银行《亚太发展中国家主要指标》整理，以有关国家（地区）的贸易数字作补充。亚洲经济体与中国的竞争程度有主要积累制成品专业化指数[（出口-进口）/（出口+进口）]的向量间相关系数来计算的。以制造业的竞争程度为例，可以划分为四种类型，包括化学和相关产品、以材料划分的制成品、机械及运输设备和杂项制成品。

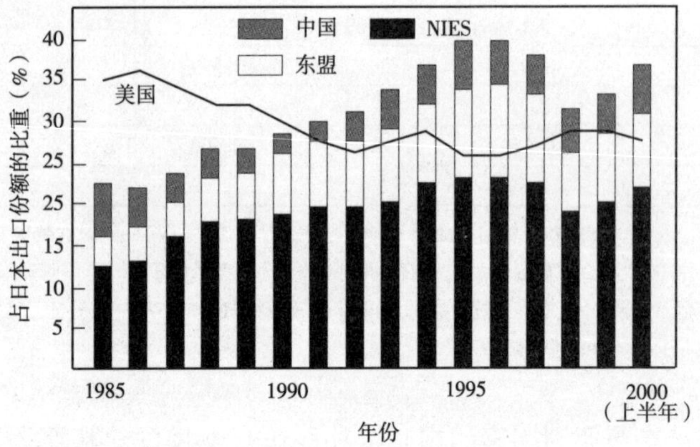

图4-6　日本出口增长变化情况（1985—2000年）

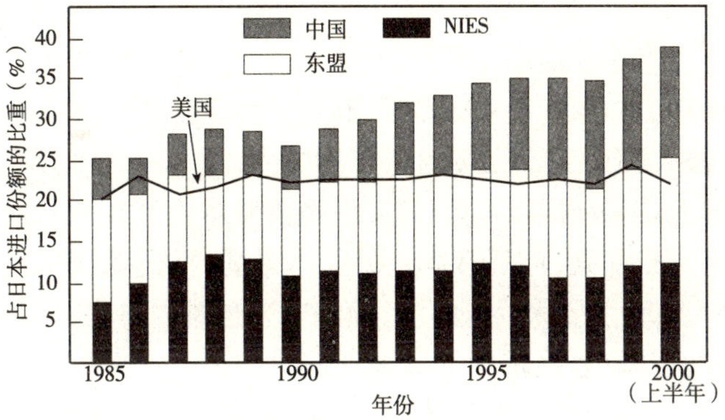

图 4 –7　日本进口增长变化情况（1985—2000 年）

资料来源，图 4 –6 和图 4 –7 根据日本贸易统计数字整理，转引自关世雄的《亚洲货币一体化研究》，中国财政经济出版社，2003 年。

与此同时，反映在日本进口产品中的制成品比重越来越大。以中国为例，日本从中国进口的产品中制成品的比重已经由 20 世纪 80 年代的 30% 增加到现在的 80%（图 4 –8）。日本与亚洲之间传统的贸易联系属于垂直分工，亚洲生产初级产品，日本生产制成品，如今这种特征正在向同一产业内贸易的联系模式转化（关世雄，2003）。

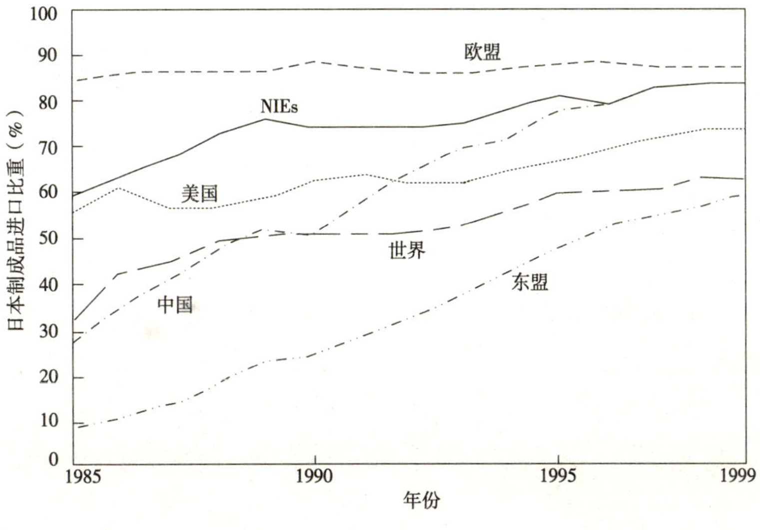

图 4 –8　日本制成品进口的比重变化，按照进口地区划分（1985—1999 年）

资料来源，日本经济产业省，转引自关世雄的《亚洲货币一体化研究》，中国财政经济出版社，2003 年。

从以上人民币和日元的竞争力综合分析而言，一方面现阶段人民币外溢条件下的人民币呈现强势货币特征，不仅表现在人民币具有坚实的经济基础和稳中有升的对外价值趋势，而且具有有利的区域政治关系作为支撑；另一方面，日元也具有国际化货币所特有的制造业国际竞争优势、发达的金融体系及强大的宏观经济基本面，而且日元对外价值的变化对亚洲经济增长具有较强的相关性，日本和亚洲经济的相互依存度正在加强。因此，经济一体化过程必然带来人民币和日元在亚洲经济交往中作为结算货币和储备货币的竞争，而且这种竞争是无法避免的。

但是，现阶段人民币和日元成为区域内“货币锚”的条件均不成熟。这是因为：首先，虽然日元是一种国际货币，日元的经济基本面及日元与亚洲经济增长的相关性和依存度逐步加强，但是日本正处于严重的经济衰退阶段，其产业和金融机构的结构问题近10多年来尚未解决，预期未来也难以解决；日本的人口缩减和老龄化进程的加快都显著地减少了日本经济的购买力。这些问题使得日本不可能成为合意的、有前景的出口目标地。实际上，日本一直为传统的净出口国，而且在日本与其亚洲邻国的贸易中，虽然使用日元的机会略多一些，但比例并不大。2000年日本向亚洲出口的48.2%和它从亚洲进口的24.8%都是以日元计价的；相比之下，日本向亚洲出口的50.0%和日本从亚洲进口的74.9%是以美元计价的。与其他工业化国家相比，美元在日本的贸易活动中占据了绝对的优势地位。2000年，日本向世界出口的52.4%、进口的70.7%都是使用美元计价的；只有36.1%的出口和23.5%的进口使用日元计价。更为棘手的是，由于日本在二战问题上一贯错误的立场，使得日本在东亚丧失了应有的政治信誉，很难取信于东亚各国。这些就决定了日元现阶段难以成为区域内“锚货币”。其次，从人民币来看，随着中国经济的发展和壮大，人民币购买力平价具有稳中有升趋势及中国具有良好的区域经济政治关系，而且人民币正不断地向东亚溢出，在东南亚甚至已成为一种强势货币，但是现阶段人民币也无法担当起“锚货币”角色。问题在于人民币尚未自由兑换；亚洲国家间收入差距巨大；人民币虽然自2005年7月25日开始盯住一篮子货币，但美元的权重仍然很大；入世后大量失业可能诱发的社会不稳定；中国银行体系的脆弱性；欠发达的货币、债券和股票市场；利率尚未自由化；央行缺乏独立性和有效的监管能力，这些问题决定了人民币难以在短期内成为区域内“锚货币”。

第三节　区域内货币竞争基础上的货币合作

以人民币作为强势货币为基础的人民币外溢现象，必然引起人民币跨越国境，在周边国家和地区执行支付手段、流通手段及部分贮藏价值职能过程中与区域内主要货币之间形成货币竞争，这种货币竞争并非只表现能否成为区域内主导货币或是“货币锚”的竞争。在现阶段人民币和日元均无法作为东亚经济区域“货币锚”的现实情况下，人民币和日元之间的货币竞争同样是不可避免的。事实上，以日本等国家为首鼓噪的“人民币升值论”就是人民币外溢条件下货币竞争的国际争端之一。以日本官方的主流观点为例，认为“人民币汇率低估，使得日本在对华贸易中处于不利地位”。而根据沈国兵(2004)选取1998—2003年共72个月份日本对华贸易与人民币汇率(名义汇率和实际汇率)所做的实证检验，人民币汇率(名义或实际汇率)升值，既伴有日本对华出口减少，也伴有日本对华出口增加；而人民币汇率(名义或实际汇率)贬值，却伴有日本对华出口增加。同样，人民币汇率(名义或实际汇率)升值，既伴有日本从中国进口减少，也伴有日本从中国进口增加；而人民币汇率(名义或实际汇率)贬值，却伴有日本从中国进口增加。因而，日本对华贸易与人民币汇率(名义或实际汇率)之间没有稳定的关系。既然如此，那么“人民币升值论”的提出则有其深刻的政治而非经济动因，这种政治动因也成为货币竞争的必然结果。

人民币外溢推动了人民币在结算货币和价值贮藏货币领域同区域内主要货币之间的潜在竞争。这种竞争一方面对本国经济增长具有积极效应，同时也会引起原有的区域货币格局发生变化，尤其是随着人民币外溢规模的不断扩大，人民币国际化的步伐逐步加大，来自国际主要货币国家的经济和政治压力也将增加。另一方面，20世纪90年代后半叶，东南亚金融危机的危害性和“传染效应”充分暴露出东亚地区原有货币金融体系的缺陷，以及东亚各国在货币领域各自为政，缺乏区域合作所带来的弊端，使得东亚国家从区域经济受扰的一致性中认识到区域货币合作对亚洲经济增长的重要性，以货币竞争为动力的货币合作已成为东亚经济发展的现实选择。

一、区域货币合作中的博弈分析

(一)区域货币合作的成本与收益及量化模型

一般分析而言，参与区域货币合作的收益主要在于：(1)节约交易成本，促进区内贸易发展。开放度越高的地区，区内贸易比重越大，参与货币合作而节约的交易成本越多。(2)降低企业融资成本。一国参与货币合作可避免因为稳定汇率而必须维持的高利率，从而降低企业的融资成本，有利于企业扩大投资。(3)降低外汇储备机会成本，有效避免投机性冲击。实现货币合作，可以节约各参与方持有高额外汇储备预防投机攻击的成本。(4)增强区域内资本流动，促进金融市场合作发展。货币合作可以使地区间货币差别缩小，增加各地有价证券的可替代性，使得投资者能在区域内实现证券有效组合，增强证券跨境流动，从而促进金融市场合作发展等。

然而，开展货币合作也存在一定的成本，主要在于：(1)放弃汇率调节国际收支的机制。货币合作必然要求各国与地区放弃或弱化名义汇率调整的可能性，使未预期到的非对称冲击给成员国带来宏观经济调整成本。(2)让渡货币政策自主权。根据“不可能三角”原理，参与货币合作，无法同时实现固定汇率制度、自由资本流动和独立的货币政策。这意味着有关国家或地区因参与货币合作必须放弃部分货币政策自主权，内部经济目标调节则依赖于各参与方的财政政策。(3)损失铸币税收入。参与货币合作以后，各国与地区放弃部分货币发行，必然会带来铸币税损失。(4)各国经济增长率差异所带来的成本。由于经济增长率不同，一些成员方会出现经常项目赤字，为协调内部经济增长和外部平衡的矛盾，在货币合作情况下，只能牺牲内部经济平衡来改善国际收支等。岳华、楼当(2005)构建了一个货币合作的效用函数，对各方参与货币合作的收益与成本进行量化分析。他们假设区域内多个国家或地区 $j=1,2,3,\cdots\cdots,N$，C_j 与 X 分别是第 j 个成员方参与货币合作的成本和货币合作的供给。假设 X 由下列关系式决定：

$$X = F\left[\sum_{j-1}^{N} \lambda_j\right], F' > 0, F'' < 0 \qquad (4-10)$$

其中，λ_j 是 j 的相对规模。则第 j 成员方参与货币合作的效用为：

$$U^j(X, C_j), U_1^j > 0, U_2^j < 0 \qquad (4-11)$$

关系式(4-11)中，$U_1^j>0$，$U_2^j<0$ 分别是对效用函数 X 和 C 求微分，这说明一国参与货币合作的收益增加，使该国参与货币一体化的效用增加，而成本增加，却使参与货币一体化的效用减少。

进一步设 I_j 是参与国指数，如果第 j 方已参加货币合作，$I_j=1$，I_j 为 $J^+=\{J|I_j=1\}$；如果第 j 方没参与货币合作，$I_j=0$。那么，货币合作区域以外的独立方 j 是否参与合作的理性选择可由不等式给定：如果 $U^j\left\{F\left[\sum_{i\in\{J^+ + J\}} \lambda_j\right], C_j\right\} > U^j(0,0)$，则加入；如果 $U^j\left\{F\left[\sum_{i\in\{J^+ + J\}} \lambda_j\right], C_j\right\} < U^j(0,0)$，则不加入。

对于货币合作区域整体利益而言，j 方加入货币合作的标准是：

$$\sum_{i\in J^+} \beta^i \left\{U^j\left\{F\left[\sum_{i\in\{J^+ + J\}} \lambda_j\right], C_j\right\} - U^j\left\{F\left[\sum_{i\in J^+} \lambda_j\right], C_j\right\}\right\} +$$

$$\beta^j\left\{U^j\left\{F\left[\sum_{i\in J^+} \lambda_j\right], C_j\right\} - U^j(0,0)\right\} > 0 \qquad (4-12)$$

若货币合作存在外部经济，上式符号为正。当货币合作共同收益随加入方的规模扩大而提高，各方的理性选择就是参与货币合作。在货币合作进程中，为实现帕累托最优，必须将 $\sum_{j=1}^{N} \beta^j U^j(X, C_j)$ 最大化。β^j 是拉格朗日乘子，表示估计的权重，求导后得：

$$\sum_{j=1}^{N}\beta^{j}U_{1}^{j}F' + \sum_{j=1}^{N}\beta^{j}U_{2}^{j} \leqslant 0 \tag{4-13}$$

如果每个参与方采取理性行动时，货币合作供给 X 的收益低于最优水平，且随着货币区的成员方增加，所得收益会更少。可见，一国或地区是否选择参与货币合作，主要是依据本国与地区收益与成本之间进行权衡，并考虑其他国家与地区行为决策的博弈过程。在货币合作进程中，由于存在本国与地区的利益与集体利益相冲突的可能性，各参与方出于理性需求，会与其他国家与地区进行决策行为的博弈，从而产生“囚徒困境”，可能无法实现帕累托最优。

（二）参与各方的博弈过程

运用博弈论原理，分析货币合作成本与收益博弈过程，首先必须明确博弈规则、博弈参与方、可行性战略和参与方的支付函数矩阵（岳华、楼当，2005）。模型基本假设前提是：第一，所有参与方都是理性的，当预期收益大于成本时，才会选择参与货币合作；第二，为简化分析，仅以国家与地区作为博弈决策单位；第三，各方从自身利益出发考虑决策行为；第四，假定仅有两方（A 方和 B 方），各方只能采用货币政策协调经济。货币合作进程可分为两阶段博弈。第一阶段博弈，性质是各参与方达成一致协议，设立货币合作规则。第二阶段博弈，是在第一阶段确定各方参与货币合作规则后，由于博弈双方存在利益冲突的可能性，博弈双方反复进行的决策行为，类似于“囚徒困境”。最终导致货币合作要么成功要么失败的极端结局。在封闭式经济条件下，货币合作中的 A 方与 B 方，彼此采取独立的货币政策，互不影响，不存在利益冲突，博弈结构存在两个纳什均衡：B 方扩张性货币政策与 A 方紧缩性货币政策组合；A 方紧缩性货币政策与 B 方扩张性货币政策组合。如表 4－3 中对角线上两个(0,0)组合。当货币合作区域面临外界经济冲击时，由于各方经受到相似的经济冲击，参与货币合作成本较低，且各方没有单独抵抗外界冲击的直接能力，使得各方采取一致的货币政策，实现表 4－3 中的纳什均衡：（紧缩性货币政策，紧缩性货币政策）或（扩张性货币政策，扩张性货币政策）。但究竟是前者组合还是后者组合，取决于外界货币供给量。

表 4－3　封闭经济条件下的博弈支付函数矩阵

A \ B	扩张性货币政策	紧缩性货币政策
扩张性货币政策	(2,1)	(0,0)
紧缩性货币政策	(0,0)	(1,2)

博弈双方经济状况不同，参与货币合作所付出的成本也不同。由于参与货币合作的收益具有公共物品特征（收益记作 a），在货币合作进程中，博弈双方战略结构往往会产生“囚徒困境”。双方货币当局都是纳什均衡中的参与者，当发生外界

冲击以及他方采取有利于自身经济发展的货币政策时,A 方或 B 方就会采取"以邻为壑"的货币政策,以便追求损失最小化。此时,博弈双方支付函数矩阵如表 4 - 4所示。

表 4 - 4　外界冲击条件下的博弈支付函数矩阵

B / A	扩张性货币政策	紧缩性货币政策
扩张性货币政策	$(-1+a, -1+a)$	$(2+a, -5+a)$
紧缩性货币政策	$(-5+a, 2+a)$	(0,0)

注:a 表示交易成本和信息成本的节省。

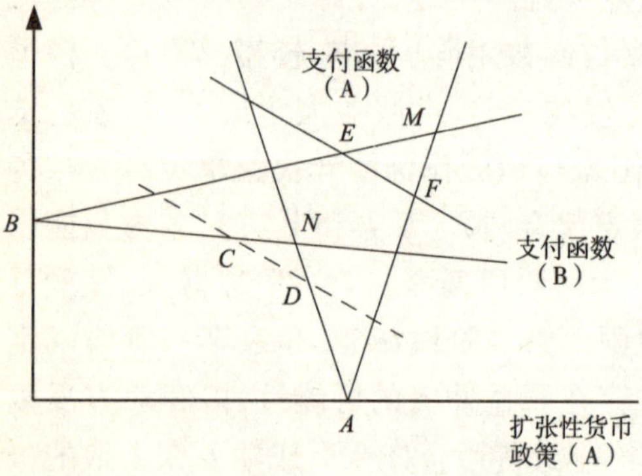

图 4 - 9　外来冲击条件下两国博弈支付函数

博弈两方的反应曲线如图 4 - 9 所示。

图 4 - 9 中,A 点和 B 点分别是 A 方与 B 方的最佳状态点,即双方各自处于充分就业时的最佳货币供给量。受外界冲击条件下,M 点是双方采取扩张性货币政策实现的纳什均衡点,N 点是双方采取紧缩性货币政策实现的纳什均衡点。三角区域 NCD 和 MEF 属于帕累托改善区域。处于点 A 状态时,若 A 方要保持原有货币供应量、维持本地充分就业,就必须使 B 方不断采取扩张性或紧缩性货币政策,直到 B 方货币实际升值或者实际贬值足以抵消外界冲击带来的通货膨胀或通货紧缩影响。假设 A 方货币供给一定,如果 B 方采取紧缩性货币政策,则 B 方物价下降,B 方货币实际升值,B 方通货膨胀率降低。可是,由于紧缩性货币政策具有传导机制,必将导致失业率上升。最终,B 方采取紧缩政策使货币供应量减少到一个均衡点,此时,通货膨胀率继续降低所产生的边际收益等于边际成本,双方货币政策博弈结果将达到非合作纳什均衡 N 点,但并非达到帕累托有效。从非合作纳什均衡 N 点与双方最佳点 A 和 B 可知,只要 A 方采取紧缩性货币政策幅度小于 B 方,则 B 方损失可减少,即 B 方处境可以改善;如果双方货币紧缩幅度同时小于非合作下的纳什均衡,双方损失都可减少。可见,在纳什均衡 N 点右下侧,存在使双方经济绩效都可以改善的三角形 NCD 区域。若双方之间缺乏约束力,当 A 方减小货币紧缩程度时,B 方则有可能不减小货币紧缩,结果 A 方损失反而可能增加,大大降低调整货币政策的积极性。因此,A、B 双方若想达到最优均衡效果,必须建立政府公信力和加强区域内各国与地区货币政策的协调与合作,否则货币合作很快就会面临

“囚徒困境”，从而导致合作失败。如果各国与地区达成货币合作协议，遵守货币合作安排和惯例，保持经济目标趋同，采取相同的宏观经济政策，则所有成员都将会从中受益。正因为如此，成员之间就会出现“搭便车”现象，使每个成员方在实施宏观政策时，都会不考虑本国与地区货币政策对他方产生的负作用，从而无法与其他成员相互协作，最终导致货币合作崩溃。因此，一种制度或体制的安排，要使之发生效力，必须是一种纳什均衡，否则，这种制度安排便不能成立（岳华、楼当，2005）。

二、区域货币合作对东亚经济的积极影响

区域货币合作对东亚经济增长具有长远影响，不仅体现在有利于区域内主权国家降低货币政策的“溢出效应”，而且有利于各国加强经济政策协调和共同监督，建立融资便利机制，有效防范和化解金融风险，同时可以稳定换货币汇率，促进区域内贸易和投资的共同增长（路妍，2003）。具体体现在以下几方面。

（一）区域货币合作理论上有利于降低区域内主权国家的货币政策的“溢出效应”

在经济全球化中，各国在货币领域的联系和影响日益加深。一国货币政策的变化不仅影响其他国家的货币政策，而且本国货币政策效力也受到其他国家的货币政策影响，这被称为政策的“溢出效应”。如果各国不考虑货币合作，则一国货币政策的效应将大为降低。如果各国考虑加强货币合作，尤其是建立较大的货币同盟，则会降低货币政策的“溢出效应”，降低整体福利损失，从而会改善各国的货币政策效能。

一般情况而言，传统上可用滨田宏一图直观地说明两国条件下的政策合作过程。图 4－10 中的横轴表示国家 A 的政策工具 I_A；纵轴表示国家 B 的政策工具 I_B。国家 A 的目标函数定义为一系列连接国家 B 的福利相同点的无差异曲线。如果不存在政策溢出效应，则各国的无差异曲线可能是直线（国家 A 的无差异曲线表现为一系列垂线，而国家 B 的无差异曲线表现为一系列水平线），这表明两国各自货币政策不会对对方造成影响，从而达到最优福利安排，因而不需要货币合作。然而在现实经济中，随着经济全球化程度的加深，政策溢出效应是存在的，一国货币政策安排影响别国福利水平。从图 4－10 中可以看出，在存在政策“溢出效应”时，无差异曲线变为围绕国家 A 最佳福利点 C_A 和围绕国家 B 最佳福利点 C_B 的椭圆形曲线。此时有效的货币政策是使两国无差异曲线相切，在切点上的政策实现了帕累托最优。这些有效政策由连接两国最佳福利点的 C_A 和 C_B 的契约线表示，契约线上的点所代表的政策就是国家 A 和国家 B 货币合作的结果。

但在不进行货币合作政策中不太可能产生有效契约线上的政策。从图 4-10 中看出，在不存在货币合作中，国家 A 在决定自己的货币政策时会把国家 B 的政策当作给定的，其造成的福利结果表现为水平的无差异曲线。所以，国家 A 必须选择的政策是使自己的无差异曲线与对应的 I_B 的水平线相切，切点组成的轨迹构成直线 R_A。类似地，对于国家 B 来说，国家 A 的无差异曲线为垂直线，国家 B 必须选择的政策是使自己的无差异曲线与对应 I_A 垂直线相切，切点组成的轨迹构成直线 R_B。R_A 和 R_B 为不进行货币合作的国家 A 和国家 B 的函数。其最终结果相交于 N 点，N 点是一个稳定的纳什均衡点。这一点代表的福利比契约线上进行货币合作所对应的任意一点都更远离帕累托最优，因而这一点所对应的政策是无效的。因此，在存在政策溢出效应的前提下，只有进行货币合作才能提高各国货币政策效果。

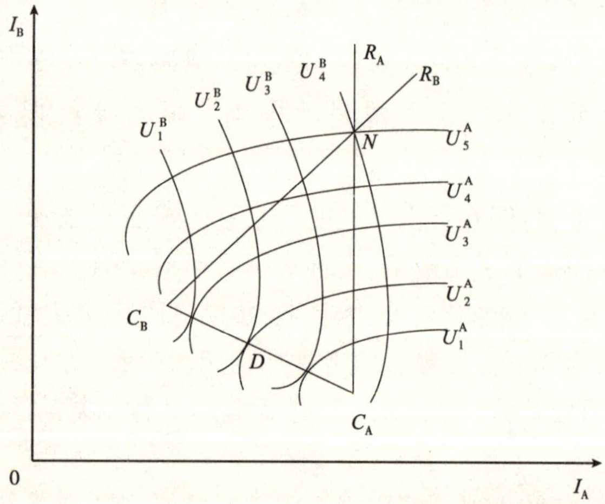

图 4-10 区域内货币合作和货币政策“溢出效应”

（二）区域货币合作有利于防范和化解金融风险

金融危机的传染性与区域性，决定了各国只有加强经济政策协调监督与信息交流，才能有效预防危机的爆发。Tetsuji（2002）对欧洲经验的研究表明，货币合作基础上的经济政策协调与共同监督，有助于及时发现新兴工业化国家宏观经济、金融和公司部门的脆弱性，以防止未来的金融危机，也是化解金融风险的重要前提和保证。东亚地区已在经济政策协调上取得一定进展。表现在：(1) 1997 年 11 月在 APEC 范围内建立了“马尼拉框架”集团，与亚洲开发银行（ADB）、世界银行及 IMF 协作进行经济信息交流与经济形势监控。(2)东盟 10+3 监督进程。1998 年 10 月确立东盟监督进程，2000 年 5 月扩展为东盟 10+3 监督进程。该次会议主题是加强东亚的货币合作，加强政策对话和区域合作，并包括资本流动的监管、自助和支持机制以及国际金融改革。(3)东盟 10+3 的早期预警系统。其中亚洲开发银行提供技术上的援助，以便支持东盟10+3的合作力量，从而促进早期预警系统的发展。

（三）区域内货币合作有利于建立融资便利机制

由于IMF提供的危机救援贷款不尽如人意，使大多数东亚国家无法有效遏制危机的扩散，而与此同时，东亚地区并不缺乏资金资源，本地区各国持有的外汇储备超过1万亿美元。因此要求加强货币合作，建立一种提供紧急融资便利的机制，作为国际金融组织紧急救援机制的补充。从1997年9月日本政府提出亚洲货币基金到1998年10月提出的"新宫泽喜——构想"，从1999年10月马来西亚总理马哈蒂尔提出的东亚货币基金到2000年韩国经济学家提出的亚洲借款安排的建议，遗憾的是，东亚货币合作基本上仍然停留在讨论和设想阶段，并未取得实质性进展。但是，随着东亚金融危机的发展，东亚国家政府特别是中、日、韩三方加强了彼此之间的交流和协商，东亚货币合作逐步取得一定的进展。1999年11月，东盟10+3峰会在马尼拉通过了《东亚合作的共同声明》，同意加强金融、货币、财政政策的对话、协调与合作。根据这一精神，2000年5月东盟10+3财政部长在泰国清迈达成了《清迈协议》。《清迈协议》是东亚货币合作的里程碑，使东亚货币和金融合作由构想变为现实，并使各方对这一合作的立场和态度发生了重大变化。就融资机制而言，《清迈协议》后取得实质性进展，表现为扩展了东盟互换协议（ASA）❶和双边互换网络和回购协议（BSA）❷。

---

❶东盟多边互换安排（ASA）。1977年，东盟5国（印度尼西亚、马来西亚、菲律宾、新加坡和泰国）就已建立了东盟互换安排，对国际收支有困难的成员国提供流动性支持。2000年11月，互换协议扩展到所有的东盟成员，资金总额从2亿美元增加到10亿美元。虽然目前ASA的规模和作用还很有限，但毕竟为成员国提供了不需担保就可获得紧急资金融通的途径，为整个区域内建立多边互换体系提供了基础和范例。

❷双边互换和回购协议（BSA）。目前，在《清迈协议》框架下，东盟国家和中、日、韩之间已经达成了一系列互换协议。BSA是以美元和参与国货币互换的形式提供短期的流动性援助机制。东盟10+3互换安排的基本机制是：互换安排是对目前IMF提供国际融资的补充；原则上金融援助与IMF提供的援助是相互联系的，但提款权最大金额的10%与IMF提供的便利是无关的；每次安排下提供的最大金额由双方商榷决定；支付额将根据提供互换国之间的磋商一致的方式实行，各国要协调磋商进程。因此，它不同于多边货币互换协议，也不同于共同货币基金。东亚货币互换机制是防范外部冲击的手段，也是东亚货币合作的初级形态，然而由于它的双边性、不对称性和缺少有效的监督协调功能，使其具有难以克服的局限性。一是由于它是通过双边建立起来的，协议的执行由双方的财政部和中央银行负责。由于东亚各国在政治上的可信度问题，当货币危机真的到来时，各国能否依照协议及时提供援助值得怀疑，这暴露出该机制的松散性和不确定性。二是东亚货币互换机制具有内在不对称性。目前东亚各国互换货币的核心币种主要是区域外的货币——美元，而不是区域内大国的货币，这使区域内大国承受的负担加重，一旦出现区域内大国无力承受的状况，货币危机会殃及整个东亚地区。三是由于货币互换机制主要是应付外汇资金流动性困难，在缺少有效的制度性制约条件下，货币互换协议具有公共产品的性质，会使有些成员国出于本国利益而采取以邻为壑的宏观政策，进而导致对其他国家的外部冲击。这会使一些成员国可以方便地使用互换安排获得援助的同时又可能实施损害区域金融稳定的宏观政策，从而使货币互换机制的建立有可能较合作前更容易产生货币危机，形成"逆效合作"。虽然双边货币互换机制存在上述缺陷，但它毕竟向东亚货币合作迈出了实质性一步，因而得到了东亚各国的普遍支持。

（四）通过区域货币合作稳定汇率有利于东亚经济稳定增长

汇率的变动直接决定着一国对外经济的相对价格水平，只有汇率稳定，才能保证区域内各国经济稳定。东亚发展中国家长期经受着汇率不稳定的困扰，尤其是日元对美元汇率的不稳定，给东亚国家带来很大的影响。日元对美元汇率频繁变动，必然导致东亚各国因实际有效汇率波动而出现经济和金融动荡。此外，东亚各国与美国的经济周期有较大差异，在盯住美元汇率制度下，美国的汇率调整会给东亚国家造成负面影响❶。因此，危机过后东亚各国纷纷放弃盯住美元的汇率制度，实行浮动汇率制度。然而浮动汇率制也并非是东亚最优的选择。一是东亚的出口导向型经济、区域产业循环与分工体系要求稳定商品的贸易价格，各地政府也需要一个"名义锚"来稳定国内价格水平，而浮动汇率制度无法满足这些要求。二是浮动汇率制本身存在着"汇率超调"问题，这对国内产品市场价格存在明显粘性、金融市场规模狭小的东亚各国来说是重要的不稳定因素，会导致区域内"双边汇率"频繁波动，阻碍经济交易的发展。三是浮动汇率制度缺乏制度化的汇率协调机制，存在协调失败问题，容易引发竞争性贬值，形成"传染效应"，增加了对经济的损害。因此，近年来一些东亚国家实行比较严格的汇率管理。Mckinnon认为，自2000年以来，东亚国家与其他国家一样，患上了"浮动恐惧症"，它们害怕升值，因为这不利于吸引直接投资和出口，同时又害怕贬值，因为这又会加重它们对美元的债务。区域内通过货币合作来稳定汇率，有利于进一步缓解和消除东亚各国之间的矛盾，防范和化解金融风险；有利于简化东亚各国间商品流通手续、降低交易成本；有利于增加东亚国家的社会消费，刺激企业投资；有利于进一步增强东亚的凝聚力和经济实力，提高其国际竞争力，从而改变整个世界经济格局；有利于为国际货币体系改革创造有利条件❷。

三、中国参与东亚货币合作的必要性

在现阶段东亚区域货币合作取得初步进展并面临着一些障碍的情况下，人民币的积极参与具有十分重大的意义。一方面，中国可以提供支持货币合作所需的部分经济资源，作为东亚地区经济增长与货币政策上的稳定器，中国还可以成为东亚地区巨大的市场提供者和政策协调的推动者。另一方面，中国作为东亚地区日益崛起的经济大国，其经济发展与东亚整体经济的关联度不断增强，使得中国参与区域货币合作可以获得明显的利益（李晓、丁一兵，2004）。对于整个东亚地区而言，中国积极参与货币合作的重要性及其作用表现如下：

---

❶虽然盯住美元汇率制度具有一定的稳定性，但东亚汇率的稳定毕竟是松散合作的产物，因而是不可持续的，容易引发"道德风险"和"传染性贬值"。

❷路妍，《东亚货币合作问题及实现途径研究》，载于《财经问题研究》2003年第8期。

（一）中国的经济实力不断增强，与其他东亚经济体的经贸往来日益密切，产业关联度不断提高，在东亚地区的经济地位日益重要

近二十多年来，东亚各经济体无论是发达国家还是发展中国家，对中国的出口依存度都有数倍的增长，其速度大大超过其他经济体之间出口依存度的增速，表明中国在区域贸易中的地位迅速提高。对于东亚出口导向型经济体而言，这一趋势意味着中国在未来的区域合作中将具有不可或缺的重要地位。如果再考虑到中国外商直接投资主要来自东亚的事实，说明中国已逐渐被纳入到东亚地区的产业分工格局当中，成为东亚区域产业循环的重要一环。区域货币合作的目标之一，就是保持区域内贸易与产业关系的稳定，因而东亚的货币合作必然要求中国的积极参与。

（二）中国经济的稳定增长成为东亚经济增长的重要稳定力量

对于区域货币合作而言，无论是政策协调还是汇率制度合作，如果参与者经济波动幅度过大，必然导致货币合作机制缺乏稳定性，甚至招致恶意攻击。从这个意义上讲，中国经济增长的长期稳定性，使其有条件成为未来任何区域性合作的一个核心力量。麦金农和施纳布尔的一项研究也表明，在最近二十年中，中国经济增长比其他任何东亚经济体都更加稳定，“在日益一体化的东亚地区发挥了自动稳定器的作用”[1]。

（三）中国日益增长的外汇储备有助于建立区域性的资金援助与危机解救机制，在一定程度上解决东亚各经济体储备不均衡问题

20 世纪 90 年代后，随着中国出口能力的提高和对外商投资吸引力的增大，国际储备逐年增加。近年来，中国国际储备已明显超过 ASEAN 五国，已成为本地区储备资源的重要持有者。目前，中国完全有能力拿出一部分储备资源参与货币互换机制和组建货币合作基金，支持建立有利于本地区和本国贸易与投资发展、促进金融稳定的货币合作机制。

（四）中国有条件成为区域内贸易与投资的重要力量

随着中国国内市场的扩大及其在区域产业循环机制中作用的加强，中国作为

---

[1] 就 1980—2001 年东亚经济体 GDP 年增长率的变动系数来看，中国为 0.35，远低于包括日本(0.71)在内的其他东亚主要经济体。中国经济的稳定，日益成为抑制整个东亚地区经济波动的重要因素。需要指出的是，根据谭庆华利用向量自回归模型进行的经济冲击相关性分析，中国同日本、韩国、印度尼西亚、菲律宾等国在总需求冲击上有正相关性，而同大多数东亚经济体之间总供给冲击相关性较弱，但这并不意味着中国同这些经济体之间没有紧密的经济联系，或是中国经济对其他经济体影响不大，对这一分析结果可以从两方面解释。首先，其数据包括 1960—1999 年整个时期，在这一时期的前段即 1960—1979 年间，中国经济增长具有明显的特殊性，难以与其他经济体进行可比分析；其次，20 世纪 80 年代后的弱相关性恰恰表明了中国经济的长期稳定增长，为其他经济体提供了一个稳定器，有助于缓解它们的经济波动。

东亚地区“市场提供者”的角色逐渐凸现。近二十年来,中国日益成为东亚地区重要的出口市场。在1995—2001年间,中国作为出口市场,在日本、韩国、中国台湾地区、新加坡、印度尼西亚、马来西亚和泰国出口市场中,份额增长幅度最大,在菲律宾出口市场中增长幅度名列第二。由于中国迅速加入了东亚地区的国际分工和生产体系,相对地减少了除日本以外的其他东亚小型经济体对美国、日本和欧盟市场的出口依赖,中国从它们那里的进口日益超过它们对美国和欧洲的直接出口。依据目前及今后相当长时期内中国经济高速增长的态势,中国将逐步替代美国现有的东亚地区“市场提供者”的角色,并因此提升人民币在东亚汇率合作中的地位和作用。

(五)中国作为地区性大国,有足够的力量推动政策沟通与协调

东亚货币合作所面临的主要困境之一是各国在“经济主权”方面的扩张性及其矛盾。中国作为东亚地区的大国和潜在的最大经济体,可以依据具体情况、相应的国情及具体的区域经济合作目标,通过在“经济主权”方面做出一定程度的“妥协”来推动区域合作的进程。对中国而言,这种“妥协”非但不会削弱国家的独立性或者综合国力,反而会通过区域福利的增加提高本国的收益,确保中国经济长期持续、稳定的增长。在国家战略上,中国应当吸取1866—1914年德国和20世纪20至30年代日本的国家战略转型的教训,认识到中国首先是一个地区性的大国,通过区域合作政策推动整个地区的发展,应当是今后相当长时期内中国重要的国家战略目标。

第五章　人民币外溢的主要影响及对策性建议

上一章对有关人民币外溢问题进行理论上和实证上的研究，包括货币外溢相关理论、人民币外溢的内涵及形成机理，人民币外溢规模测度及预测分析，人民币外溢的经济效应和货币竞争效应等。本章从人民币外溢的正面效应和负面效应、人民币外溢的未来趋势展望等三个方面对本文的主要结论进行总结，并从如何发挥人民币外溢的正面影响和降低人民币外溢的负面影响、稳步推进人民币国际化进程等方面提出对策性建议。

第一节　主要影响

人民币外溢源于我国居民和非居民对人民币境外流通的需求，这种需求主要通过边境贸易和旅游消费中人民币的使用及以人民币形式的资本境外转移等溢出到周边国家和地区。人民币外溢的出现与我国的经济增长和经济体制变革有着密切的关系，其决定因素主要包括制度性因素、经济规模因素、收益率因素、汇率因素和风险因素等。初始阶段的货币外溢现象，受到预算约束和交易成本的影响，随着人民币外溢规模的扩大，非居民将从人民币具有较强的流动性中获取收益，这种较强的流动性可以使经济主体在经济行为中获取收益并带来交易便捷，将推动人民币成为非居民的主要价值贮藏手段之一。人民币向境外溢出意味着境外对人民币需求的增加，将会影响到我国财政货币政策的实施效果，对居民财富水平、总需求及我国的国际收支产生影响，同时，人民币向境外溢出，也会通过强化区域内货币之间的竞争进而影响到原有的货币格局，而人民币外溢的这些影响总体上可以概括为正面和负面两个方面，本节将从人民币外溢的正面影响和负面影响、人民币外溢的未来趋势展望等三个方面对本书的主要结论进行总结。

一、人民币外溢的正面影响

人民币外溢的正面影响即指人民币外溢和境外流通过程中对经济和货币竞争产生的积极效应。通过本书的分析，可将人民币外溢的正面影响主要概括为以下几个方面：

(1)人民币外溢有利于本国的消费增加、投资上升,进而直接对提高我国居民总需求水平产生积极的影响。人民币外溢的实质是我国居民和非居民对人民币境外流通的需求,因而意味着在其他条件不发生变化的情况下,人民币升值压力会因人民币外溢规模的扩大而持续存在,而人民币升值对总需求的影响,在我国现阶段来说,总体上是积极的,虽然对出口贸易会产生部分消极影响,但可以提高我国居民的实际收入购买力,也诱使国际间财富结构发生变化,从而增加非居民对我国金融资产的持有,这间接上有利于我国总需求水平的提高;同时,人民币价值的稳定也有利于提高我国全社会流动性清偿力,为金融机构和国民经济健康发展提供保证;人民币外溢也为政府扩大财政融资提供了新的渠道,并在一定程度上缓解了政府的外债负担,从而提高了我国国内的总需求水平。

(2)从货币发行的角度来看,如果人民币外溢规模较小,没有引起我国货币发行数量的相对增加,在此种情况下,政府获得的铸币税收入仅因非居民持有人民币储备资产而导致铸币税收入的一部分由国外货币发行当局转向了我国政府;如果人民币外溢的规模增大,政府则可能采取增加货币发行的方法来抵消溢出到国外部分的货币规模,在此种情况下,国外非居民持有的人民币储备货币的增加额($R_t^F - R_{t-1}^F$)将成为我国政府因人民币外溢获得的真正意义上的铸币税,从而增加了我国政府的铸币税收入。同时,本国政府也在一定程度上提高了国际融资能力,并使本国的经济资源发挥其应有效用的同时,使本国公众的福利水平得到了净增长。

(3)人民币外溢对我国国际收支的影响主要以正面效应为主,尤其是随着人民币外溢规模的逐步扩大,这种货币外溢不仅促进实体经济交易增加,而且也向周边国家和地区传递着国内经济实力增强和投资环境改善的信号,当人民币外溢具有一定的初始规模后,将有利于我国国际收支状况的改善。从跨时的动态角度讲,人民币外溢对贸易收支的积极影响在于:一是人民币外溢规模的扩大有利于扩大我国的对外贸易,特别是扩大与周边国家和地区的贸易;二是在我国转轨经济背景下,由人民币外溢引起的人民币对外升值压力也有利于经常项目收支的改善。人民币外溢对非贸易收支的积极影响在于:一方面,随着人民币外溢规模的逐步扩大,通过银行体系流回国内的汇兑资金会大幅上升,表现为国际收支平衡表中的单方面转移账户出现大量盈余;另一方面,人民币外溢意味着我国通货膨胀风险下降、投资收益上升,因而有利于国内的部分外资企业追加对本国的投资,而我国在海外的投资企业也会及时抽回投资利润,甚至将投资的本金变相当作收益汇回国内,这也会导致我国单方面转移收入的增加,进一步改善非贸易项下的收支状况。同时,人民币外溢对国际收支资本项目改善的影响较为明显。从长期资本账户收支来看,人民币外溢的发生常常是与我国通货膨胀率下降及投资收益率上升相伴而生的,这在一定程度上降低了外商从事长期投资的风险程度，在国内投资环境和金融管制程度逐步得到优化的情况下，外国对我国的长期直接投资将出现稳步上升的趋势。而且在本币升值、经济稳定的前提下，外国的金融机构向本国提供长期信贷的愿望增强，这无疑会减轻我国的偿债负担，优化长期资本项目的收支。从短期资本账户收支来看，由于短期资本大多是以赚取投机利润为目的的，因此一旦预期本币升值、收益率上升时，就会立即涌向国内的股票市场、债券市场、外汇市场和房地产市场，造成我国短期资本收支顺差的大幅增加。

(4)人民币外溢推动了我国与周边国家和地区之间的货币竞争，这一竞争使得人民币在支付、结算和价值贮藏等方面部分替代其他国家和地区的货币，形成现代意义上的国际货币竞争，即"逆格雷欣法则"。在当前情况下，东亚区域内的货币竞争直接强化了区域内主权国家对货币合作的要求，使得建立在货币竞争基础上的货币合作成为东亚经济金融合作的理性选择。

二、人民币外溢的负面影响

人民币外溢的负面影响即指人民币外溢和境外流通过程中对经济和货币竞争产生的消极效应。通过本书的分析，可将人民币外溢的负面影响主要概括为以下几个方面：

(1)在一定程度上，人民币外溢通过影响 b、h、k 降低了财政政策的乘数效应，但对于我国经济转轨时期而言，这一影响是有限的。人民币外溢也通过降低对国内产品的边际消费倾向，弱化了财政支出的乘数效应，随着人民币外溢规模的扩大，这一影响将逐步强化。同时，人民币外溢对财政政策"挤出效应"的影响通过两个方面：一是 t 的上升和 c 的下降使财政支出的乘数效应下降，进而弱化了财政政策"挤出效应"，但这一影响较为微弱；二是 k 和 b 的上升及 h 的下降使"挤出效应"得到强化，从而降低了扩张性财政政策的效果。

(2)人民币外溢对我国的货币政策实施效果产生一定的负面影响。例如，人民币外溢使得我国流通领域的货币数量发生变化，这将导致我国货币当局对货币数量的衡量变得更为困难；使货币当局调控宏观经济的难度加大，货币政策的中介目标变得不易确定；同时，也削弱了我国货币政策的独立性。此外，人民币外溢表现为我国货币对境外的溢出，对我国货币政策传导产生负面影响，也弱化了积极货币政策的实施效果。

(3)在人民币大量外溢的情况下，境外投机者就可能在短期内获取足够的投机筹码，于不同的时间、不同的地点，以不同的规模冲击境内金融市场，直至引发金融危机。而且，目前人民币外溢缺乏正规的多元化的回流渠道，非居民持有的人民币又不可能通过其他替代资产(例如购买中国政府债券)进行价值转换，人民币非自由兑换的性质又决定了其不可能成为周边国家和地区官方的主要价值贮藏手段,因而一部分溢出到境外的人民币将无奈地选择“地下经济”等非合法渠道实现货币资产的流动性,这无疑形成了对国内经济的冲击因素。

(4)人民币外溢产生的货币竞争效应会引起周边国家和地区的不满,甚至会引起相关国家和地区的报复,进而使地缘政治与经济关系复杂化。

三、对人民币外溢的未来展望

人民币外溢作为一种我国法定货币溢出到境外国家和地区的货币现象,具有非正式制度安排特征、“民间货币”特征和区域性特征。人民币外溢形成的条件在于金融全球化和世界货币非单一化提供了良好的国际经济环境;中国的经济发展提供了强大的经济支撑;人民币币值稳定和国际信誉的提高促进了周边国家和地区对人民币的需求;以及人民币非自由兑换性质构成现实条件。其原因在于周边国家和地区对人民币需求的不断增强;双边经贸合作不断深化和人员往来的不断增多;周边政府对人民币境外流通持默许的态度;中国的金融对外开放和外汇管理体制改革创造了良好的内部环境等。

本书对边境贸易和跨境旅游的人民币消费支付及人民币形式的资本外逃等三种形式的人民币外溢进行了粗略的估算发现,自 1994 年以来,人民币跨境流通规模不断扩大,由于 2001 年以来统计的出入境人员急剧增加,2002 年因边境贸易和跨境旅游及以人民币形式资本抽逃导致的人民币跨境外溢规模估计超过 500 亿元,2003 年和 2004 年则分别达到 1000 亿元和 1400 亿元。即使是最保守的估计,近年来人民币境外新增存量每年在 200 亿元人民币以上,并且由于 2003 年以来边境贸易和出入境旅游的迅速发展,这一规模呈迅速扩大趋势。

为把握人民币外溢的未来趋势,本书从定量和定性两个方面对人民币外溢规模的发展进行了分析。其中定性分析是基于交易动机、支付便利动机和抽逃资本动机等三种因素,结果表明,到 2010 年人民币外溢规模预计将达到 5164 亿元人民币。如果考虑周边国家和地区在使用人民币的份额上随着时间的变化而逐步提高,则又推动人民币外溢规模的进一步加大。当然,随着人民币外溢规模的扩大,溢出的人民币还将在周边国家和地区发挥民间及官方的价值贮藏职能,也将推动人民币国际化进程的不断加快。对人民币外溢规模的定性预测分析主要立足于我国经济规模的增长趋势、经济制度改革的逐步深入、人民币自由兑换程度加快及我国经济开放程度提高和宏观经济的抗风险能力逐步增强等因素。可以预测,只要这些因素持续存在并获得较快的发展,那么人民币外溢的规模将会继续进一步扩大,并最终推动人民币成为国际货币。总之,随着人民币外溢规模的扩大,将对我国经济和区域经济的发展及区域内货币格局产生较大的影响,这将为进一步研究人民币外溢效应以及提出加快人民币国际化进程的政策性建议奠定基础。

第二节 对策性建议

基于本书的主要结论，可以发现，人民币外溢对经济和货币竞争的影响，既有积极的一面，又有消极的一面。因此，发挥人民币外溢的积极效应和弱化人民币外溢的消极效应，对于当前条件下加快人民币国际化进程，促进国内经济健康稳定发展具有重要意义。因此，本文从如何发挥人民币外溢的正面影响、降低人民币外溢的负面影响、稳步推动人民币国际化进程三个方面提出对策性建议。

一、发挥人民币外溢的正面影响

根据前面分析的结果可以看出，人民币外溢对宏观经济和货币竞争产生的正面影响主要体现在增加和转移政府铸币税收入、提高总需求水平、扩大国际贸易和国际投资、强化和推进货币合作等方面。当然，目前人民币外溢的规模尚小，其产生的正面影响还不十分显著，但随着人民币外溢规模的逐步扩大，其对经济和货币竞争的正面影响也将显现出来。因而，应进一步发挥人民币外溢的正面效应，本书的思路是，从政府制度安排入手，扩大人民币在国际贸易和国际投资中的使用份额、加快人民币资本项目的国内可兑换进程，并积极发挥人民币在区域内货币合作中的主导地位等。

（1）鼓励我国企业在对外贸易、对外经济交往中使用人民币计价、结算和支付。亚太各国企业如果使用人民币标价进行交易，便意味着这些企业可以直接获得人民币资金，同时有能力偿还人民币贷款，并使用人民币交易商品，这将促进人民币在亚太各国之间的良性循环。当然，要使亚太各国企业使用人民币标价，仅仅有中国市场的开放是不够的。面对现实中人民币对美元、日元、欧元的相对劣势，我国政府要主动提供诱因，采取具体措施促使企业积极地使用人民币标价，如对使用人民币标价向中国出口的相关企业采取税收优惠政策等。可考虑在与东盟各国的大额贸易交易中允许交易双方自主地选择交易币种，鼓励使用人民币计价、结算，并提倡人民币用于双边其他消费结算。

（2）加快人民币资本项目国内可兑换的进程。结合我国的经济实力和未来良好预期，逐步放松国内资本项目外汇的管制，适时实现人民币资本项目可兑换，有利于人民币外溢积极效应的进一步发挥。近期可考虑先从开放股票、债券市场；逐步取消国内外汇贷款的限制；配合“走出去”战略，放松境外投资管制及企业境外上市等不易引起冲击的长期资本流动的管制，稳步推进资本项目外汇的全面可兑换。

(3)发挥人民币在东亚金融货币合作中的主导作用。20世纪末的东亚经济危机,使亚洲国家充分认识到在国家的层面开展区域内金融货币合作对于防范经济金融风险、维持区域经济稳定健康发展非常必要,同时,开展区域内货币合作有利于人民币外溢规模的进一步扩大和人民币外溢正面效应的进一步发挥。但目前状况下的区域性金融货币合作必须分阶段进行,短期内应建立完善区域最后贷款人和紧急援助机制;中期内应发展亚洲债券市场;长期内应开展东亚货币或汇率合作。

首先,中国应积极参与东亚货币合作的进程。一方面,中国作为东亚地区的主要国家及具有重要国际影响力的发展中国家,其战略地位是东亚地区的重中之重。东亚地区是中国稳定与发展的外部保证,而且这一地区是中国进行经济建设的重要合作伙伴,其稳定与发展对于中国有着特殊的重要作用。因此中国不仅要关注东亚地区的经济合作,更重要的是要积极参与到经济合作中的货币合作进程中去。另一方面,由于人民币向国际化方向发展已露端倪,中国应在参与东亚货币合作之时,为人民币的可自由兑换及人民币国际化的健康发展创造条件。这将对完善中国经济发展的国际环境、促进中国经济的快速发展,以及提高中国在世界经济发展中的地位有着非常积极的作用。但这一过程也是很艰难的,中国应在参与东亚货币合作发展的基础上,为人民币的完全自由兑换创造外部环境。

其次,中国应成为促进东亚货币合作发展的推动者和领导者。中国已经历了30多年的改革开放,经济实力大为增强,有能力为东亚区域经济合作的发展尽自己的努力和责任。在积极参与东亚货币合作的过程中,结合国内的经济与金融的改革,力争成为这一合作的推动者和领导者,使东亚地区的经济与政治的发展,有利于中国的经济建设,有利于东亚地区大多数成员国家的利益。随着中国经济实力的进一步增强,在未来20年内,中国的经济将面临更多的冲击与困难。为此中国应未雨绸缪及早应对,在积极参与到东亚货币合作的过程中,使其发展更符合中国的现实和未来利益。

再次,向亚太各国(地区)稳定地提供人民币资金,成为亚洲地区人民币的最后贷款人,构筑以中国为主导的、稳定的亚洲金融体系。这一体系并非仅由中国政府参与,而应作为亚洲区域货币合作的环节之一,即以亚洲区域性合作的形式予以实现。例如,在亚太各国(地区)的协商下设置区域性金融机构,该机构既可以在中国境内或者境外的人民币债券市场筹集人民币资金,又可以为亚洲企业从中国银行接受融资时提供担保。这一机构可以是类似亚洲开发银行这样现有的金融机构,也可以是类似新创立的诸如亚洲货币基金组织这样的机构。这样的机构应该发挥向亚太各国(地区)提供人民币资金的导向作用,成为连接中国与亚太各国(地区)之间的人民币资金流通的渠道之一。同时,人民币在东亚金融货币合作的最后贷款人和紧急救援机制中发挥积极作用,它包括了通过公开市场操作或政府间的合作协议对整个东亚金融体系提供流动性和通过对个别金融机构贷款提供流动性,以此来维持地区经济发展和金融稳定,为人民币外溢提供良好的外部经济环境,并抵御共同的风险。同时,中国应积极参与亚洲债券市场的培育和发展,其总体策略是:积极推动国内债券市场的发展,并在逐步放开资本项目管制的条件下,循序渐进地参与亚洲区域债券市场的发展进程;充分发挥香港作为国际金融中心的作用,使其成为以人民币为计值货币的国际债券市场中心。中国参与亚洲债券市场发展的策略应遵循两个基本原则:一是协调好国内债券市场与亚洲区域债券市场的关系,加快国内债券市场尤其是公司债券市场的发展,积极参与到亚洲区域债券市场发展的各项进程中去,积极开展有关亚洲债券市场发展的研究和探索。二是循序渐进、稳步推进,先从基础设施等技术性问题入手,促进会计制度、信用评级、信用担保、结算体系等方面的合作与发展,建立区域内统一的标准体系;三是探索建立本地区由政府出资、吸收私人资本的投资银行,将货币协调等问题内部化为机构内部的问题,从而将区域间的问题内部化为各国内部市场中的问题;四是研究以本地区统一的货币定价等更为长远的战略性问题。

最后,维持人民币主导货币地位。国际货币的重要职能是具有国际清偿力,如果中国能够成为亚太区域主导货币国家,不仅仅是享受人民币区域化的成果,更重要的是还必须承担起主导货币国家应有的责任,即必须协调国家经济利益与区域经济利益之间的关系,为区域内各国(地区)提供足够的清偿资金,这也是区域内各国家(地区)对区域主导货币的要求。作为区域核心货币的国家,必须解决和协调本国经济利益和区域其他国家(地区)的经济利益平衡问题,只有这样,才能维持本国货币在区域内主导核心地位。

二、降低人民币外溢的负面影响

根据前面分析的结果可以看出,人民币外溢对宏观经济和货币竞争产生的负面影响主要体现在人民币外溢弱化了财政支出乘数和财政政策乘数,加大了财政政策的“挤出效应”,进而对财政政策实施效果产生不利影响;人民币外溢弱化了货币政策实施效果;并通过国际资本流动对国内经济产生货币冲击。事实上,应理性地看待人民币外溢这一货币现象,既不能只看到其积极效应,对人民币外溢持有盲目乐观态度;也不能只看到其消极效应,对人民币外溢产生恐惧心理;而是要趋利避害,在发挥人民币外溢有利于我国经济发展积极效应的同时,减少人民币外溢可能带来的成本与风险。在降低人民币外溢的负面影响方面,可采取以下对策:

(1)加强对人民币外溢的监管,完善人民币外溢的监测和预警系统,准确统计和预测人民币外溢的范围与规模,并在发现异常情况时及时发出警报和采取应对措施。

第一,人民币外溢过程中的监管主体。人民币外溢问题主要涉及人民币的外溢和回流、外币的流入和流出。因此,作为监管主体只能是代表我国政府负责货币发行和流通事务的中央银行。在具体操作中,国内的货币发行和流通由中国人民银行负责管理,涉及外汇的流动问题由中国人民银行通过国家外汇管理局来执行。当然,国家外汇管理局应加强与国家有关管理部门如国家计划经济委员会、国家经济贸易委员会、海关总署、证监会、银监会及金融机构等的信息沟通和政策协调。

第二,人民币外溢过程中的监管目标。①保持人民币币值的基本稳定。包括两方面的内容:一是要保持国内物价的稳定;二是要保持人民币汇率的稳定,以防范汇率的剧烈波动导致资本的投机性大幅度转移。②保持国际收支平衡,促进国民经济健康发展。国际收支平衡包括经常项目和资本项目的平衡。在监管过程中,应密切注意资本项目,尤其是短期资本项目的平衡状况。

第三,人民币外溢过程中的监管内容。①货币供给量的变动。在人民币外溢过程中,社会对货币的需求不仅仅局限于国内市场,还包括周边国家和地区市场对人民币的需求。因此,中央银行在决定货币供给量时,应综合考虑国内外两个市场的需求。既要防止通货膨胀,也要防止通货紧缩。如果周边国家和地区市场对人民币需求增加,那么,货币供给量就应相应变动。否则,人民币溢出到国外,在本国市场上就会因为货币供给不足,物价上涨,进而影响到对外贸易和汇率,影响国际收支平衡等一系列问题。②本外币流进和流出的控制。主要是对资本项目的一些控制,防止大量的资本流入我国,对人民币的供需和我国经济发展产生影响。对于外币的监管而言,监管资本流入比监管资本流出更容易、更有效。如在现阶段实行的 QFII 制度是一种有限制地引进外资、开放资本市场的过渡性制度。实际上是中国人民银行和证监会对资本流入我国的一种引导和限制,抑制外资对我国资本市场的过度冲击。而正在设计中的 QDII 制度则是对资本流出的一种限制,是允许在资本项目未完全开放的情况下,我国内地投资者到海外资本市场进行的投资。③利率和汇率的波动状况。不管是人民币还是外币,都具有趋利性。国内外金融市场利率和汇率的任何变动都会引起人民币和外币的流动。如果不能平衡国内利率和国外利率的关系,平衡本国汇率与其他国家货币汇率的关系,就会引起资本在国际市场的大幅转移。④防止投机性资本对我国经济的冲击。要分析资本的流入是长期性的还是短期性的,是投资还是投机。要有足够的外汇储备和人民币的发行机制、渠道,才能抵制国际游资的冲击。如 1997 年的亚洲金融危机中,我国就成功地防范了国际游资冲击对我国的影响。⑤加强外汇买卖的管理,实行结售汇制,防范外汇敞口风险。⑥防止套汇套利活动对外汇市场的冲击。

第四,人民币外溢过程中的监管方式和手段。人民币外溢对中央银行的监管提出了更高的要求,需要采用一些新的监管方式和监管手段。①适当运用宏观经济政策。应充分利用财政政策和货币政策，两者松紧搭配适当，能够进行微调，并能够与汇率政策和外贸政策等进行协调配合，实现本外币和内外政策的均衡，这是保持国民经济持续稳定增长、国际收支平衡、利率和汇率稳定的有力手段。②健全法律法规。法律手段是最具有强制性和威慑力的经济管理手段。人民币外溢过程中有可能引发各种违反法律规定的趋利行为，需要健全和完善的法规予以打击，并保护合法的交易行为。③既要有现场检查制度，也要有非现场监管制度。由于人民币外溢过程中涉及的主体众多，仅仅依靠现场检查不仅成本高昂，而且很难收到实效，因此需要建立完善的非现场监管制度。要求各金融机构提供完备的各种统计报表，提高金融统计的覆盖面、时效性和质量，提高信息透明度。对国际收支平衡表做详细分析，找出疑点作为监控重点。④建立预警系统和指标体系。监管工作是一种动态过程，危机的出现也有一个动态的发展过程。通过建立预警系统，监测指标变化过程，可以及早发现问题，防范风险的爆发。可重点监测以下指标：对外贷款和投资、外债余额、短期和中长期资本的进出数额和余额、大额资本的进出、人民币离岸市场的利率和汇率等。⑤中央银行的干预。任何汇率制度下，中央银行都会对外汇市场进行干预。在人民币外溢的过程中，中央银行根据形势所需进行干预，也是必要的，这种干预实际上起到一种监管的效果，因为任何干预都会影响经济中的货币供求状况。

（2）建立人民币离岸金融市场，从制度供给上为人民币外溢拓展正式的渠道，挤压非正式渠道，特别是黑色渠道，使人民币外溢更具合法性和可控性。

从世界上现有的离岸金融市场来看，它们的形成主要有两个原因：一是该货币是国际储备货币，但是该货币发行国的货币当局对该货币的跨境流动实行限制。别的国家为了取得这种货币的资金，不得不到该货币发行国境外去筹集，从而推动了该货币离岸金融市场的形成。二是该货币是国际储备货币，虽然这种货币的发行国对该货币的跨境流动没有限制，但由于该货币在世界上被广泛采用，在该货币的发行国境外也出现了该货币的离岸金融市场。一般所熟悉的欧洲美元市场的产生和最初的发展，就是前一个原因促成的。欧洲美元市场后来的发展，以及其他的国际储备货币境外市场的发展，则主要是后一个原因（李翀，2004）。

目前，人民币在周边国家或地区已有广泛的供给和需求，但是从我国的现实出发，我国的货币当局不可能允许人民币跨境自由流动。在这种情况下，虽然人民币不是可自由兑换货币，更不是国际储备货币，但人民币离岸金融中心的形成不但是可能的，而且是必要的，它是金融市场发展驱动的结果。

由于人民币在我国的周边国家和地区广泛流通，而香港又具有多方面办理人民币离岸业务的优势，因而人民币离岸金融中心最有可能在香港形成。如果在香港形成人民币的离岸金融中心，将会产生明显的有利影响。首先表现为人民币离岸金融市场从制度供给上为人民币外溢拓展正式的渠道，挤压非正式渠道，特别是黑色渠道,使人民币外溢更具合法性和可控性;其次表现为促进了人民币的区域化,在人民币不是可兑换货币、我国货币当局不能承诺对所有的境外人民币提供存款、贷款和清算服务的条件下,如果没有人民币离岸金融中心,人民币在境外难以发展。有了人民币离岸金融中心,人们可以通过这个中心进行人民币的借贷和结算,从而推动人民币的区域化。人民币的区域化将促进我国对外经济往来,进而加快我国经济发展。再次,为人民币可兑换积累经验。我国已经实现了人民币在经常项目和部分资本项目下可兑换,但是还没有实现人民币在全部资本项目下可兑换。我国是一个经济大国,人民币终究要走向可兑换,还将逐步发展成为国际货币。如果存在一个与人民币在岸金融市场相对隔离的离岸金融市场,通过这个市场观察人民币在没有管制条件下的流动情况,可以为人民币未来的国际化积累经验。

(3)改善"金融防火墙",减缓货币冲击的影响。要改善"金融防火墙",减缓人民币外溢的外来冲击效应,同时采取先进的防伪技术和建立必要的制度保障,减少和打击伪造人民币的行为。当前情况下,应增进海关、税务、金融、贸易、旅游,以及外汇管理部门之间的通力合作,疏导人民币外溢的正式渠道,促进人民币外溢的良性循环。

(4)加快金融合作,改进金融服务。人民币外溢区域化的规模和层次,很大程度上取决于双边银行的合作水平。为此,应加强双边中央银行和商业银行的多层次、全方位合作。应尽快研究签订中央银行双边支付协定、使人民币跨境流动纳入金融体系等相关问题。可采取中国与东盟各国放开金融机构准入,互设金融机构办理人民币结算、存贷款等业务,鼓励国内金融业务走向国际化等方式推进人民币的境外流通;目前可增加中资银行在境外办理人民币业务的分支机构,逐步取消国内金融机构向国外发放人民币贷款的限制,为减少对内地经济的冲击,现阶段可以继续要求其在境外自求平衡。

三、稳步推进人民币国际化进程

人民币外溢作为人民币国际化的自发、初始阶段,这一阶段将为本国经济发展带来多方面的积极效应,因此,政府作为制度的供给者,应通过制度安排,推进人民币国际化进程,充分发挥人民币外溢对本国经济发展的积极效应。这里有必要对国际主要货币的国际化经验进行回顾,然后提出加快人民币国际化进程的对策。

1. 美元、日元和德国马克国际化的启示

(1)美元国际化的启示。

美元的崛起经历了从"绿背纸币"到国际货币的发展历程。据估计,在美国内战爆发之前,大约有 9000 种不同的货币在美国流通。直到美国内战结束之后,才

逐步建立起一个统一的国内货币体系。美国货币体系逐渐统一的背景是当时美国国内市场的统一。大约在1870年以后,美国的实际收入和生产率就已经超过西欧,之后美国和欧洲的差距开始拉大。到1913年,美国已经形成了统一的国内市场。由于交通运输的改善、语言的统一、收入分配相对平均,以及内战之后形成的统一的货币体系,美国的国内市场得以迅速整合,并相当于英国、法国和德国的总和。当时尽管美国经济已经赶上并超过了英国,但是在第二次世界大战之前,美元却始终没有取代英镑的地位。

第二次世界大战以后布雷顿森林体系[1]的形成,确立了美元在国际货币体系中的主导地位,虽然在日本经济和欧洲经济崛起以后,美元的地位受到了很大的挑战,但是美元仍然是目前世界经济和贸易中最重要的价值尺度、交易媒介和储备货币。美元国际化的历程,可以得出如下经验和教训:

第一,美元崛起并得到发展和巩固的基础和动力是世界经济发展的客观需要。美元成为国际货币是因为美元满足了世界经济的需要。第一次世界大战和第二次世界大战在美元国际化的过程中起到了重要作用,满足战时的经济需要是美元国际化的最初动机,美国成为重要的供给来源地,美国的价格稳定,美元与黄金的可兑换,都使美元成为战时最重要流动性资产。战后美国在国际贸易和金融中的地位决定了国际经济交易中对美元的需求,以美元作为计价货币。美元的稳定和广泛的接受性使各国官方把美元当作重要的储备资产,成为调节国际收支、干预外汇市场、维持汇率稳定的重要手段。在布雷顿森林体系之前,虽然没有制度来确定美元的国际货币角色,但美元能够满足多方面经济需要的特性形成了一个无形的制度安排。美元能够成为被盯住货币,甚至有的国家实行美元化,都说明美元承担类似世界公共物品的角色,它能满足更广泛的官方和私人的需求。

第二,发达的金融市场是美元国际化的主要支撑,以美元为载体的资本市场

---

[1] 1944年建立的布雷顿森林体系的最基本特征是:(1)建立了以美元为中心的可调整的固定汇率制度。根据国际货币基金协议条款,美元同黄金的兑换比率固定为35美元兑换1盎司黄金,其他国家货币也要公布单位本币所代表的含金量,并应与美元保持固定平价,其波动幅度不得超过平价上下的百分之一。固定美元的黄金价格意味着美元的购买力将同黄金一样好,美元等同于黄金,这就确定了布雷顿森林体系的基础:双挂钩的汇率制度。(2)建立了国际收支调整的规则。国际货币基金组织成员国只有在当其国际收支出现"根本性失衡"时才能对货币进行贬值,但贬值幅度不得超过10%,否则必须得到国际货币基金组织的批准。国际货币基金组织的任务是监督和推动国际金融合作和世界贸易增长。从20世纪40年代末到70年代初,布雷顿森林体系相对平稳运行了20多年。在60年代末70年代初,由于世界政治经济形势的变化,布雷顿森林体系出现了严重危机。一是流动性与稳定性的矛盾:特里芬难题;二是缺乏调整机制;三是铸币税问题。布雷顿森林体系是国际货币史上第一个带有"正式性约束"的国际货币制度,美元正式获得了主导货币的地位。这一地位的确立对于美元的进一步国际化提供了制度上的保障。布雷顿森林体系的瓦解说明,以一种制度安排来确定世界本位货币,还缺乏相应的经济和政治基础。由于世界经济发展的不平衡,世界经济还远远没有实现一体化,统一的世界本位货币是无法建立的。世界经济的格局打造世界货币体系的格局和变迁。布雷顿森林体系虽然瓦解了美元没有"正式约束"来保证在世界经济交易中的地位,但是美国仍然是世界上最富有的国家,是国际贸易中最重要的一极,美元仍然在发挥着国际货币的作用。

的运行在美元国际化过程中起到了重要作用。如果没有发达和健康的金融市场，再好的机遇也难以打造美元的国际角色。美国金融市场的开放、发达的基础设施、完善的金融市场都给美元扮演国际货币角色提供了一个良好的舞台。由于美国的金融市场和伦敦的金融市场一样发达，美国能够提供给世界投资者最广泛和安全的选择。大量资金的流出和流入也促进了美国金融市场的建设和全球金融市场的一体化，美国金融市场吸纳和化解风险的能力逐步增强，美元的国际化角色的基础越来越牢固。

第三，国际货币格局的变化是美元国际化的外部环境。外部环境是美元成为国际货币的重要因素。第一次世界大战和第二次世界大战使世界资源的配置发生了变化，美国成为战争的资源库和资产的避风港。美元在第二次世界大战后的国际地位由政府以协议的形式固定下来，美元不仅是国际货币，而且成为国际货币体系中的关键货币，美元成为法律上的世界本位。美元主导地位的确立，美国在国际贸易和国际金融中的地位，美国的对外政策促使了德国、日本经济的迅速恢复。但是，世界经济的格局也在发生变化，日本和德国的崛起，使美国的地位相对下降。建立在原有格局基础上的制度安排的效力开始下降。最后，马克和日元脱离了与美元的固定平价，开始自由浮动。

第四，国际化的货币必然面临内外经济目标的协调和冲突。20 世纪 60 年代美元危机的主要原因之一是美国面临的内外经济目标的冲突。美元成为国际化货币的灵活性优势（flexible advantage）并不能保证美国可以无限地保持国际收支的逆差；美国作为国际货币的发行国也不能无限地为世界提供流动性。在世界经济远远没有实现一体化之前，任何货币都将无法克服“特里芬两难”。因而，国际化的货币可以获得一定程度的灵活性优势，有利于化解国内外经济目标之间的冲突和矛盾。但是往往由于这一优势而使政府忽视了调节国内经济的动力，于是内外经济目标的冲突越来越明显，而到时局严重时，调整的时机已过。矛盾和冲突的结果是该种货币的信誉受到严重损害。因此，如果一国能够更好利用本币国际化带来的优势，及时对内外经济目标的矛盾进行调节，将会把该国货币的国际化推向更高级的阶段。

第五，货币国际化过程具有一定的惯性特征。早在 20 世纪 80 年代，经济学家就预测，美元霸权和发展中国家重商主义的格局是不可持续的，但是历经国际市场的风云变幻，美元仍然是比日元和欧元更重要的国际货币。美元的地位通过其他国家的盯住美元制，拉美等国的美元化方案的提出和执行得到了巩固。半个多世纪以来，世界支付体系是以美元为主导的，世界贸易和金融体系带动的资金流动也是美元主导的。挑战这一体系也将给政府和私人带来很大的调整成本。所以，美元成为国际化的货币以后不仅具有了世界公共物品的性质，而且还获得了自然垄断地位。国际货币的惯性特征将可能使美元的国际地位持续更长的时间。

从全球货币体系的角度，这也间接地说明了新的国际货币的成长是很困难的，新的国际货币将可能从区域经济的一体化中诞生。

(2)日元国际化的启示。

日元国际化始于20世纪70年代内部经济的迅速崛起，发展于80年代以来本国金融市场的开放。在日元国际化进程中，日本政府基于本国经济发展的需要，对日元国际化持有不同的态度。自20世纪90年代末以来，日本政府才开始积极推动日元国际化。具体而言，日元国际化进程的经验和教训体现在：

第一，日元国际化的进程，实际上是一个与完善国内金融体系相辅相成的过程。日本正是由于国内金融体系的健全性和开放度远远不能适应本币国际化的要求，致使日元国际化效果与日本在世界经济中的地位与规模不相匹配。20世纪90年代在货物贸易领域日元国际化程度甚至低于80年代。

第二，参与国际协调与稳定国内金融秩序的关系在“美元本位制”的国际货币体系中，美元以外任何国家货币的国际化，都无一例外地带有“原罪”色彩。在参与既定框架内的国际政策协调过程中，特别是在调整与美元汇率关系的协调过程中，既要把握好国际协调的尺度，又必须顾及国内金融秩序的稳定，在这个方面，日本的教训必须汲取。从20世纪80年代后期开始，日元对美元汇率的大幅波动，严重破坏了日本国内金融秩序，成为日本经济衰退、日元国际化进程停滞的主要原因。

第三，本国货币成为国际化货币，如果脱离与本国密切关联的经贸与投资网络，是不可能存在的。无论英镑、美元，还是马克、欧元，其国际货币职能得以发挥的基础条件便是以贸易和直接投资形成的交易系统或网络。因为只有在这个网络内，某一国民货币的使用频率增加，交易量扩大，才能使该货币自身的自我强化机制形成交易惯性，一国国民货币才有可能逐步发展成为国际货币。

(3)德国马克国际化的启示。

21世纪初，虽然由于欧元的正式启用，使马克退出流通领域，但此前马克国际化进程，既没有牺牲国内经济增长的目标，又没有诱导金融危机的出现，这对于研究货币外溢理论及实践具有重要意义。

一般认为，德国马克国际化发展历程的经济背景主要有三方面：首先是通货膨胀与货币政策的可信性。德国稳定的货币政策是马克保持内在价值稳定并成为欧洲货币体系中关键货币的基础。而且，德国参加欧洲货币体系汇率机制的主要利益是获得了国内货币政策的独立性，减少了对其他欧洲货币体系名义汇率的波动性。1975—1989年间，德国马克汇率的变动性在西方工业化国家中最低，仅为1.0%，而美国为2.0%，英国为1.9%，日本为2.2%，法国为1.1%，瑞士为1.6%[1]。这表明货币的国际化是以货币的稳定为前提的，表明联邦德国以控制通

[1]殷醒民，《从德国马克的国际化过程看金融稳定的基础》，载于《世界经济文汇》1998年第1期。

货膨胀为目标的货币政策相对成功地达到了目的，也就提高了中央银行货币政策的可信度。只要中央银行维持货币的稳定和内在价值，也就保持了货币稳定的对外价值。因此，一国经济政策尤其是价格稳定政策对增加货币的稳定和国际使用起了关键性的作用。其次是金融市场的发展。货币自由兑换和货币国际化是市场力量的结果。20 世纪 60 年代末到 80 年代初，德国联邦银行试图限制德国马克的国际使用，因为在布雷顿森林体系下，资本流入的急剧波动会干预国内的稳定政策，例如 1972 年和 1973 年初，德国采取限制性的货币政策以降低通货膨胀，这些措施削弱了德国银行在国际金融市场的竞争地位，直到 20 世纪 80 年代中期，联邦银行取消了多数限制德国马克债券发行的规定，才推动了德国金融市场迅速发展起来。此外，由于德国出口的扩张形成了对金融服务的需求，大出口商和外国分支机构要求德国银行提供更加便宜的服务和金融支持，也促使德国金融市场的开放和发展。第三是对外贸易的出口结构和计价货币。20 世纪 80 年代，德国和日本的出口迅速上升，而美国上升的幅度较小，法国保持原来地位，英国则下降了。一国在世界出口份额的地位对出口商品使用的货币决定有重要作用。德国马克作为一种国际货币地位的上升同出口数量有密切关系。德国出口占世界市场份额从 1980 年的 9.9% 上升到 1989 年的 11.4%，特别是对工业化国家的出口份额从 10.5% 增加到 13.1%，在 10 年间净增 2.6 个百分点，说明德国制造业的竞争能力明显提高。德国出口商品基本上以马克计算，大约占 82%，其次是美元，这一结构自 1980 年以来基本上没有变化。而德国进口商品的马克计价则上升了 10 个百分点，从 1980 年的 43% 上升到 1989 年的 52.6%，美元计价则下降 11 个百分点[1]，90 年代西欧和东欧贸易和金融联系的扩大，更使马克使用范围扩大了，结果使欧洲国家在进出口贸易中使用德国马克的比例提高。德国马克国际化发展的经验主要体现在：

第一，低通货膨胀率。因为通货膨胀侵蚀了一种货币的内在价值，稳定的德国马克汇率充分表明了控制通货膨胀的政策重要性，维持了一国货币相对稳定的对外价值。

第二，完善的金融市场。金融市场是资金高度流动的市场，也是各种经济机构募集资金的主要场所，可以满足不同资金数量的需求。所谓完善的金融市场也指金融品种多样，市场监管严厉，政府对金融市场的有效监管使金融风险降低到最低程度。

第三，先进的技术水平。在一国出口市场中的贸易结构中，技术复杂的制成

[1]变化的原因有两方面：一是对发展中国家贸易减少，由于发展中国家进出口贸易多用美元计价，因而可以解释美元比例的下降。二是德国贸易方向转向欧洲国家，1988 年德国的进出口中有 70% 是来自出口以马克计算的共同体国家。

品占比越高，则商品的市场竞争力越强，出口使用本国货币说明国际社会对该货币的信心越强，而这一点又同货币的低通货膨胀率紧密相联，也就提高了货币的国际使用范围。实证分析显示，仅凭贸易量的增加还不能反映一国出口商品的技术含量和出口产品的升级程度，只有以机器设备等技术产品为本的出口结构才能解支撑本国货币的国际化。

2. 加快人民币国际化进程的主要对策

一是继续保持人民币汇率的稳定并加快汇率形成机制改革。在当前人民币存在对外升值压力的前提下，人民币汇率制度应当实行真正意义上的、占国际主导地位的、以市场供求为主、有管理的浮动汇率制，最终向自由浮动汇率制度过渡，这才能稳步推动人民币汇率形成机制与国际接轨，实现国内外价格形成机制有效衔接，促使国内外市场融为一体。同时，应建立和完善外汇市场及其交易机制，积极培育外汇市场主体，让外汇银行而不是中央银行成为真正的“造市者”；应改革现行的结售汇制，逐步实现意愿结售汇制，使汇率信号能够反映外汇市场供求状况；推进人民币远期交易，一方面为企业提供规避风险的手段，另一方面也有利于货币当局构建利率平价关系，调节不同时点上的外汇供求；建立双向的外汇平准基金，为中央银行的市场化操作奠定物质基础。

二是积极推进实现人民币资本账户的开放。一种货币国际化的关键在于他国对该货币的需求，对货币的需求可以分为交易需求、投机需求和预防需求，这大致刻画出了一国货币走向国际化的进程。交易需求表现为他国对某国商品和服务的需求，持有该国货币的目的在于满足两国经常项目交易的需要。对货币的投机性需求主要是为了满足证券投资和直接投资的需要，这在资本账户上构架了一国与他国的长期关系。预防需求表明他国民间和官方愿意持有某种货币作为储备资产，以构成本国对外清偿的最后手段。显然，当货币处在这一形态时，其国际化即达到了高级的程度。

从货币兑换的角度分析，货币的自由兑换过程大致可以分为三个阶段：第一阶段是经常项目下的可兑换；第二阶段是资本账户下的可兑换；第三阶段是某种货币在市场需求和本国政府的推动下，成为其他国家可接受的交易、投资和储备货币。目前人民币已经走完了第一阶段，正向第二个阶段迈进。虽然货币的国际化与资本账户可兑换并非简单的先后关系，但一种无法自由兑换的货币国际接受范围将十分有限。因此我国应适时推进资本账户开放，为人民币国际化创造条件。

三是大力发展我国的对外贸易。改革开放以来，我国的外贸规模不断扩大，进出口贸易年增长率均超过 GDP 的增长率，现已成为全球第三大贸易实体，但与一些发达国家相比，仍存在差距，要满足人民币国际化的需要，我国的对外贸易需要继续保持快速增长的势头。在考察人民币国际化进程与我国对外贸易发展之间关系的时候,有一个问题值得关注,即我国的外贸依存度偏高。我国的外贸依存度从1994年以来一直维持在40%左右,远高于美日两国10%和20%左右的水平。过高的贸易依存度,使国际经济和金融的动荡对我国经济的影响增强,削弱了我国抵御外部冲击的能力,从而阻碍货币国际化的进程,因此我国在发展对外贸易的同时,仍须通过扩大内需的政策来不断壮大我国的经济实力。另外,相关的研究结果表明,一国货币的国际地位还与该国的外贸结构有着密切的联系,根据Tavlas(1991)对国际发票使用状况的研究发现:①发达国家之间的制成品贸易中,开具发票时大多采用出口国货币;②在制造周期较长的差异性制成品贸易中,大多用出口国货币开具发票,而初级产品一般用美元计价;③发达国家和发展中国家间的贸易大多使用发达国家的货币计价。根据这些特点,我国应继续扩大出口,特别是具有高附加值的差异性制成品的出口,使我国逐步迈入世界贸易强国的行列。从近中期看,周边国家和地区应成为人民币国际化进程的主要阶段性目标。鉴于人民币在这些经济体一定程度上的流通和贮藏已经是既成事实,因此双边协议的难点可能并不在于让周边经济体接受人民币及相应资产的输出,而是中国货币当局如何容忍和开放这些境外人民币向境内的回流渠道,以及人民币境外持有和流动可能产生的风险,这就需要中国货币当局和周边经济体缔结人民币境外流通的双边协议,将人民币境外流通纳入银行结算渠道。根据海关统计,2002年和我国毗邻的12个国家和地区(不含中国香港、中国台湾)与我国的边境贸易额超过了260亿美元,并呈现出进一步增长的势头。随着边境贸易的不断发展和人民币在周边国家和地区流通范围的扩大,从推进人民币区域国际化的角度,我国应支持在边境贸易中采用人民币结算,目前我国边境贸易结算中对人民币的使用基本采用现钞方式,成本较高,因此应支持商业银行在周边国家和地区发行包括人民币借记卡在内的其他支付工具。并在此基础上,将跨境人民币资金纳入我国国际收支和外汇市场信息监测的范围之内。

四是提升我国在区域性国际投资中的地位。在国际投资中,由于资金的稀缺性,东道国往往愿意顺应投资方的意愿。而从投资者的角度看,也更愿意使用本币对外投资,因为使用本币可以省却货币兑换的麻烦,还可以有效地回避相关的汇率风险。因此,随着一国对外投资的增长,其货币将更多地在投资合同、债权凭证等领域行使国际货币的职能。1870—1914年,英国一直处于资本净输出的地位。美国在1953—1971年间,资本账户的逆差额增长了51.39倍。日本自1981年以来,金融与资本账户连年逆差,其中对外直接投资逆差由1981年约4.71万亿日元上升到1998年的21.35万亿日元,有力地推动了日元的国际化。为了推动人民币的国际化,我国应改变现有的投融资观念和制度,逐步增强我国的对外投资地位;应逐步放弃资本管制办法,不要人为制造国际收支平衡或顺差而不顾其结构构成,在追求经常项目盈余的同时,也要兼顾资本账户。大量的对外直接和间接投资，将是一个强大国家发展的长远之计，也是其货币走向国际化的必由之路。在中近期内，我国要有意识地推动以人民币对周边国家和地区，以及亚洲其他地区的直接投资。对外投资可以带动我国的出口，巩固和扩展海外市场，还可以进一步加强周边国家和地区对我国的依赖程度，从而有助于人民币在这些国家和地区的国际化。

五是加快金融市场的国际化进程和国际金融中心的建设。高度开放和发达的金融市场和金融中心将使一个国家和地区成为国际金融市场的核心和枢纽，它不仅是一个国家货币进行国际兑换和调节的重要载体和渠道，同时也是一国货币转换成国际清偿力的重要手段。从国内情况来看，虽然目前还没有一个城市或地区可以承担这样的重任，但上海、深圳等一批开放度较高的区域性金融中心正在迅速崛起。对此，我国政府应积极创造条件，推动上述金融中心城市的发展，完善其金融市场的国际化功能，加大金融人才的培养力度，使其尽快成为国际化的金融中心。如果一个国家打算建立地区性或全球性的国际金融中心，资本账户的开放是必要的条件之一。不允许资本自由流动，外国投资者就无法迅速地将资金汇入或汇出整个金融中心。当然，建立国际金融中心不仅需要资本的自由流动，而且国内经济的规模，所在城市的地理位置、法律和监管机构的素质、信息及人员的自由流动等，也都是需要考虑的因素。从国际经验看，经济金融发展水平较低的国家在较短时间内建立国际金融中心的做法之一是建立离岸金融市场。离岸金融市场主要经营欧洲货币业务，为非居民的存款人和借款人充当金融中介，其最大的特点是基本不受东道国政府管制，因而成为跨国公司和跨国银行的良好避税地和"国际资本移动车轮的润滑剂"。建立离岸金融市场的好处是它能够将各地的离岸资金吸引到东道国，为东道国国内金融市场与国际金融市场的接轨创造条件。在将来人民币实现自由兑换的前提下，离岸金融市场还可以通过国际银行业务设施（QBFS）经营境外人民币业务，为人民币国际化起到强大的推动作用。

六是加快全球化的银行体系建设步伐。发达的、遍布世界各国的银行机构不仅是保证人民币在海外存放、流通和转换的经营主体，而且对促进我国对外贸易和境外投资具有十分积极的作用。很难想象一个国家的银行还没在国际上站稳脚跟，而它的货币却成为了世界货币。在这方面，我国的银行还远远落后于发达国家，许多国内商业银行跨出国门的步伐仅仅是刚刚起步，银行的海外分支机构数目还很少。因此，我国应积极推动国内商业银行实施国际化发展战略，鼓励在国外开设分支机构，扩展银行的业务范围，提高银行的国际竞争力。我国银行要特别重视在周边国家和地区及亚洲其他国家和地区分支机构的建设，为当地政府、企业和居民所持有的人民币提供一个存放、流通的渠道，同时要有意识地增加人民币的境外信贷业务，并以此促进我国对外贸易和对外投资的发展。

参考文献

[1] 艾曼纽·盖比伦,大卫·马赫蒂摩. 2004. 保持中央银行政治上独立的好处. 金融文献译丛,(12).

[2] 曹勇. 2003. 论人民币的国际化. 特区经济,(10):14-16.

[3] 车维汉. 2004. "雁行形态"理论及实证研究综述. 经济学动态,(11):104-108.

[4] 陈敢新. 2002. 人民币在港存款有条件可兑换的调研. 国际金融,(9):37-38.

[5] 陈虹. 2000. 亚洲货币区再思考. 国际贸易,(2):55-58.

[6] 陈沐. 2001. 对人民币国际化问题的认识及思考. 上海金融,(12):42-43,51.

[7] 陈雨露,边卫红. 2004. 货币同盟理论:最优货币区衡量标准的进展. 国际金融研究,(2):4-12.

[8] 陈雨露,王芳,杨明. 2005. 作为国家竞争战略的货币国际化:美元的经验证据. 经济研究,(2):35-44.

[9] 陈雨露. 2003. 东亚货币合作中的货币竞争问题. 国际金融研究,(11):17-23.

[10] 戴小平. 2003. 论人民币国际化趋势及其监管问题. 经济问题,(9):44-46.

[11] 丁冰. 2004. 从芒德尔—弗莱明模型看当前人民币汇率问题. 经济学动态,(1):49-53.

[12] 丁文丽,冯涛. 2004. 货币政策效率非对称理论研究综述. 经济学动态,(8):93-96.

[13] 东木. 2001. 对人民币国际化的思考. 金融教学与研究,(5):22-24.

[14] 樊华,余佩珍. 1999. 论拉美经济的美元化. 世界经济,(9):26-31.

[15] 范从来,卞志村. 2002. 中国货币替代影响因素的实证研究. 国际金融研究,(8):53-58.

[16] 弗拉基米尔·克雷耶夫. 2004. 中东欧转轨经济国家的汇率制度选择. 金融文献译丛,(10).

[17] 关世雄. 2003. 亚洲货币一体化研究. 北京:中国财政经济出版社.

[18] 郭灿. 2004. 金融市场一体化程度的衡量方法及评价. 国际金融研究,(6):28-33.

[19] 郭树清. 2004. 宏观四大目标与实现内外均衡. 中国外汇管理,(1):35-44.

[20] 郭万山. 2005. 通货膨胀盯住制度研究综述. 经济学动态,(2):78-83.

[21] 国际货币基金组织. 2003. 世界经济日益一体化进程中的汇率制度. 北京:中

国金融出版社.

[22] 国际货币基金组织.2004.金融全球化对发展中国家的影响:实证研究结果.北京:中国金融出版社.

[23] 赫武·弗哈尼.2004.外汇市场发展与货币可兑换:潜力与风险.中国货币市场,(1):18－25.

[24] 胡定核.1992.人民币与中国经济.四川成都:西南交通大学出版社.

[25] 胡月晓,申红.2004.货币演进:货币替代与货币合作的综合解释.上海金融,(3):26－29.

[26] 黄达.2004.论人民币完全可兑换及其经济地位.国际金融研究.(7):10－11.

[27] 黄梅波.2003.国际货币合作的理论与实证分析.厦门:厦门大学出版社.

[28] 黄燕君,赵生仙.2002.区域货币一体化理论发展评述.浙江社会科学,(2):68－71.

[29] 黄燕君.2003.港币——人民币一体化.北京:中国社会科学出版社.

[30] 黄宗福.1992.货币信用学.北京:中国财政经济出版社.

[31] JohnWeiss,高善文.2004.1990年代后期中国与东南亚国家在每日市场的出口竞争.经济学(季刊),3(3):569－586.

[32] 姜波克.1999.货币替代研究.上海:复旦大学出版社.

[33] 姜波克.1999.人民币自由兑换和资本管制.上海:复旦大学出版社.

[34] 姜波克.1994.人民币自由兑换论.上海:立信会计出版社.

[35] 蒋瑛琨,刘艳武,赵振全.2005.货币渠道和信贷渠道传导机制有效性的实证分析.金融研究,(5):73－82.

[36] 金俐.2004.均衡信贷配给研究述评.经济学动态,(4):65－69.

[37] 景学成.2004.人民币基本可兑换与外汇市场的发展.中国货币市场,(1).

[38] 李成,王敏.2005.汇率制度理论发展的整合与启示.经济学动态,(4):62－67.

[39] 李翀.2004.当前国际金融的动向和特点.经济学动态,(6):105－109.

[40] 李汉铃,徐放鸣.2001.试论财政政策乘数理论、挤出效应及其有效性.当代经济研究,(5):35－38,74.

[41] 李红艳,宋世方.1999.财政政策的挤出效应研究.华东经济管理,(6):4－5.

[42] 李华民.2002.铸币税的国际延伸:逆转风险与人民币强势战略.经济学家,(6):88－93.

[43] 李华民.2003.基于人民币性质的中国货币国际化战略.信阳师范学院学报(哲学社会科学版),(1):53－56,77.

[44] 李婧,管涛,何帆.2004.人民币跨境流通的现状及对中国经济的影响.管理世

界,(9):51－58,161.
[45] 李俊岭.2000.我国积极财政政策的效应分析及其现实选择.财金贸易,(10)15－17.
[46] 李平,刘作明.2004.货币区成员国政府债务的可持续性分析.经济学动态,(6):26－28,71.
[47] 李锁云,陈涛.2004.中国多目标约束下的货币政策有效性分析.经济学动态,(6):43－45.
[48] 李晓,丁一兵.2004.新世纪的东亚区域货币合作:中国的地位和作用.吉林大学社会科学学报,(2):80－88.
[49] 李瑶.2003.非国际货币、货币国际化与资本项目可兑换.金融研究,(8):106－113.
[50] 刘朝臣.2004.新经济地理学视角中的欧洲经济一体化进程.经济学动态,(5):107－109.
[51] 刘光灿.2003.人民币自由兑换与国际化.北京:中国财政经济出版社.
[52] 刘昊.2002.我国货币替代现状与趋势.金融纵横,(10):34－37.
[53] 刘力臻,谢朝阳.2003.东亚货币合作与人民币汇率制度选择.管理世界,(3):35－45,70.
[54] 刘宗华,魏海港,徐芳.2003.人民币境外流通问题研究.山东财政学院学报,(4):53－56.
[55] 鲁塞尔·库柏,哈伯特·肯普夫.2004.推翻蒙代尔.金融文献译丛,(12).
[56] 路妍.2003.东亚货币合作问题及实现途径研究.财经问题研究,(8):32－36.
[57] 罗伯特·蒙代尔.2004.金融体系中中国的地位和作用.国际金融研究,(7):4－6.
[58] 罗纳德·麦金农.2004.论中国的汇率政策和人民币可兑换.国际金融研究,(7):7－9.
[59] 马德功.2004.关于通货膨胀现象的若干思考.经济学动态,(7):25－27.
[60] 马国南.2004.中国外汇市场:国际视角.中国货币市场,(1):26－30.
[61] 马拴友.2001.财政政策与经济增长的实证分析.山西财经大学学报,(8):81－84.
[62] 马一民.2004.人民币汇率形成机制探讨.经济学动态,(7):32－34.
[63] 牛晓健.2005.中国经济转轨时期资本外逃研究.上海:上海人民出版社.
[64] 欧阳谦.2004.寻找效率边界.中国货币市场,(1):32－38.
[65] 裴平,韩贵新.2005.迷失的货币与突发性通货膨胀.江苏行政学院学报,(6):39－44.

[66] 裴平,吴金鹏. 2006. 论人民币内外价值偏离. 经济学家,(1):94 - 100.
[67] 裴平,熊鹏. 2003. 我国货币政策传导过程中的“渗漏”效应. 经济研究,(8):21 - 27,91.
[68] 裴平,张谊浩. 2005. 人民币外溢及其经济效应. 国际金融研究,(9):72 - 77.
[69] 戚自科. 2004. 货币政策传导机制理论最新前沿. 经济学动态,(12):19 - 25.
[70] 沈国兵. 2004. 日元与人民币:区域内货币合作抑或是货币竞争. 财经研究,(8):29 - 40.
[71] 施建淮. 2004. 东亚金融货币合作:短期、中期和长期. 国际经济评论,(5):58 - 62.
[72] 施琍娅. 2005. 货币政策的外汇传导对经济结构的影响. 中国货币市场,(4):50 - 52.
[73] 氏家纯一. 2004. 日本不良贷款的经验与教训. 国际金融研究,(7):21 - 23.
[74] 孙泽藜,欧阳令南. 2002. 货币传导机制及其传导过程中的资源配置研究. 管理世界,(10):18 - 25.
[75] 托马斯·巴林诺,亚当·贝内特,爱杜尔多·波伦茨坦. 2001. 美元化国家的货币政策. 国际金融研究,(1):57 - 61.
[76] 汪红驹. 2003. 中国货币政策有效性研究. 北京:中国人民大学出版社.
[77] 汪洋. 2005. 铸币税:基于不同视角的理解. 经济学(季刊),4(3):639 - 662.
[78] 王国龙. 2004. 试论人民币的可兑换与国际化. 北华大学学报:社会科学版,(1):67 - 69.
[79] 王磊,袁康. 2003. 货币替代与中国货币政策独立性. 华南金融研究,(5):17 - 20.
[80] 吴文旭. 2002. 欧洲货币联盟及欧元. 四川成都:西南财经大学出版社.
[81] 小川英治,杜辉. 2004. 创建东亚统一货币篮的可能性. 国际金融研究,(6):74 - 79.
[82] 许承明,唐国兴. 2003. 中国外汇储备非均衡对汇率影响的经验分析. 世界经济,(4):15 - 20,80.
[83] 许少强. 2004. 货币一体化概论. 上海:复旦大学出版社.
[84] 亚洲开发银行. 2005. 东亚货币与金融一体化发展前景. 北京:经济科学出版社.
[85] 杨戈. 2004. 资本自由流动与控制理论评析. 经济学动态,(2):64 - 67.
[86] 杨海珍,陈金贤. 2000. 中国资本外逃:估计与国际比较. 世界经济,(1):21 - 29.
[87] 杨俊. 2002. 中国货币替代弹性的实证研究. 金融研究,(4):42 - 47.
[88] 袁宜. 2002. 货币国际化进程规律分析—对人民币国际化的启示. 武汉金融,

(6):8 - 11.
[89] 苑德军,陈铁军. 2002. 关于货币替代的理论与实证分析. 国际金融,(4):15 - 25,205.
[90] 约翰·伊特维尔,默里·米尔盖特,彼得·纽曼. 1996. 新帕尔格雷夫货币金融大辞典. 胡坚译. 北京:经济科学出版社.
[91] 岳华,楼当. 2005. 东亚货币一体化博弈分析. 财经科学,(6):146 - 151.
[92] 张进. 2004. 人民币强势论. 金融研究,(6):39 - 47.
[93] 张明. 2005. 汇率制度选择理论综述. 经济学动态,(4):58 - 62.
[94] 张宇燕. 1999. 美元化:现实、理论及政策含义. 世界经济,(9):17 - 25.
[95] 张运峰,胡永刚. 2005. 最优财政政策与货币政策研究动态. 经济学动态,(1):29 - 32.
[96] 张志峰. 2003. 人民币离岸中心拨动香港神经. 中国对外贸易,(10):65 - 67.
[97] 赵海宽. 2003. 人民币可能发展成为世界货币. 经济研究,(3):54 - 60.
[98] 赵英奎. 2004. 货币政策目标的理性选择. 经济学动态,(2)42 - 44.
[99] 中条诚一,郑甘澍. 2002. 亚洲的日元国际化. 经济资料译丛,(2):19 - 29.
[100] Batten DS, Hafer R. W., 1984. Currency substitution: A test of its importance, Federal Reserve Bank of St. Louis, August/September:5 - 11.
[101] Berg, A., Borensztein, E., 2000. The choice of exchange rate regime and monetary target in highly dollarized economies (Working Paper WP/00/29). Washington, DC: International Monetary Fund.
[102] Berg, A., Borensztein, E., 2000. The pros and cons of full dollarization (NBER Working Paper). Washington, DC: International Monetary Fund.
[103] Berg, A., Borensztein, P., 2000. The choice of exchange rate regime and monetary target in highly dollarized economies. IMF Working Paper: WP/00/ 29.
[104] Bordo MD, Choudhri EV, 1982. Currency substitution and the demand for money, some evidence for Canada. Journal of Money Credit and Banking, Febreary, 48 - 57.
[105] Brittain B, 1981. International currency substitution and the apparent instability of velocity in some western European economies and in the United States, Journal of Money Credit and banking XIII/2: 135 - 155.
[106] Browne F. X., 1984. The international transmission of inflation to a small open economy under fixed exchange rates and highly interest - sensitive capital flows, European Economic Review 25: 187 - 212.
[107] Browne F. X., 1985. A shock - absorber role for real money balances in Ireland? Technical Paper 1/RT/85, Research Department, Central Bank of Ire-

land.

[108] Calvo, G. A., Reinhart, C. M., 2000. Fear of floating (NBER Working Paper No. 7993). Washington, DC: National Bureau of Economic Research.

[109] Calvo, G. A., Ve′gh, C., 1992. Currency substitution in developing countries: an introduction. Revista de Analisis Economico 7 (1):3 – 28.

[110] Cooley TF, LeRoy SF, 1981. Identification and estimation of money demand. American Economic Review,71(5): 825 – 844.

[111] Cuddington J., 1983. Currency substitution, capital mobility and money demand. Journal of International Money and Finance,2/3:111 – 153.

[112] Currency substitution: Some further results and conclusions, Southern Economic Journal, 48.

[113] Doan, T., Litterman, R., 1986. User's manual RATS: Version 2.0. Minneapolis: VAR Econometrics.

[114] Dornbusch R., 1982. Flexible exchange rates and interdependence, IMF Staff Papers 30/1:3 – 30.

[115] F. X. Browne, 1986. Multilateral currency substitution and capital flows as sources of instability in the some demand for money function – a case study. Applied Economic,11, 181 – 196.

[116] Giovannini, A., 1989. Currency substitution and monetary policy. Paper written for the meeting on managing change in the EMS, Ministerio de Economia y Hacienda, Madrid.

[117] Giovannini, A., Turtelboom, B., 1992. Currency substitution. NBER Working Paper:4232.

[118] Hansen, L. P., 1982. Large sample properties of generalized method of moment estimators. Econometrica,50 (4): 1029 – 1054.

[119] Hendry, D. F., Mizon, G. E., 1978. Serial correlation as a convenient simplification, not a nuisance: A comment on study of the demand for money by the bank of England. Economic Journal, 88:549 – 563.

[120] Holman, J. A., 1998. GMM estimation of a money – in – the – utility – function model: the implications of functional forms. Journal of Money, Credit, and Banking,30 (4), 679 – 698.

[121] Huynh, D., 2000. Money demand equation for Hong Kong, Manuscript, Hong Kong Institute of Monetary Research, Hong Kong.

[122] Imrohoroglu, S., 1994. GMM estimates of currency substitution between the Canadian and the US dollar. Journal Of Money, Credit, and Banking,26 (4):

792 – 807.

[123] Ize, A., & Levy – Yeyati, E., 1998. Dollarization of financial intermediation: Causes and policy implications (Working Paper WP/98/28). Washington, DC: International Monetary Fund.

[124] Jorge Brage de Macedo, 1982. Portfolio diversification across currencies, The International Monetary System under Flexible Exchange Rates, Published by Cambridge, Massachusetts, Ballinger.

[125] Kantar MA, Putnam BH, 1980. Money demand and foreign exchange risk: the German case, 1972 – 1976, The Journal of Finance XXXV/6:787 – 794.

[126] King DT, Putnam BH, Wilford SD, 1978. A currency portfolio approach to exchange rate determination: exchange rate stability and the independence of monetary policy, in: Putnam, Wilford. The monetary approach to international adjustment. Praeger Publishers, New York.

[127] Krueger, R. and J. Ha, 1995. Measurement of co – circulation of currencies, IMF Working Paper, WP/95/34. IMF.

[128] Laider D., 1982. Monetarist perspectives, Phillip Allan, Deddington, Harvard University Press, Cambridge, Massachusetts.

[129] Manfrec. Gartner, 1993. Macroeconomic under flexible exchange rate, published by Harvester Wheatsheaf.

[130] McEvoy NJ, 1984. The new Irish banking statistics: A review of conceptual issues and monetary aggregates, Central Bank of Ireland Quarterly Bulletin, summer:48 – 92.

[131] McKinnon, R. I., 1985. Two concepts of international currency substitution. In M. D. Connoly & J. McDermott (Eds.). The economics of the Caribbean basin (pp. 101 – 130). New York: Praeger.

[132] Mourmouras, A., Russell, S. H., 2000. Smuggling, Currency Substitution and Unofficial Dollarization: A Crime – Theoretic Approach. IMF Working Paper: WP/00/176.

[133] Obsfeld, M. K. Rogoff, 1999. Foundations of International Macroeconomics, Cambridge Mass: MIT Press.

[134] Sahay, R., Ve'gh, C., 1995. Dollarization in Transition Economies: Evidence and Policy Implications. IMF Working Paper: WP/95/ 96.

[135] Savastano, M., 1999. Dollarization in Latin America – Recent Evidence and Some Policy Issues. IMF Working Paper: WP/99/ 04.

[136] Selc. uk, F., 2001. Seigniorage, currency substitution, and inflation in Tur-

key, Russian and East European. Finance and Trade,37 (6):41 –50.

[137] Sibert, A., Liu, L., 1993. Government Finance in a Model of Currency Substitution, IMF Working Paper: WP/93/ 80.

[138] Spinelli F., 1983. Currency substitution, flexible exchange rates and the case of international monetary cooperation. IMF Staff Papers,30(4):755 –783.

[139] Sprenkle, C. M., 1993. The case of the missing currency. Journal of Economic Perspectives,7 –4,175 –84.

[140] Uribe, M., 1997. Hysteresis in a simple model of currency substitution. Journal of Monetary Economics,40 (1):185 –202.